福建江夏学院学术著作资助出版
福建江夏学院科研创新团队（23ktxs03）支持计划资助
福建省社会科学基金项目（FJ2023BF048）研究成果

地方政府环境规制
对产业结构升级的影响研究

戴　伟◎著

中国财经出版传媒集团
经济科学出版社
Economic Science Press

·北 京·

图书在版编目（CIP）数据

地方政府环境规制对产业结构升级的影响研究／
戴伟著． -- 北京：经济科学出版社，2023.12
ISBN 978 - 7 - 5218 - 5221 - 9

Ⅰ.①地…　Ⅱ.①戴…　Ⅲ.①地方政府 - 区域环境规
划 - 影响 - 产业结构升级 - 研究 - 中国　Ⅳ.①F269.24

中国国家版本馆 CIP 数据核字（2023）第 188519 号

责任编辑：张　燕
责任校对：蒋子明
责任印制：张佳裕

地方政府环境规制对产业结构升级的影响研究
DIFANG ZHENGFU HUANJING GUIZHI DUI CHANYE JIEGOU SHENGJI DE
YINGXIANG YANJIU

戴　伟　著

经济科学出版社出版、发行　新华书店经销
社址：北京市海淀区阜成路甲 28 号　邮编：100142
总编部电话：010 - 88191217　发行部电话：010 - 88191522
网址：www. esp. com. cn
电子邮箱：esp@ esp. com. cn
天猫网店：经济科学出版社旗舰店
网址：http://jjkxcbs. tmall. com
固安华明印业有限公司印装
710 × 1000　16 开　16 印张　260000 字
2023 年 12 月第 1 版　2023 年 12 月第 1 次印刷
ISBN 978 - 7 - 5218 - 5221 - 9　定价：82.00 元
（图书出现印装问题，本社负责调换。电话：010 - 88191545）
（版权所有　侵权必究　打击盗版　举报热线：010 - 88191661
QQ：2242791300　营销中心电话：010 - 88191537
电子邮箱：dbts@ esp. com. cn）

序言
FOREWARD

为应对激烈的国际竞争和顺利实现国内产业结构升级，中国需要在绿色化发展的基础上不断孕育自主创新的能力，提升国际竞争力，实现高质量的可持续发展。戴伟博士的专著《地方政府环境规制对产业结构升级的影响研究》以宏观经济学的分析视角，聚焦于环境规制与产业结构升级之间的关系及作用机制，从理论和实证两个层面探讨了环境规制对产业间结构升级的影响，以及其对产业绿色转型的作用。独特视角启示了宏观经济学的演进——如何将传统经济学的利润最大化目标与高质量的绿色发展的目标相融合，以适应数字经济时代人与自然、人与社会、人与自我的协调全面发展。

作者通过对现实的深刻洞察，提出了地方政府环境规制的三种方法：命令控制型环境规制、市场激励型环境规制以及自愿型环境规制，目前以命令控制型环境规制为主，揭示了中国环境规制发展的阶段特征。并将产业结构升级的涵义概括为产业间结构升级与产业内结构升级，而产业内结构升级主要体现为产业的绿色转型。在梳理相关研究的基础上，对环境规制和产业结构升级的概念进行了明确定义。通过构建理论模型和实证分析，深入探讨了环境规制对产业间结构升级和绿色技术创新的影响，以及财政分权视角下地方政府的环境规制如何影响产业结构升级。作者以财政分权、财政不平衡、GDP 增长率和失业率作为调节变量，探讨了财政分权视角下环境规制对产业结构升级的影响。此外，作者还考虑到了空间因素和地方政府间的环境规制策略互动，进一步丰富了研究内容，为我国环境规制和产业结构升级的研究提供了新的视角。

作者的研究方法主要体现在以下方面：第一，通过构建一个包含清洁生产部门和污染生产部门的政府与企业的两阶段动态博弈模型，以及一个单部门生产模型，分析了环境规制与企业绿色技术创新的关系，为后续的实证分析提供了重要的理论基础；第二，选取了2003～2018年286个地级及以上城市的面板数据作为样本，通过构建实证模型来检验环境规制对产业间结构升级的影响以及对于产业绿色转型的影响，这一部分的研究设计和数据分析方法都相当严谨，为结论的可靠性提供了有力保障；第三，不仅探讨了环境规制对产业结构升级的影响，还考虑到了空间因素和地方政府间的环境规制策略互动，这一研究视角的引入，使得本书的研究更加全面和深入；第四，计量模型的应用比较精准，条理清晰、逻辑严谨。每个章节都有明确的主题和重点，使得读者能够很容易地理解和掌握书中的内容。

当然，本书也存在一些不足。一是作为学者，不能拘泥于目前中国普遍的命令控制型环境规制，应该做进一步的调查研究，总结各地方发展实践中已经出现的市场激励型环境规制以及自愿型环境规制案例，以推动生态环境治理领域的深化改革和制度系统建设。二是作者选取了2003～2018年286个地级及以上城市的面板数据作为研究样本，从时间上来说已经稍显陈旧，可以考虑进一步更新研究样本。三是作者在构建理论模型和实证分析时，未充分考虑行业差异，因为不同行业在面对环境规制时可能会有不同的反应和调整速度。四是作者在最后一部分针对地方政府通过环境规制促进产业结构升级提出了相关对策建议，但具体对策建议应当以深入的调查研究为依据，应针对不同地区不同行业的特点提出更加具体和可操作性的建议措施。

　　总体而言，我认为本书在环境规制与产业结构升级关系研究方面取得了显著的进展，内容丰富、论证逻辑清晰，具有较高的学术价值，是一本值得推荐的研究著作。同时，我也认为这本书无论在环境规制理论的创新方面，还是在分析的具体方法方面，还需要进一步的深化，以更贴合当前中国的产业结构升级、经济发展模式转型的现状，以及建设创新型强国的实践需求，从而更好地为经济发展战略目标实现和地方发展的政策制定提供依据。

方竹兰

2023 年 11 月

前言

党的二十大报告提出，到 2035 年要广泛形成绿色生产生活方式，碳排放达峰后稳中有降，生态环境根本好转，美丽中国目标基本实现。我国是一个拥有众多人口的发展中国家，要实现共同富裕，离不开坚实的物质基础和一定的经济增长速度。因此，在保护生态环境和节约利用资源的同时，还要确保足够的经济增长速度，才能实现高质量发展。从中观层面来说，经济发展离不开产业的支撑，这是经济高质量发展的基础。要实现经济发展和环境保护的双赢，就要促进经济结构转型，转变经济发展方式，其中产业结构的优化升级是重中之重。那么，环境规制是否会促进产业结构升级？环境规制作用于产业结构升级的机制是什么？环境规制的强度怎样才能适配于一个地区的产业结构状况？在中国特色的治理模式下，应该如何通过环境规制促进地区的产业结构升级？在当前亟须转变经济发展方式和加快建设生态文明的战略背景下，无疑需要直面并解答这些问题。

首先，本书在系统梳理了环境规制与产业结构升级的相关研究基础上，对环境规制和产业结构升级的概念进行了定义，将环境规制按照工具的不同进行分类，区分为命令控制型环境规制、市场激励型环境规制以及自愿型环境规制，并将产业结构升级的含义概括为产业间结构升级与产业内结构升级，而产业内结构升级主要体现为产业的绿色转型。其次，本书阐述了环境规制与产业结构升级的相关理论基础，并以此为依据构建了一个包含清洁生产部门和污染生产部门的企业与政府的两阶段动态博弈模型，通过对模型的求解，发现地方政府在追求政绩最大化的目标下，会在经济增长和环境保护之间进行权衡，从而使得政府的环境规制强度与产业结构升级之间存在不确定性关系。这是因为政府的环境规制强度不仅会对产业结构产生影响，产业结构作为地方政府制定环境政策时的重要考量因素，也会反向影响政府的环境规制强度。同时本书构建了一个单部门生产模型，从理论上分析了环境规制与企业绿色技术创新的关系，推导出环境规制会促进企业进行绿色技术创新的结论。

在推导理论模型的基础上，本书选取了 2003～2018 年 286 个地级及以上城市的面板数据作为样本，通过实证分析来进行检验。在实证分析中，本书基于对环境规制以及产业结构升级概念的定义，构建了命令控制型环境规制的度量指标，以及环境规制综合指数，它反映的是包括各项环境规制工具在内的综合实施效果，并将二者作为解释变量，以探讨环境规制的工具异质性。同时本书将产业结构升级区分为产业间结构升级和产业内结构升级，而产业内结构升级主要体现为产业的绿色转型，并以区域生态效率作为产业绿色转型的衡量指标。通过构建实证模型，本书分别检验了环境规制对产业间结构升级的影响，以及对于产业绿色转型的影响。此外，在研究政府环境规制对产业结构升级影响的时候，还要考虑作为环境规制的执行主体——地方政府的行为因素及其背后的体制因素。本书探究了财政分权视角下地方政府的环境规制如何影响产业结构升级，并把空间因素和地方政府间的环境规制策略互动考虑进来，设定了空间面板联立方程模型，并采用广义空间三阶段最小二乘（GS3SLS）方法进行了估计。

通过实证分析，本书得出的主要研究结论如下所述。

第一，无论是命令控制型环境规制还是环境规制综合手段，对于产业间结构升级都具有显著的正向作用，且命令控制型环境规制对于产业间结构升级是最有效的。在加入环境规制的二次项之后，发现环境规制与产业间结构升级之间存在非线性关系，命令控制型环境规制与产业间结构升级存在明显的倒"U"型曲线关系，说明命令控制型环境规制强度一旦达到某个拐点之后，可能会阻碍产业间结构升级，而中国大多数城市的环境规制强度依然还未到达拐点。并且环境规制综合指数与产业间结构升级存在微弱的"U"型曲线关系，而中国大多数城市的环境规制强度都位于拐点右侧。同时环境规制对于产业间结构升级的影响具有时滞效应，上一期的环境规制比当期的环境规制更能促进产业间结构升级。

　　第二，环境规制对于产业间结构升级的影响具有门槛效应。实证结果表明，当某地区的资源禀赋和第二产业比重超过某一阈值时，环境规制对于产业间结构升级的正向作用会下降，甚至变为负向作用。这也验证了理论模型中的推论，即地方政府出于政绩最大化的目标，会在经济增长和环境保护之间进行权衡，因此地区的资源禀赋和产业结构状况会影响环境规制的执行效果。

　　第三，命令控制型环境规制不能促进区域生态效率的提高，而当期的环境规制综合指数对于区域生态效率的作用也不明显，滞后一期的环境规制综合指数能够促进区域生态效率的改善。这表明其他的环境规制手段能够起到提高区域生态效率的作用，但是具有一定的滞后性。

　　第四，就环境规制影响区域生态效率的机制而言，将Malmquist区域生态效率指数进行分解之后，并分别检验环境规制对区域生态效率指数各项分解指标的影响，发现命令控制型环境规制能够促进纯技术效率的提高，但是会降低规模效率，综合的环境规制手段可能会导致技术变化率的降低，说明环境规制对区域生态效率的影响机制是较为复杂的。

　　第五，环境规制对于产业结构升级的影响具有区域异质性。

由于各个地区发展程度以及产业结构状况的差异，不同的地区实施环境规制对产业间结构升级的作用也是不同的。本书在对东部、中部、西部地区进行分区域检验之后，发现就命令控制型环境规制而言，中部地区的作用最明显，东部地区次之，西部地区并不明显；就环境规制综合指数而言，东部地区的作用最明显，中部地区次之，西部地区最小。并且，环境规制影响生态效率也呈现出区域特征，实证研究发现，只有在中部地区，滞后一期的环境规制综合指数能够提高区域生态效率。这表明，由于各个地区所处的发展阶段不同，环境规制对于产业结构升级所发挥的作用也不同，在制定环境规制政策时还需考虑当地实际情况，因地制宜，而不能用"一刀切"的办法。

第六，在财政分权视角下，财政分权程度的上升会削弱环境规制对产业结构升级的正向影响。无论是命令控制型环境规制还是环境规制实施，财政分权在它们对产业间结构升级的影响关系上都具有替代效应；财政收支不平衡程度的上升会抑制地区的产业间结构升级，并且会削弱环境规制的实施对产业间结构升级的正向影响；GDP 考核压力的增加会削弱命令控制型环境规制对产业间结构升级的促进作用，并且 GDP 考核压力的增加能够起到促进产业间结构升级的作用；失业率的上升不利于地区产业间结构升级，并会弱化环境规制实施对产业间结构升级的促进作用；中部地区的 GDP 考核压力对于环境规制实施与产业间结构升级的影响关系具有正向调节效应，说明在 GDP 考核压力下，中部地区地方政府通过实施环境规制更能促进产业间结构升级。

第七，考虑环境规制的溢出效应以及地方政府间环境规制的互动策略时，地方政府的命令控制型环境规制呈现出"标尺竞争"的行为特征，在促进本地产业间结构升级的同时，不利于周边地区的产业间结构升级。就环境规制的实施效果而言，地方政府的环境规制能够促进周边地区的产业间结构升级，但是却会抑制本地的产业间结构升级，并呈现出"逐底竞争"的行为策略。命令控制型环境规制有利于本地的区域生态效率改善，但可能会导致周边地区生态环境的破坏，抑制周边地区的生态效率；财政分权增强了地方政府环境规制的能力和自主性，但迫于政绩考核的压力、财权事权不匹配而造成的财政不平衡以及为了维护社会稳定而保住就业率，地方政府又会有放松环境规制的动机；相比于财政支出分权，财政收入分权程度的上升更有利于提高地方政府的环境规制水平，说明要提高地方政府命令控制型环境规制的强度和意愿，需要赋予地方政府更多的财权；各个地区由于发展阶段和地理位置的不同，东部、中部、西部地区在命令控制型环境规制以及环境规制实施上，各采取了不同的环境规制竞争策略，并对产业结构升级产生了不同的作用。

最后，本书根据实证分析得出的结论，并针对当前中国在环境规制以及产业结构升级方面存在的问题，提出了相关的政策建议。

目 录

CONTENTS

第1章

绪　　论

1.1　选题背景与研究意义

1.1.1　选题背景

自 1978 年改革开放以来，中国经济高速增长，2022 年人均国内生产总值达到 85724 元，是 1978 年的 30 倍。[①] 但与此同时，生态环境问题却日益严峻。当前我国的生态环境治理问题已经迫在眉睫。因为环境污染不仅对人们的健康造成了威胁，而且不利于中华民族的永续发展。面对日益趋紧的资源约束和日益增大的环境压力，过去的高能耗、重污染的粗放型经济增长方式也难以为继。

随着我国经济由高速增长阶段转向高质量发展阶段，中国的经济发展站在了新的起点。在过去以 GDP 为中心的时代，我们追求的是经济的高速增长，然而也带来了一系列问题，比如过度工业化带来的环境污染问题，过于依赖投资拉动带来的产能过剩问题。而要推动经济的高质量发

[①]　资料来源：国家统计局官方网站。

展，就要注重生态环境的保护和资源的节约，走绿色发展之路，只有这样才能实现经济发展和生态环境保护的全面协调可持续发展。产业结构的调整，不仅意味着知识密集型和技术密集型产业在经济中所占比重的上升，同时还有绿色生产技术的进步，以绿色生产技术取代传统的生产工艺，从而使重污染、高耗能产业在经济中所占的比重有所降低，努力将工业污染的排放从源头上给遏制住（原毅军，2014）。

尽管改革开放以来我国经济一直保持中高速增长，但这依然改变不了我国是一个发展中国家的事实，同时由于我国人口基数较大，要满足这么多人口的衣食住行和教育、医疗、卫生等方面的需求，必须要保持一定的经济增速，才能为全面小康提供物质基础。因此，保护生态环境和节约资源，实现高质量发展，并不意味着要牺牲增长速度。一个国家要实现可持续发展，必须要有产业的支撑，这是经济发展的中观基础，因此我国经济结构转型升级的其中一个重要的方面就是产业结构升级。通过产业结构转型升级，实现我国经济增长方式的转变，降低污染和能耗，努力提升全要素生产率和经济发展质量，这是实现 2035 年远景目标和"两个一百年"奋斗目标的必然要求，也是今后经济发展战略和规划的出发点和着力点。一个国家的产业结构不仅是经济发展方式的体现，同时也深刻影响着环境质量和人民的幸福指数，因此只有从促进产业结构优化升级着手，才能兼顾经济发展与生态环境的保护，实现二者的良性循环。

党的二十大报告指出，尊重自然、顺应自然、保护自然，是全面建设社会主义现代化国家的内在要求。必须牢固树立和践行绿水青山就是金山银山的理念，站在人与自然和谐共生的高度谋划发展。2021 年颁布的《国务院关于加快建立健全绿色低碳循环发展经济体系的指导意见》提出，要以习近平生态文明思想为指导，坚持新发展理念，将绿色环保理念贯穿规划、设计、生产、投资、消费、建设、交通、生活等各个领域，执行更加严格的生态环境保护标准，提高资源利用效率，将控制温室气体作为刚性约束目标，发展绿色低碳节能的循环经济，从而推动高质量发展，努力实现碳达峰、碳中和的艰巨目标。

未来要实现碳达峰和碳中和的目标，对我国来说既是机遇，也是挑战。要实现这一目标，就要对现在的产业结构和能源结构进行颠覆性改变。这就要求我们必须转变发展观念和经济发展方式，从过去的依赖重污染、高耗能行业的投资刺激经济的模式转变到发展绿色低碳产业和循环经济，用清洁能源产业取代传统能源产业，这样才能获得更大的发展空间，并在国际碳减排的大潮中占据一席之地。要完成碳达峰和碳中和的艰巨目标，就要走绿色和可持续发展之路，除了要促进产业间的结构升级，更重要的是促进产业向绿色转型，进而实现经济与环境协调发展的目标。同时国内大循环必然也包含经济系统与生态系统的循环，这就是发展循环经济，促进资源的循环利用和生态环境的保护，实现人与自然的和谐发展。要适应国内国际双循环的新发展格局，就要转变经济发展方式，摆脱过去高能耗、高污染的粗放型经济增长模式的路径依赖，更多依靠内需拉动和技术创新，提高全要素生产率，推动产业结构的优化升级。

1.1.2　研究意义

1.1.2.1　理论意义

第一，本书构建了地方政府与企业以及地方政府之间的环境规制博弈模型，通过对模型的求解，发现政府会在经济增长和环境保护之间进行权衡，从而使得政府的环境规制强度与产业结构升级之间存在不确定性关系；同时本书构建了一个单部门生产模型，从理论上分析了环境规制与企业绿色技术创新的关系，推导出了环境规制会促进企业进行绿色技术创新的结论；通过地方政府间的环境规制博弈模型推导，发现地方政府间的环境规制政策是相互影响的。

第二，本书评估了环境规制对产业结构升级的影响和作用机制，通过将产业结构升级的含义区分为产业间结构升级和产业绿色转型，进一步丰富了产业结构升级的含义；并分别构建了命令控制型环境规制和环境规制综合指数的度量指标，以考察不同类型的环境规制手段对产业结构升级的作用，丰富了环境规制的工具异质性这一维度；并通过将Malmquist区域生态效率指数进行分解，发现命令控制型环境规制能够促进纯技术效率的提高，但是会降低规模效率，其他的环境规制手段可能会导致技术变化率的降低，说明环境规制对区域生态效率的影响机制是较为复杂的。

第三，本书考察了财政分权视角下地方政府环境规制对产业结构升级的作用，以及地方政府间的环境规制竞争策略。将地方政府竞争的行为因素考虑进来，构建了一个包含"地方政府竞争—环境规制—产业结构升级"的分析框架，更加全面地探讨了在地方政府竞争视角下环境规制对产业结构的影响。考虑到在财政分权体制下，地方政府的环境规制与当地产业结构之间相互影响，本书通过构建空间面板联立方程模型，不仅把环境规制和产业结构升级的空间溢出效应考虑在内，而且进一步考虑了地方政府环境规制与产业结构升级之间的双向因果关系，能够在一定程度上克服内生性。

第四，本书试图从经济学的视角来阐释"两山"理论，即"绿水青山就是金山银山"的论断，这是习近平生态文明思想的重要组成部分，是我们实现绿色发展、建设环境友好型和资源节约型社会的指导思想，也是本书选题的理论意义所在。通过环境规制促进产业结构的优化升级，淘汰重污染、高耗能产业，发展绿色产业，从而实现经济建设和生态环境保护的协调发展，这是践行"两山"理论的题中应有之义。

1.1.2.2 现实意义

在中国现行体制下，中央政府通过自上而下的行政命令，将环保目标层层分解到各级地方政府。地方政府之间的竞争压力会导致地方环保机构在环境管制上的非完全执行现象，这就使我国各区域间的环境质量出现很大差异（李永友和沈坤荣，2008）。在以地区生产总值为主要标准之一的官员绩效考核体系下，经济增长成为地方政府的首要目标，此时由于生产带来的污染排放以及对环保的投入都不可能完全外生于一个地区的经济增长目标。由于中国各级政府间存在的垂直型管理体制，而经济增长率是对地方官员进行政绩考核的一个重要指标，因此地方政府就会为了刺激本地的经济增长而展开竞争，包括资本、劳动力等流动资源，而环境政策是影响生产要素流动的关键因素，因此地方政府间在环境政策上就会进行策略互动，最终的体现就是该地区的环境质量改善或恶化（张可和汪东芳，2016）。

然而从"十二五"规划开始，五年规划中加大了环保指标的比重，并且中央对省级政府官员政绩考核已逐步弱化 GDP 目标，更加重视环境保护目标，将环保一票否决制纳入官员政绩考核体系。这样的政策变化对于地方政府的环境规制又会产生什么样的影响呢？基于这样的制度背景和国家发展战略，本书选择研究环境规制对产业结构升级的影响，并且考虑了财政分权体制下地方政府竞争的因素，对于当前形势下完善政府治理，推动中国经济结构转型和生态文明建设具有重要意义。

1.2　研究内容与研究思路

1.2.1　主要内容

本书一共分为八章，其中每章的主要内容如下所述。

第 1 章是绪论，主要阐述了本书的研究背景和意义、研究思路与主要内容、研究方法和技术路线、研究的特色及创新之处。这一章是全书的一个引领和概述。

第 2 章是文献综述，对于环境规制的经济效应、生态效应以及地方政府间的环境规制竞争进行了文献梳理。对国内外的相关研究进行了回顾和梳理，主要从环境规制的经济效应、环境规制的生态效应以及财政分权体制下的环境规制竞争三个方面来进行归纳和总结。之所以从这三个方面进行文献梳理，是因为这是跟本书的主题及篇章结构环环相扣的。其中，环境规制的经济效应又分为环境规制对技术创新、产业结构以及经济增长的影响，分别对应了微观、中观和宏观层面，因为环境规制产生的经济效应不外乎这三个方面；之所以综述环境规制的生态效应的相关文献，是因为本书分别从产业间结构升级和产业内结构升级两个层面来概括产业结构升级，而产业内结构升级更多体现为产业的绿色转型，这也是环境规制的生态效应，即提高了地区的生态效率，这也是本书第 5 章所着重阐述的内容。

同时，本书在文献综述中，梳理了财政分权体制下的环境规制竞争的相关研究，这是因为在中国现行体制下，中央政府作为委托者，地方政府是代理者，也是环境规制的执行主体，那么在研究环境规制对产业结构升级的影响时，就不能忽略其背后的体制性因素，即地方政府之间的竞争。本书在进行文献梳理时，分别从财政分权与地方政府竞争两个维度来进行归纳。分权体现的是纵向的府际关系，即中央政府和地方政府之间的关系，由于分权而带来地方政府间的竞争，这是横向的府际关系，即地方政府间的关系。而对财政分权体制下的环境规制竞争的相关研究综述对应的正是本书第 6 章和第 7 章的内容，因此文献综述的内容是与本书所要研究的问题息息相关，且环环相扣、前后对应的。

第 3 章是地方政府环境规制的理论基础和分析框架。首先，在文献梳理的基础上，对于本书要研究的对象进行了概念界定。关于环境规制，根据不同的环境规制工具和类型，可以分为基于政府行政行为的命令控制型环境规制、基于市场行为的市场激励型环境规制，以及基于自愿行为的自愿型环境规制。关于产业结构升级，综合了现有研究的观点之后，将产业结构升级的概念定义为产业间结构升级和产业内结构升级，较为全面地概括了产业结构升级的含义。其次，本书对于环境规制与产业结构升级的相关理论基础进行了概述。其中较有代表性的有"两山"理论，即习近平总书记提出的"绿水青山就是金山银山"的重要论断，这是我们通过环境规制促进产业结构升级，实现经济效益和生态效益双赢，建设生态文明社会的指导思想。

基于相关的理论基础以及借鉴相关研究，本书构建了一个包含清洁生产部门和污染生产部门的企业与地方政府两阶段动态博弈模型，通过对模型的求解，发现地方政府在追求政绩最大化的目标下，会在经济增长和环境保护之间进行权衡，从而使得政府的环境规制强度与产业结构之间存在不确定性关系。因为政府的环境规制强度不仅会对产业结构产生影响，产业结构作为地方政府环境决策时的重要考量因素，也会反向影响政府的环境规制强度。同时本书构建了一个单部门生产模型，从理论上分析了环境规制与企业绿色技术创新的关系，推导出了环境规制会促进企业进行绿色技术创新的结论。在第 3 章的理论分析部分，虽然没有体现分权以及地方政府竞争的因素，但是本书构建的是一个包含地方政府和企业的两阶段动态博弈模型，在财政分权体制下，地方政府追求的是地区的经济增长、财税收入和生态环境的总体目标，而这些目标都刻画进了地方政府的目标函数，因此最后模型推导出的结果就是地方政府会在环境目标和经济目标之间进行权衡，导致环境规制对产业结构升级的影响具有不确定性，或者说呈现出非线性效应。

第 4 章是环境规制对产业间结构升级影响的实证分析。研究的是在不考虑地方竞争因素时环境规制对产业间结构升级的影响。在理论分析的基础上，本书对环境规制与产业间结构升级的关系进行了实证检验。根据环境规制与产业结构升级的定义与内涵，本书将环境规制区分为命令控制型环境规制和环境规制综合手段，采用不同的指标加以衡量，并分别检验了命令控制型环境规制和环境规制综合指数对于产业间结构升级的影响，且按照东部、中部、西部来分地区进行了检验。在对样本进行筛选，包括剔除直辖市以及缩尾和截尾处理后，本章进行了稳健性检验，检验的结果与基准模型的回归结果大致相同，证明了基准模型回归的稳健性。

第 5 章是环境规制对产业绿色转型影响的实证分析，研究的是在不考虑地方竞争因素时环境规制对区域生态效率的影响。本书将产业结构升级概括为产业间结构升级与产业内结构升级，产业间结构升级与第一、第二、第三产业在经济中所占比重有关，这是一个经济指标；产业内结构升级主要体现为产业的绿色转型，是产业内部由重污染产业向清洁产业转型，本书采用区域生态效率这一指标来度量产业的绿色转型，这是一个生态指标，体现的是一个地区生态环境的改善。这一概念界定区别于传统的产业结构升级的概念，拓宽了产业结构升级研究的视域，是本书的一大创新点。

首先，本书对产业绿色转型的概念进行了定义，指出当前我国产业绿色转型的必要性。在概念界定的基础上，本书选择区域生态效率这一指标来对产业绿色转型进行评价，采用 DEA-Malmquist 指数方法，以286 个地级及以上城市的环境污染类变量和资源消耗类变量作为投入指标，以各个城市的地区生产总值作为产出指标，测算出我国的 Malmquist 区域生态效率指数，以便对我国产业绿色转型进行定量分析。本书进一步将 Malmquist 区域生态效率指数进行了分解和区域间的比较，梳理出我国 Malmquist 区域生态效率指数的时间变化趋势和空间分布特征。其次，本书运用混合面板模型，对于环境规制和区域生态效率的关系进行了实证检验。为了考察环境规制影响区域生态效率的机制，本书将 Malmquist 区域生态效率指数进行了分解，实证检验了环境规制对于区域生态效率各项分解指标的影响。由于各个地区的发展程度差异较大，本书通过对东部、中部、西部进行分地区检验，考察环境规制影响生态效率的区域特征。最后，由于环境规制指标选取问题，以及反向因果关系可能带来的内生性问题，本书进行了内生性检验，结果发现命令控制型环境规制指标是外生变量，而环境规制综合指数带有一定的内生性。为了克服内生性问题，本书选取各城市的年均 PM2.5 指数和滞后一期的环境规制变量作为工具变量，采用两阶段最小二乘法来进行内生性检验。

第 6 章是财政分权视角下环境规制对产业结构升级的影响。在中国的国情下，环境规制主要是由地方政府来执行的，因此不能不考虑地方政府的主观因素，这就是财政分权体制下环境规制对产业结构升级的影响，也是本书所阐述的内容。在中国现行体制下，中央政府作为委托者，委托地方政府进行环境治理，因此在环境治理上中央政府与地方政府形成了一种委托—代理关系。由于信息不对称，中央政府很难完全掌握地方政府的动态，这就使地方政府在环境规制上有采取机会主义行为的可能性。中央政府对地方政府下放经济管理权限，使地方政府具有了一定的经济权力；同时中央政府能够通过制定考核标准选拔地方官员，而在过去经济高速增长阶段晋升机制的主要标准之一是 GDP 增长率，这意味着地方政府官员可能会为了追求地区生产总值的快速增长以获得政治上的晋升，以及为了增加财税收入而放松环境规制，从而对产业结构升级产生不利影响。为了探讨财政分权体制下，环境规制如何影响产业结构升级，本书提出 4 个理论假说，分别探究了财政分权、财政收支不平衡、官员晋升压力以及就业压力下环境规制如何影响产业结构升级，并构建实证模型逐一进行验证。

本章在全书中起到一个承上启下的作用，因为本书的章节安排其实是一个层层递进的关系，先是抛开地方政府竞争因素，仅就一个地区而言，不考虑地方政府的主观因素时，政府的环境规制如何影响地区产业结构升级，这里的产业结构升级既有产业间结构升级，也有产业内结构升级，或者说产业的绿色转型。然而，这种情况与现实当然是不符的，因为现实中不可能只有一个地方政府，而地方政府在执行环境规制政策时也会存在不完全执行的现象，因此就需要放宽假设，把地方政府的主观因素考虑进来。在中国现行体制下，中央政府能够掌控地方政府的人事任免权，因此地方政府受制于中央政府，而中央政府又赋予了地方政府经济上的自主决策权，使地方政府有充分的积极性发展地方经济，并以此作为政绩考核的依据之一。因此，当我们说分权时，其实指的是中央政府和地方政府间的关系，是一种纵向的府际关系，由于存在分权，就不可避免地存在委托—代理问题，这也是本书第 6 章所试图阐述的结论，即在财政分权体制下，地方政府为了弥补财政不平衡以及在以 GDP 为主的政绩考核压力下，有放松环境规制的动机，即不完全执行环境规制的现象。而正是由于有了纵向的财政分权，才会产生横向的地方政府间的竞争。当前中央政府在对地方政府的政绩进行考核时，既有经济绩效指标，也有环境绩效指标，而经济绩效主要依据之一是 GDP 指标，但是 GDP 增速指标并不是看绝对值，而是相对值，即本地区 GDP 增速相比于周边地区的情况如何，这更能体现出官员治理的经济绩效，从而导致地区间的竞争，不仅有招商引资、税收政策、人才政策等方面的竞争，也会产生环境政策的竞争。本书拓展到地级市这一层级来进行研究，考察不同地级市政府间的环境规制竞争策略。

第 7 章是地方政府间的环境规制竞争机制。因为有了分权，所以在环境规制上就会产生委托—代理问题，即地方政府在环境规制上的非完全执行现象，由于地方政府被赋予了一定的自主决策权，是环境规制的主要执行者，所以有可能会为了经济目标而放松环境规制。同时也要考虑到，现实中并不是只有一个地方政府，地方政府间是存在竞争的，这就会衍生出互动策略，比如采取合作、竞争或者相互模仿的方式。并且由于地理和空间因素，地区间的环境质量是存在空间相关性的，而不是相互独立的，污染物并不只存在于本地区，还会溢出到周边地区，因此环境是公共品，而排放环境污染会带来负外部性。这就使地方政府在执行环境规制政策时会存在机会主义倾向，也就是"搭便车"的动机，即"你减排我就多排"的行为。因此，第 7 章则是考察了地方政府间的环境规制竞争策略，以及在考虑空间因素和地方政府间环境规制竞争策略的情况下，地方政府环境规制是如何影响本地以及邻地的产业结构升级的。

本书通过简单的理论模型，推导出地方政府并不是独立地在制定环境政策，而是在与周边地区进行着博弈，一个地区的环境政策通常会受到周边地区环境政策的影响。因为地方政府在环境规制上会采取互动策略，所以地方政府间的环境规制政策是相互影响的，这是由于存在学习效应和空间溢出效应。因此，在研究地方政府环境规制对产业结构升级影响时候，还需要将空间因素考虑进来。此外，本书通过计算产业间结构升级和区域生态效率的莫兰指数，进行空间自相关分析。通过空间自相关分析，发现全国地级市的产业间结构升级和区域生态效率存在正的空间自相关关系。同时，根据前面的理论模型，产业结构升级与环境规制之间存在双向因果关系。基于此，本书构建了产业结构升级与环境规制的空间面板联立方程模型，以地理反距离矩阵作为空间权重矩阵，并以空间邻接矩阵进行稳健性检验，采用广义空间三阶段最小二乘（GS3SLS）方法进行估计，探究了地方政府间在环境规制上的竞争策略以及对产业结构的空间溢出效应。本书采用的空间面板联立方程模型，正是为了识别地区间的环境规制策略，且在一定程度上克服了因环境规制与产业结构升级的双向因果关系而产生的内生性问题，同时还考察了在考虑空间因素和地方政府环境规制竞争策略的情况下，地方政府的环境规制如何影响产业结构升级。

第 8 章是主要结论与政策建议，通过以上的实证分析，总结出主要的研究结论，并基于实证研究结果，提出具有针对性的政策建议，为政策制定者提供借鉴和参考。

从篇章结构上来说，本书的章节安排是环环相扣、紧扣主题的，聚焦于环境规制对产业结构升级的影响这一问题，且不断深入探究背后的体制性因素，对当前体制下如何建设生态文明社会和实现高质量发展具有一定的借鉴意义。

1.2.3 研究思路

首先，本书在系统梳理环境规制与产业结构升级的相关研究基础上，对环境规制和产业结构升级的概念进行了定义，将环境规制按照工具的不同进行分类，区分为命令控制型环境规制、市场激励型环境规制和自愿型环境规制，并将产业结构升级的含义概括为产业间结构升级与产业内结构升级，而产业内结构升级主要体现为产业的绿色转型。其次，本书阐述了环境规制与产业结构升级的相关理论基础，并以此为依据构建了一个包含清洁生产部门和污染生产部门的政府与企业的两阶段动态博弈模型，通过对模型的求解，发现政府在追求绩效最大化的目标下，会在经济增长和环境保护之间进行权衡，从而使政府的环境规制强度与产业结构升级之间存在不确定性关系，政府的环境规制强度不仅会对产业结构产生影响，产业结构作为地方政府环境决策时的重要考量因素，也会反向影响政府的环境规制强度。同时本书构建了一个单部门生产模型，从理论上分析了环境规制与企业绿色技术创新的关系，推导出了环境规制会促使企业进行绿色技术创新的结论。

在推导理论模型的基础上，本书选取了 2003～2018 年 286 个地级及以上城市的面板数据作为样本，通过实证分析来进行检验。在实证分析中，本书基于对环境规制和产业结构升级概念的定义，构建了命令控制型环境规制测度指标和环境规制综合指数，将其作为解释变量，以探讨环境规制的工具异质性。并且本书将产业结构升级区分为产业间结构升级和产业内的绿色转型，以区域生态效率作为产业绿色转型的衡量指标。通过构建实证模型，本书分别检验了环境规制对产业间结构升级的影响，以及对于产业绿色转型的影响。此外，在研究政府环境规制对产业结构升级影响的时候，还要考虑作为环境规制的执行主体——地方政府的行为因素及其背后的体制因素。本书以财政分权、财政不平衡、GDP 增长率和失业率作为调节变量，探讨了财政分权视角下环境规制如何影响产业结构升级。并且本书把空间因素和地方政府间的环境规制策略互动考虑进来，设定了空间面板联立方程模型，并采用广义空间三阶段最小二乘（GS3SLS）方法进行了估计。

1.3 研究方法与研究框架

1.3.1 研究方法

1.3.1.1 实证分析和规范分析相结合

实证分析是在对事物进行客观分析的基础上，研究事物间的相互联系和发展规律，是一种事实判断，主要回答的是"为什么"的问题；规范分析则是以价值判断为基础，提出符合其价值观念的政策和行为准则，主要回答的是"应该是什么"的问题。本书试图通过构建面板回归方程，来对环境规制与产业结构升级之间的关系进行实证检验，并且把地方政府竞争的因素纳入进来，考察地方政府竞争视角下环境规制如何影响地区的产业结构升级。最后，在实证分析的基础上，提出一些有针对性的政策建议，以改善当前政府环境治理中存在的问题，更好地发挥环境规制对产业结构升级的作用。

1.3.1.2　定量分析和定性分析相结合

定性分析和定量分析相互支撑，不可或缺，定性分析需要以定量分析的结果作为依据，而定量分析则需要建立在定性分析提供的思路或框架上。本书通过梳理前人的研究成果，归纳和总结现有文献对于环境规制和产业结构升级的定义，对其进行明确的概念界定，这是对于环境规制和产业结构升级概念的定性分析。另外，本书通过构建一套综合指标体系，来衡量和评价当前我国环境规制和产业结构现状，并分析其中存在的问题和原因，这是对于环境规制和产业结构升级的定量分析。

1.3.1.3　比较分析法

比较分析法可以理解为是根据一定的标准，对两个或两个以上有联系的事物进行考察，寻找其异同以探求普遍规律与特殊规律的方法。本书在对环境规制和产业结构现状进行定量分析的基础上，通过将东部、中部、西部的环境规制强度和产业结构状况进行比较，从而揭示出当前中国在环境规制和产业结构方面的区域差异与变动趋势。

1.3.2　技术路线

本书研究的技术路线如图 1 - 1 所示。

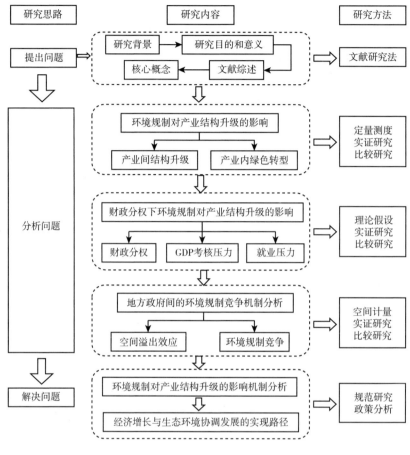

图 1–1　技术路线

1.4　主要创新点与不足

1.4.1　主要创新点

1.4.1.1　视角创新

在中国现行体制下，环境规制的执行主体是地方政府，中央政府委托地方政府进行环境治理。但地方政府在环境治理过程中，一方面要增加本地财政收入，另一方面要在以 GDP 为主要指标之一的政绩考核中谋求政治晋升，所以地方政府有放松环境规制以吸引污染企业的动机。如果不把地方政府主观因素考虑进来，那么关于环境规制和产业结构升级关系的研究是不全面的。本书将地方政府竞争的因素考虑进来，更加全面地探讨了在地方政府竞争视角下环境规制对产业结构升级的影响，从而进一步丰富和完善了"地方政府竞争—环境规制—产业结构升级"这一分析框架。

并且本书区别于传统研究产业结构升级的视角，不是从产业结构高度化和产业结构合理化两个维度来衡量产业结构升级，而是从产业内结构升级和产业间结构升级两个方面来概括产业结构升级的含义，且产业内结构升级更多的则是体现为产业向绿色转型，从而丰富了对产业结构升级研究的视角。

1.4.1.2　方法创新

本书在构建环境规制的度量指标时，不同于传统研究所采用的方法——用污染物排放或者污染投资治理作为环境规制的度量指标，这类指标都不可避免地带有内生性问题。本书在借鉴了相关研究之后，采用环保词汇在省级政府工作报告文件中出现的频率和地级市工业增加值占全省的比重相乘，得到一个指数作为衡量命令控制型环境规制的指标，这一指标在一定程度上克服了内生性问题。并且本书基于工业污染物的去除率构建了一个综合性的环境规制指标，来进行稳健性检验，比较不同环境规制工具的效果，从而考察了环境规制的工具异质性。

另外，区别于传统的度量一个地区资源禀赋的指标，本书用采掘业从业人员数与第二产业从业人员数的比值来衡量资源禀赋状况。因为，采掘业包括煤炭、石油、天然气、金属和非金属矿采选业、木材采伐及自来水的生产和供应等与自然资源直接关联的细分行业。采掘业从业人员数占当地总人口或者总就业人数的比重更多衡量的是当地的资源依赖情况。而采掘业从业人员数占第二产业从业人员数的比重，则反映的是第二产业内部的结构，若一个地区的自然资源十分丰富，当地的第二产业自然是以采掘业等重工业为主，那么采掘业从业人数在第二产业从业人数中的占比也就相对较大。

在实证方法上，本书为了识别环境规制与区域生态效率之间的因果关系，选取了城市的 PM2.5 数据作为工具变量，构建一个基于工具变量的最小二乘回归模型（IV-2SLS），以缓解反向因果的内生性问题。此外，为了克服地方政府的环境规制与当地产业结构之间相互影响而产生的双向因果关系，以及考虑到环境规制和产业结构升级的空间溢出效应，本书构建了空间面板联立方程模型，并采用广义空间三阶段最小二乘（GS3SLS）方法进行估计，在一定程度上克服了内生性，保证了估计结果的无偏性和一致性。

1.4.1.3 观点创新

本书通过实证研究发现，命令控制型环境规制对区域生态效率的作用并不明显，而当期的环境规制综合指数对于区域生态效率的作用也不明显，滞后一期的环境规制综合指数能够促进区域生态效率的改善。通过将 Malmquist 区域生态效率指数进行分解，发现命令控制型环境规制能够促进纯技术效率的提高，但是会降低规模效率，其他的环境规制手段可能会导致技术变化率的降低，说明环境规制对区域生态效率的影响机制是较为复杂的。通过对东部、中部、西部进行分地区检验，考察环境规制影响生态效率的区域特征，结果发现只有在中部地区，滞后一期的环境规制综合指数能够提高区域生态效率，表明中部地区的环境规制实施效果效好。因此，本书认为，在制定环境规制政策时不仅要因地制宜，充分考虑各个地区间的发展程度和产业结构的差异，还要分类施策，综合使用各项环境规制手段，发挥不同环境规制工具的效果和功能。

此外，本书考察了财政分权视角下地方政府环境规制对产业结构升级的影响，以及在考虑空间因素时，地方政府间的环境规制竞争策略，发现财政分权程度、财政不平衡程度、官员晋升压力以及地方就业压力的上升都会削弱环境规制对产业结构升级的影响，即都对环境规制与产业结构升级的影响关系具有负向调节效应，说明财政分权体制下地方政府有放松环境规制以促进本地经济增长的动机。现有研究更多地将 GDP 增长率作为地方政府的首要目标，较少考虑失业率对于地方政府环境治理的影响，而本书创新性地研究了就业压力下地方政府的环境规制对产业结构升级的影响。同时本书发现地方政府在环境规制的制定上采用"标尺竞争"的策略，即争相提高环境规制水平，以促进本地的产业结构升级；但是在环境规制的实施上存在"逐底竞争"的倾向，即可能会为了追求本地经济增长，而争相降低环境规制水平。

1.4.2 可能存在的不足

受限于研究数据，很多数据在地级市层面均存在缺失，比如污染治理投资数据，很多城市都找不到相关数据。同时也由于篇幅限制，以及本人研究能力和方法的局限性，只比较了命令控制型环境规制和综合环境规制手段的差异，对于其他类型的环境规制工具和手段未能构建相应的指标来进行度量和探讨，比如市场激励型环境规制和自愿型环境规制，这也是下一步继续深入研究的方向。

第2章

文献综述

2.1 环境规制的经济效应

2.1.1 环境规制对技术创新的影响

秉持传统的新古典经济学的学者认为，环境规制会给企业带来"遵循成本"，即假设企业在生产技术不变的情况下，由于政府的环境规制给企业施加了压力，企业不得不投入额外的治污成本，比如进行治污设备的投资和减产等，这就会导致企业的生产成本增加以及生产效率下降，从而使企业的利润和市场竞争力降低，最终导致全社会经济增长的下滑。

然而，波特（Porter）等在20世纪90年代对传统新古典经济学家所认为的"遵循成本说"提出了质疑，并提出另一种假说——"创新补偿说"，也叫"波特假说"。"波特假说"认为，在中长期内，企业可以通过技术创新的方式来降低生产成本，从而抵消由于环境规制而带来的额外成本，也就是所谓的"创新补偿效应"。

就企业的研发创新而言，一些学者（Lili Feng，2021；Hedan Ma，2021；Mitsutsugu Hamamoto，2006；黄德春，2006；赵红，2007；颉茂华，

2014；李强等，2009；黄平等，2010；蒋樟生，2021；刘学之等，2021；余伟，2017；蒋为，2015；李平等，2013；谢乔昕，2021）通过实证检验，认为严格的环境规制对于企业的研发支出和技术创新具有显著的正向影响，且企业的污染减排资本支出对研发支出没有显著影响。环境规制在给一些企业带来直接费用的同时，也会激发一些创新，可以部分或全部地抵销这些费用成本，这支持了"波特假说"——环境规制能使受规制的企业受益。因为企业面临诸多制约，其中一个重要的制约因素是监管环境（René Kemp，2000）。而另一些学者（Hojnik J，2021；Dongmin Kong，2021；Di Zhou et al.，2021；江珂，2011；陈晓和张壮壮，2019；王超等，2021）则持有相反的观点，认为环境规制会阻碍企业的技术创新。因为它降低了企业进行该投入的可能性，降低了其生产力并提高了产品的输出价格。并且环境法规的实施提高了重污染企业的盈利能力，这是通过整合企业成本管理和淘汰合规成本高的小企业来实现的（Di Zhou et al.，2021）。

考虑到行业异质性和区域异质性，由于东部地区的资产回报率（ROA）和国内生产总值（GDP）相对较高（Xin Zhao，2016），"波特假说"在较落后的中部和西部地区得不到支持，而在较发达的东部地区则得到了很好的支持（王国印，2011；沈能等，2012；江珂，2011）。而聂鑫（2021）却发现，波特假说在发展中国家的欠发达地区得到验证，环境规制促进了中国西部欠发达地区的创新。在东部地区，环境规制强度和企业生产技术进步之间呈现"U"型关系（张成和陆旸，2011）。与之观点相类似的还有周茜和葛扬（2019）、梁劲锐和史耀疆（2018）、陈屹立和邓雨薇（2021）、程中华等（2021）、董会忠和刘鹏振（2021）、赵帅和何爱平（2021），他们也发现环境规制强度和企业技术创新之间存在着"U"型关系。这说明环境规制对企业技术创新的影响可能并非是线性的。

环境规制会因为企业所在地区、所处行业和产权性质的不同，对企业的技术创新水平产生不同的影响（冯宗宪等，2021）。严格的监管增加了高污染企业的生产成本，从而降低了预期利润并打击了创业精神（Dongmin Kong，2021）。而颉茂华等（2014）和蒋为（2015）却发现，环境规制对中国重污染行业的 R&D 投入的促进作用更加明显，对于中度污染行业和轻污染行业，环境规制对技术创新的促进作用并不明显（徐敏燕，2013）。同时，环境规制对企业的技术创新也会因企业的所有权性质不同而产生异质性影响（张中元，2012）。从动态角度看，环境规制对创新的激励作用具有一定的滞后性（李平，2013；赵红，2007；颉茂华等，2014；王超等，2021），在当期可能会阻碍技术创新，表明环境规制在短期内可能会阻碍企业技术创新，而在中长期内会促进技术创新。其余学者则分别从绿色金融（谢乔昕，2021）、制度环境（Dongmin Kong，2021）、政府补助（Hedan Ma，2021）、企业生态系统（Shuai Shao，2020）、资源配置（李强，2009）、人力资本（江珂，2011）、产权保护和激励（黄平，2010）、R&D经费内部支出和R&D人员全时当量（冯宗宪等，2021）、市场竞争环境（Javeeda et al.，2020）和企业规模（Borsatto et al.，2019）等角度探讨了环境规制影响企业技术创新的机制。

就企业的全要素生产率而言，一部分学者（陈诗一，2010；王兵，2008；张三峰，2011；张成等，2010；白雪洁，2009；李谷成等，2011；叶祥松等，2011；韩超，2015；Lin Zhou，2021）通过实证检验，认为环境规制能够提高企业的全要素生产率，从而支持了波特假说。然而也有一些学者（Paul Lanoie，2008；王彦皓，2017）得出了相反的结论，认为环境规制对企业全要素生产率有抑制作用，从而拒绝了波特假说。解垩（2008）通过将全要素生产率分解，发现环境规制会使技术进步下降，同时会使技术效率提高，这两个组成部分的影响可能会相互抵消，因此环境规制对全要素生产率的影响是具有不确定性的。由于区域异质性和行业异质性等因素，环境规制对全要素生产率的影响可能会呈现出非线性影响（韩超和胡浩然，2015；王文寅和刘佳，2021）。还有一些学者从国际竞争（Paul Lanoie，2008）、资本深化（叶祥松和彭良燕，2011）、企业规模（张三峰和卜茂亮，2011）、要素配置（祝思凝和李文兴，2021）等视角研究了环境规制影响企业全要素生产率的机制。

关于企业的经营绩效和竞争力，贾菲·亚当（Jaffe Adam B，1995）、大卫·辛普森（David Simpson，1996）、韦恩·格雷（Wayne B. Gray，2001）、斯蒂芬·瑞恩（Stephen P. Ryan，2012）等学者认为，环境规制

提高了企业的成本，降低了企业的经营绩效，对企业的竞争力具有不利影响。而另一些学者（Mulatu Abay & Florax Raymond，2001；Eli Berman & Linda T M Bui，2001；Randy A Becker，2011；Youxing Huang，2021；Hong Zhou，2021）认为，减排措施可能会夸大环境监管的经济成本，不需要也不应该因为担心其对企业的市场表现产生不利影响，而削弱或放松环境监管，从而破坏其环境目标。吕靖烨和张林辉（2021）发现，环境规制与经营绩效呈非线性"U"型关系，表明了两者之间单门槛效应和标准规制水平的存在。而安德里亚·莱特（Andrea M Leiter，2011）发现，环境规制与企业投资之间存在倒"U"型关系，这表明环境管制对投资的影响是积极的，但正在减弱。此外，由于行业性质（徐敏燕和左和平，2013）、公司规模（Heyes A，2009）、生产成本和产品差异（许士春，2007）、所有权性质（韩超和桑瑞聪，2018）、资本密集度和企业年龄（田露露和韩超，2021）、市场结构（Stephen P Ryan，2012）等异质性因素，环境规制对不同企业经营绩效和竞争力的影响也会存在差异。

在制定环境规制政策时，要考虑不同环境规制政策的效果差异，即环境规制的工具异质性。不同类型的环境规制手段对工业企业技术创新的作用具有异质性，张国兴等（2021）、加梅罗（Gamero，2010）等认为，命令控制型环境规制对企业技术创新和竞争力的影响并不显著或有抑制作用；张东敏等（2021）、赵晓丽（2015）等认为，命令控制型环境规制对技术创新具有显著的积极影响，且比市场激励型环境政策更容易激发企业创新行为。排污费征收标准的提高总体上抑制了企业创新，然而当环保税税额提高到一定程度时，环保税征收可以促进企业进行技术创新（牛美晨和刘晔，2021）。环保税使得环境技术进步偏向于非清洁生产；研发补贴和政策组合显著有利于环境技术进步偏向于清洁生产（程中华等，2021）。并且由于低效运转的市场还不足以支撑排污权交易机制的"完美"运行，SO_2排放权交易试点政策在我国未能产生波特效应（涂正革和谌仁俊，2015）。对于公众自愿参与型环境规制，蒋樟生等（2021）发现，公众环境规制对企业创新投入的影响不显著，因为企业倾向采用公关方式应对公众规制需求，所以公众参与型环境规制对企业技术创新的作用非常有限

（张国兴等，2021）；阮敏和肖风（2021）认为，当环境规制源于自愿规范时，积极的环境管理投资有助于提高企业的竞争力。

2.1.2　环境规制对经济增长的影响

从宏观角度来说，关于环境规制和经济增长之间的关系，一些学者（张红凤等，2009；涂正革和肖耿，2009；Susmita Dasgupta，2010；宋马林和王舒鸿，2013；陈诗一和陈登科，2018；刘伟明和周正清，2020；田雪航和何爱平，2020；Long Zhang，2021；Qingquan Fan，2021；Xinfei Li，2021；周清香和何爱平，2021；安孟等，2021；陶静，2021）认为，环境规制有利于经济增长，能够达到污染减排的效果，促进高质量发展，实现经济发展和环境保护的双赢。另一些学者（Dale W Jorgenson，1990；Wei C，2021；林诗贤和祁毓，2021；Li，2021）则持有相反的观点，认为环境规制对经济增长有抑制作用，不太可能实现生态保护和经济增长的双赢，政策制定者需要在环境监管造成的经济损失和环境收益之间进行权衡。另外，由于经济发展程度差异（宋德勇和杨秋月，2021）、区域差异（Wu Q，2021；张成等，2011）等异质性因素，环境规制和经济增长之间可能存在非线性关系（李达和王春晓，2007；Yan Song，2021；熊艳，2011；刘传明等，2021；叶娟惠，2021）。

从动态角度来看，在短期内，环境规制通过增加企业生产成本、挤占企业技术研发投入等途径阻碍了经济高质量发展（刘传明等，2021），但从长期来看，环境规制具有强化污染治理和促进经济增长双赢的可能（汪晓文等，2021）。从经济增长的质量和数量来看，黄清煌和高明（2016）认为，环境规制对经济增长数量存在抑制效应，对经济增长质量存在促进作用。

比较环境规制工具的效果，林婷和谌仁俊（2021）发现，公众参与型环境规制水平最高，其次是命令控制型环境规制，市场激励型环境规制表现最差；胡德顺等（2021）发现，费用型环境规制与命令控制型环境规制均能通过提升技术创新水平来缓解对高质量发展的阻碍作用，而公众参与型环境规制可以通过技术创新发挥的正向中介效应进一步扩大对高质量发展的促进作用。此外，环境规制对就业的影响存在门槛特征（闫文娟等，2012），环境规制和就业（王芳，2021；宋丽颖和崔帆，2021）与工业产能利用率（刘帅等，2021）之间都存在显著的"U"型关系。

2.1.3　环境规制对产业结构升级的影响

产业结构既涵盖三次产业在国民经济总量中的结构，即产业间结构，又包括各产业内部的技术结构，即产业内结构（曾倩、曾先峰等，2020）。产业结构升级意味着整体产业素质与效率的提高，产业结构升级的内涵也应该包括产业间结构升级和产业内结构升级两种，不仅涵盖三次产业在国民经济中比重的变化同时还包括某产业内部技术结构的优化（王光艳，2021）。因此，产业结构升级包括产业间结构升级和产业内结构升级（毛建辉和管超，2020），一个国家的产业发展通常会同时经历产业内结构升级和产业间结构升级过程（文雁兵，2015）。产业间结构升级的本质是要素在产业间的配置和再配置过程（孙学涛和王振华，2021），主要是指从第一产业为主向第二、第三产业为主转变（刘贻玲和郑明贵，2021）。关于三次产业间的结构比例关系较多，而产业内部结构比例关系的改变也同样重要，主要体现在各次产业内部从低端转向中高端的质量提升。从第二产业内部来说，分为中高端制造业和低端制造业；从第三产业内部来说，分为中高端服务业和低端服务业。理论上来说，当一个地区的中高端制造业和中高端服务业所占比重越高，那么这个地区的产业结构现代化程度就越高，这通常也被称为产业结构高度化。

从中观角度来说，关于环境规制能否促进产业结构升级这一问题，学界还存在一些分歧。一些学者（原毅军和谢荣辉，2014；殷宇飞和杨雪锋，2020；肖兴志和李少林，2013；梅国平和龚海林，2013；李强，2013；裴潇和胡晓双，2021；郑晓舟等，2021；宋雯彦和韩卫辉，2021；罗知和齐博成，2021；张家峰和毕苗，2021；吕鹏和黄送钦，2021；郭炳南等，2021；曾昉等，2021）认为，环境规制能有效驱动产业结构升级，可将环境规制作为产业结构调整的新动力，这也在一定程度上验证了"波特假说"。王德春和罗章（2021）与李强和丁春林（2019）等持有相反的观点，认为环境规制对于产业结构升级可能会产生负向作用。

由于行业差异（童健等，2016）、地区差异（肖兴志和李少林，2013）和资源禀赋的差异（李虹和邹庆，2018）、人力资本水平差异（孙玉阳和穆怀中，2020）等异质性因素的存在，环境规制与地区产业结构升级之间存在非线性的"U"型关系（钟茂初等，2015）。而且，不同类型的环境规制工具对于产业结构升级的影响也可能不同（曾倩和曾先峰，2020）。郑晓舟等（2021）发现，正式环境规制和非正式环境规制均对产业结构升级具有正向影响，正式环境规制对产业结构升级的影响呈现出显著的门槛特征和空间异质性（原毅军和谢荣辉，2014；王文哲和孔庆洋，2020）。杨林和温馨（2021）发现，命令控制型海洋环境规制对我国海洋产业结构升级产生先抑制后促进的"U"型非线性影响，并存在基于市场激励型海洋环境规制的单一门槛效应，市场激励型海洋环境规制有助于促进海洋产业结构升级，但当前影响并不显著。

从企业转型的角度来说，蔡海静等（2021）基于沪深 A 股重污染行业上市公司经验数据进行实证检验，发现环境规制通过强化实体企业金融化，导致企业"脱实向虚"，最终对企业主业发展产生负面影响；而俞毛毛和马妍妍（2021）发现，环境规制并不会导致实体企业业绩下滑，且会在一定程度上抑制企业"脱实向虚"行为。通过将产业结构升级区分为产业结构高度化和产业结构合理化，何文海和张永姣（2021）发现，环境规制会促进产业结构合理化，但是却会阻碍产业结构高级化；而孙坤鑫和钟茂初（2017）发现，环境规制对产业结构合理化和高度化的影响均呈现"U"型曲线特征。郭晓蓓（2019）进一步将制造业的产业升级区分为产业内结构升级和产业间结构升级，通过实证分析发现环境规制促进了制造业产业间结构升级，而抑制了制造业产业内结构升级。

考虑到环境规制引起的污染产业转移，沃尔特（Walter）和乌格洛（Ugelow）在 1979 年提出"污染天堂"假说，认为高污染产业会在全球化的浪潮中搬迁至环境规制宽松的发展中国家，从而使这些发展中国家成为

"污染天堂"。一些学者（曾贤刚，2010；Mulatu A，2010；Sunghoon Chung，2014；李国柱，2007；杨涛，2003；傅京燕和李丽莎，2010；吴玉鸣，2006；吴玉鸣，2007；郭红燕和韩立岩，2008；张华和魏晓平，2014；Yu Hao，2018；方齐云和刘东，2020；李凯杰和王怀民，2021）通过实证分析，发现环境规制对外商直接投资（FDI）的流入存在一定的负面影响，污染行业更倾向于在环境法规较宽松的国家进行投资，同时 FDI 的增加也会对当地环境状况造成负面影响（张宇和蒋殿春，2014），从而证实了"污染天堂"假说。也有学者（Zhou，2021）指出，外商直接投资对中国绿色增长具有直接的正向溢出效应，即"污染光环"效应。就国内的产业转移而言，一些学者（沈坤荣等，2017；魏玮和毕超，2011；侯伟丽等，2013；肖雁飞等，2021；曾昉等，2021；谭莹和胡洪涛，2021；刘满凤等，2021）认为，环境规制会引发污染的就近转移现象，即中国区际产业转移中存在污染避难所效应。当前我国污染密集型产业转移总体呈现由东部向中西部转移趋势，说明中西部地区在承接东部产业转移（Shuke Fu，2021；林伯强和邹楚沅，2014）。鲍尔蒂克（Bartik，1988）、刘伟（2021）也发现，高污染企业的选址会受到环境规制的影响。

2.2　环境规制的生态效应

2.2.1　环境规制对污染排放的影响

关于环境规制能否起到减少污染排放的作用，一些学者（李永友和沈坤荣，2008；Weijian Du，2020；韩超等，2020；Siying Yang，2021；Xianhua Wu，2021；Hou，2021；Li X，2021；Hongshan Ai，2021；周杰琦和刘生龙，2021；雷玉桃等，2021；孙慧和扎恩哈尔·杜曼，2021）通过实证分析，认为政府环境治理在减少污染方面具有积极的政策效应，能够实现减排效果，验证了环境政策的有效性。而陈林等（2021）通过双重差分回归，发现"大气十条"的政策效果不显著；张华和魏晓平（2014）认为，环境规制对碳排放的直接影响轨迹呈倒"U"型曲线，说明环境规制对污染排放的影响可能有不确定性。张学刚和钟茂初（2011）、原毅军和耿殿贺（2010）通过博弈分析发现，减少政府因企业污染带来的收益、降低政府监管成本、加大对企业污染的处罚等有助于环境质量的改善。

环境规制可能会通过降低能耗（Li X，2021）、技术进步（韩超和胡浩然，2015；王鹏和谢丽文，2014）、改善产业结构（张华和魏晓平，2014；Rui Pang，2021）、技能溢价（周杰琦和刘生龙，2021）、能源结构转变（林伯强和李江龙，2015）、企业投资偏好（王书斌和徐盈之，2015）等机制影响污染排放，促进企业节能减排。考虑到环境规制对工业污染具有明显的空间溢出效应，刘满凤等（2021）认为，二者在距离上表现为倒"U"型关系，即环境规制对工业污染的空间溢出效应会随着地理距离的增加而呈现出先上升后下降的趋势。同时，由于地区差异（Xianhua Wu，2021；陈林等，2021）、市场化程度差异（Hongshan Ai，2021）、所有权性质差异（韩超等，2020；和军和靳永辉，2021）、企业异质性（Pang R，2021）、融资约束程度（陈晓艳等，2021）、行业异质性（韩超和胡浩然，2015）、收入水平差异（Xiaoshuo Wang，2021）、经济集聚度（Rui Pang，2021）等异质性因素的存在，环境规制对污染排放的影响也会有所差异。

由于环境规制工具的异质性，不同类型的环境规制工具的减排效果也不尽相同（孙慧和扎恩哈尔·杜曼，2021）。和军和靳永辉（2021）发现，命令控制型环境规制政策对国有企业具有更好的效果；而市场激励型环境规制政策则对民营企业具有更好的效果；王书斌和徐盈之（2015）认为，环境行政管制的减排效果要好于环境经济管制。就市场激励型环境规制工具而言，雷玉桃等（2021）发现，京津冀、长三角的费用型规制与雾霾污染表现出"U"型联动关系，而珠三角呈现出"N"型这种异化的EKC关系。而杨思莹（Siying Yang，2021）发现，中国的SO_2排放交易制度显著抑制了城市的SO_2排放，与之观点相似的还有石敏俊等（2013）、陈诗一（2011）、秦昌波等（2015）、陆旸（2011）、薛飞和周民良（2021）、朱凡和李天琦（2021）、于向宇等（2021）、王丽颖（2021）、杨秀汪等

（2021）等学者，他们都认为，征收碳税、环境税以及碳交易制度能够促进碳减排，减排成本较低。

2.2.2 环境规制对绿色技术创新的影响

就企业的技术创新而言，可以分为生产技术创新和绿色技术创新。关于环境规制能否促进企业的绿色技术创新，学界还存在一些分歧。一些学者（许士春等，2012；景维民和张璐，2014；齐绍洲等，2018；徐佳和崔静波，2020；Xie Ronghui，2021；邓玉萍等，2021；孙冰等，2021；叶青和郭欣欣，2021；李楠博等，2021）通过实证分析，认为环境规制能够促进企业的绿色技术创新，转变企业技术进步方向，有助于中国工业走上绿色技术进步的轨道。另一些学者（徐乐等，2021；陈晓红等，2021；商波等，2021；卞晨等，2021）运用演化博弈模型，分析环境规制对企业绿色技术创新的影响，发现严格的环境规制政策和严格的监督机制在一定程度上会推动企业绿色技术转型，对推动经济绿色发展具有重要意义。

考虑到企业所有权性质（齐绍洲等，2018；宋丽颖和李亚冬，2021）、区域差异（邓玉萍等，2021；孙冰等，2021；李楠博等，2021；赵晓梦等，2021）、企业性质（王慧等，2021）、企业创新能力（陶锋等，2021；吴力波等，2021）、行业规模和创新人力资源投入（李婉红等，2013）等异质性因素，环境规制对绿色技术进步的作用可能也有所不同。同时，环境规制会通过外商投资（黄磊和吴传清，2021）和战略柔性（孙冰等，2021）等途径影响企业的绿色技术创新。

2.2.3 环境规制对区域生态效率的影响

区域生态效率和环境效率是衡量一个地区工业绿色发展和环境绩效的重要指标。关于环境规制对区域生态效率和环境效率的影响，一些学者（沈能，2012；Yan Wang，2016；韩永辉等，2016；冯斐等，2020；Meiqiang Wang，2021；Man Qin，2021；Yizhen Zhang，2021；郭炳南等，2021；姜启波等，2021）通过实证分析，认为环境规制对区域生态效率以及环境质量的改善有积极影响，能够显著提高污染治理水平。还有一些学者持有相反观点，董会忠等（2021）发现，环境规制在短期内能有效降低工业煤耗强度，但长期对工业煤耗强度的影响效果不显著。

由于行业异质性（沈能，2012；Yan Wang，2016；Neng Shen，2021）、区域异质性（陈傲，2008；Yizhen Zhang，2021；姜启波等，2021）的存在，环境规制对区域生态效率的影响也会存在异质性。环境规制对区域生态效率的影响程度取决于规制工具的选择（冯斐等，2021）。沈能（Neng Shen，2021）发现，对于中度污染行业，命令控制型和市场型环境监管效果较好；在轻度污染行业中，市场化环境监管与生态效率之间存在显著的"N"型曲线关系。另外，环境规制会通过产业结构升级（韩永辉等，2016）、外资利用（郭炳南等，2021）、产业集聚（原毅军和谢荣辉，2015；Yizhen Zhang，2021；姜启波等，2021；Guo S & Ma H，2021）、经济规模（李静，2009）、技术创新（董会忠等，2021）等途径对区域生态效率产生影响。

关于环境规制与工业能源效率之间的关系，林伯强等（2021）认为，环境规制能够通过增加污染末端治理成本和倒逼技术创新的方式对工业能源效率产生正向影响，恩戈（Ngo. T. Q，2021）和张瑞等（2021）认为，环境规制与工业能源效率之间存在着非线性关系。由于区域异质性（陈德敏和张瑞，2012；张瑞等，2021）的存在，不同类型的环境规制工具（Ngo T Q，2021；高志刚和李明蕊，2021）对工业能源效率的影响也会存在异质性。

2.3　财政分权体制下的环境规制竞争

2.3.1　财政分权与环境规制

随着对环境规制研究的不断深入，越来越多的学者开始关注到环境规制背后的政府行为因素。因为环境规制需要地方政府来执行，所以在实际情况中环境规制的实施效果，往往取决于地方政府环境政策的制定以及执行的力度。

在财政分权体制下，各级地方政府在发展地方经济的过程中拥有更大的财政自主权，这对于地区的环境规制和生态环境有什么影响呢？谭志雄和张阳阳（2015）、陈维民（2020）等认为，财政分权与环境污染排放呈负相关关系，且会激励地方政府提高环境规制强度。而罗能生和王玉泽（2017）、刘建民和薛妍（2021）等却认为，现行的财政分权体制对生态效率和经济高质量发展具有负面影响，且不利于地区的产业结构升级（游达明等，2019）。由于财政分权包括财权和事权的分权，韩超和王海（2014）发现，事权分权将导致环境污染的增大，财权分权对环境污染的影响则相反。梁平汉和高楠（2014）、王彦皓（2017）从政企合谋的视角，认为污染企业会对地方政府进行规制俘获，二者建立合谋关系，从而使环境规制失效。在地方政府财政分权度的调节作用下，环境规制对地区污染产业的抑制效应被削弱（姜泽林等，2021），且由于区域异质性（王育宝和陆扬，2021）和环境规制工具异质性（夏凉等，2021），环境规制的环境效应也具有异质性特征。

环境规制力度提升会加剧地方政府的财政压力（陶东杰和李成，2021），进而导致地方政府间展开税收竞争（崔亚飞和刘小川，2010），税收竞争会导致排污税过高或过低（Michael Rauscher，1995）。李恺和上官绪明（2021）发现，税收竞争会抑制本地经济高质量发展，但却会产生正向空间溢出效应，且地方政府税收竞争抑制了环境治理对经济高质量发展的提升效应。

2.3.2　地方政府竞争与环境规制

自从 20 世纪 80 年代以来，在中国官员的政绩考核体系中，经济绩效是非常重要的部分，相比于其他的直接选举制国家而言，中国的政治对经济影响更大（郭广珍，2010）。

何爱平和安梦天（2019）、邓博夫等（2021）发现，地方政府竞争对地区的绿色发展具有负面影响，经济增长压力越大，政府环境规制对企业环保投资的促进作用就越弱。而张彩云和陈岑（2018）、韩超等（2016）、常凯等（Chang K et al.，2021）发现，地方政府竞争和官员晋升压力对环境规制的影响呈现非线性特征，在地方政府竞争的调节作用下，环境规制对企业环保投资的影响具有门槛效应。一些学者（张振波；2020；Guojun He，2020；韩超等，2021；涂正革等，2021）通过实证分析表明，适当增加政府减排压力能够显著提高环境政策的执行效果。毕睿罡和王钦云（2019）、林婷和谌仁俊（2021）通过实证分析发现，环保一票否决制能够显著增加地方政府的环境规制力度，且显著降低了辖区企业的污染排放。韩超等（2017）、侯林岐和张杰（2020）从资源配置的视角，认为多元化政绩考核体系有助于缓解因地方政府间竞争和补贴政策扭曲造成的资源错配问题。

地方政府为了追求自身可支配财力的最大化，会不断争夺流动资源，衍生出地方政府之间激烈的横向竞争（汤旖璆，2019），强势政府主导下的地方政府竞争可能会导致社会性规制失效（韩超，2014）。尼尔·伍兹（Neal D Woods，2006）发现，美国的州际竞争呈现出"逐底竞争"的特征；罗斯维尔（Rothwell R，1992）研究表明，美国各州政府逐底竞争的论点在现有的跨辖区竞争模型中并没有得到支持。

那么，中国的地方政府间采取什么样的环境规制竞争策略呢？不同学者对这一问题也有不同观点。一些学者（张华，2016；邓慧慧和桑百川，2015；黄寿峰，2017；邓慧慧和杨露鑫，2019；周五七和陶靓，2021；徐圆和陈曦，2021；宋丽颖和李亚冬，2021；张士云等，2021）认为，我国地方政府在环境规制上存在"逐底竞争"倾向，体现了地方政府间相互模仿环境规制的非完全执行。地方政府在进行环境治理的时候，存在一种"以邻为壑"的现象，即使污染产业迁出了本地，但由于污染的外溢性，还是会存在负向的空间反馈（沈坤荣和周力，2020）。而另一些学者则持有不同观点，郭建斌和陈富良（2021）认为，地方政府在经济赶超和环境保护之间的策略选择具有不确定性，沃格尔（D Vogel，2000）认为，由于经济一体化程度的提高，对经济竞争会导致监管"逐底竞争"的担忧似乎

是没有根据的。同时由于所处发展阶段不同（张彩云，2018）、时期不同
（张文彬等，2010）、环境规制工具异质性（薄文广等，2018）、政绩考核
的调整（李胜兰等，2014；潘峰等，2015）等原因，地方政府的环境规制
竞争策略也会发生改变。

2.4　本章小结

　　本章对于环境规制的经济效应以及地方政府间的环境规制竞争进行了
文献梳理。就环境规制的经济效应而言，大致可以分为三个层面：第一个
是宏观层面，即环境规制对经济增长和发展质量的影响；第二个是中观层
面，即环境规制对产业结构升级的影响；第三个是微观层面，即环境规制
对企业技术创新的影响。综观现有的研究，对于环境规制的经济效应的观
点大致可以分为三类：一是有利论，认为环境规制促进了企业技术创新，
有利于经济增长和产业结构升级，即环境规制具有创新补偿效应，这就是
波特假说；二是不利论，认为环境规制增加了企业的成本，不利于企业的
技术创新和经济增长，这就是遵循成本假说，新古典学派持有这一观点，
还有"污染天堂"假说，即严格的环境规制只是促使污染产业转移到规制
相对宽松的地区，实际上污染的量并没有减少；三是不确定论，认为环境
规制是否有利于技术创新和产业结构升级，还要看当地的发展阶段和产业
结构状况，所以环境规制对经济增长的影响具有门槛效应，二者的关系是
非线性的。关于环境规制的生态效应，大部分学者认为，环境规制能够促
进工业污染减排和企业绿色技术创新，有利于区域生态效率改善。然而，
由于区域异质性和行业异质性等因素，不同类型的环境规制工具对于地区
生态环境和绿色发展的影响也具有异质性。

　　同时，本章在文献综述中，梳理了财政分权体制下的环境规制竞争的
相关研究，这是因为在中国现行体制下，中央政府作为委托者，地方政府
是代理者，也是环境规制的执行主体，那么在研究环境规制对产业结构升
级的影响时，就不能忽略其背后的体制性因素，即地方政府之间的竞争。

本章在进行文献梳理时，分别从财政分权与地方政府竞争这两个维度来进行归纳。分权体现的是纵向的府际关系，即中央政府和地方政府之间的关系，由于分权而带来地方政府间的竞争，这是横向的府际关系，即地方政府间的关系。

结合中国的实际情况来看，环境规制是否能够促进产业结构升级，还要看作为环境规制的执行主体——地方政府的行为。不可否认的是，在中国现行体制下，地方政府间存在竞争，一是出于政绩考核的压力；二是分税制下为了地方的财税收入，地方政府可能会通过放松环境规制来招商引资。由于环境的公共品性质，市场是失灵的，必须政府来进行调节，中央政府委托地方政府进行环境治理，地方政府是实际的执行者，但是由于地方政府也有自己的利益考量，因此在执行中央政府的环境政策时会存在机会主义倾向。并且，污染具有空间外溢性，这就导致地方政府在控制污染排放时会采取竞争型策略，即是逐顶竞争还是逐底竞争，或者是差异性策略，这需要结合具体情况来进行分析。2003 年落实科学发展观之后，由于环境绩效逐渐被纳入官员政绩考核体系，以及环保一票否决制的采用，地方政府间环境规制的"逐底竞争"倾向有所改善。

综观以上研究，发现还存在如下不足：首先，大多是研究环境规制与产业结构升级、环境规制与生态环境质量、环境规制与财政分权以及地方政府竞争之间的单向关系，而较少将"地方政府竞争—环境规制—产业结构升级"纳入同一个研究框架，且较少考虑到产业结构升级对地方政府环境规制决策的反向影响，无法避免由此而产生的内生性，就会高估环境规制对产业结构升级的作用。其次，在研究环境规制对产业结构升级影响的时候，更多考虑的是环境规制的经济效应，而较少考虑环境规制的生态效应，实际上产业结构升级还应包括产业的绿色转型，因此需要同时将环境规制的经济效应和生态效应考虑在内。最后，对于环境规制影响产业结构升级的机制以及规制工具的异质性作用探讨还不够充分。

第3章

地方政府环境规制的
理论基础和分析框架

3.1 概念界定

3.1.1 环境规制的概念

环境规制是指制定包括环境法律法规、环境政策以及各种与环境相关的规章制度在内的相应政策措施，来调节企业的生产经营活动，从而协调经济发展与环境保护之间的矛盾（张红凤，2012）。概言之，环境规制是政府为了保护生态环境和节约资源，对企业的生产活动和资源使用情况进行监管和干预的行为。

根据环境规制的主体不同，可以将其大致分为三类：（1）命令控制型环境规制，它是指规制者通过立法以及执法和行政命令等手段，使排污企业承担起控制环境污染的负担，将负外部性内部化。这是传统的环境规制措施，能够对排污企业的环境绩效产生直接影响。（2）市场激励型环境规制，它是指在行政性手段之外，借助于市场机制和价格信号对企业的排污行为进行激励和引导的行为措施。一般来说，市场激励型环境规制包含环境税、排污收费、可交易许可证以及政府对绿色产业的补贴等具体手段，在激励企业减排行为的同时，也减少了企业生产活动对环境造成的潜在损害。（3）自愿参与型环境规制，即企业可以参与也可以不参与，并没有强制力（赵玉民等，2009）。

3.1.2　产业结构升级的概念

产业结构优化升级反映的是产业动态演变的过程，不仅体现了从低层次产业向高层次产业的演进，也包括产业内部技术结构和生产效率的提高。产业结构升级的含义通常包含产业结构合理化和产业结构高级化。所谓产业结构合理化，就是指不同产业之间以及产业内部各个行业之间能够维持合理的比例关系，它能够用于衡量产出结构与要素投入结构之间的耦合程度，产业结构合理化程度越高，说明产业间的聚合质量越高（干春晖、郑若谷等，2011）。产业结构高级化主要是指产业结构从低级形态向高级形态不断演进的过程，其中既有产业间的演进，也有产业内部的演进。

一个高度发达的经济体，通常都是第三产业占主导地位，而第二产业和第一产业的比重相对较低，但同时也会带来一些问题，比如产业空心化、失业、贫富差距拉大，以及所谓的"鲍莫尔病"。欧美等发达国家已经意识到这个问题，并试图通过再工业化等战略，来吸引制造业回流，为本国工人创造就业机会等，这也是为何我国"十四五"规划要强调保持制造业比重基本稳定的原因，目的是防止产业空心化。与传统意义上的产业结构转型不同的是，高质量发展条件下的产业结构升级是在绿色发展的基础上实现产业结构转型，在这种意义下的产业结构升级概念应当涵盖产业绿色效率提升与产业结构高级化转型，并且是一个系统的动态过程。产业结构的本地升级反映了污染型生产相对于清洁型生产比重的下降，即生产要素从生产率低的产业部门转移到生产率高的产业部门（钟茂初、李梦洁等，2015），从整体上促进产业结构的优化升级。

因此，本书认为，产业结构升级的内涵至少应包括产业间结构升级与产业内结构升级。所谓产业间结构升级，就是一个产业结构高度化的过程，通常表现为低技术、低附加值产业逐渐向高技术、高附加值产业转变。而产业内部结构升级，主要包含产业结构的高效化和绿色化。产业结构高效化主要体现为通过促进技术创新，进而降低资源和能源消耗，实现产品升级；产业结构绿色化更多是从生态和环保的角度来优化产业结构，通过使用新能源、新材料，创新生产工艺以及加强对废弃物的再制造和循环使用，使生产过程更加清洁，并缩小污染型产业规模，从而推动产业结构从污染型产业为主向清洁产业为主转型。这也符合绿色发展的理念，同时也是促进我国经济和生态协调发展的关键途径。

3.1.3　财政分权的概念

财政分权是指中央政府与地方政府分享一部分财政税收权力和财政支出权力，并允许地方政府在预算收入和支出的规模和结构上拥有一定的自主决策权。财政分权的核心就是让地方政府拥有一定的财政自主权，使其能够根据发展所需选择合适的支出规模和结构，从而可以灵活地制定政策。从理论上来说，财政分权的结果应该是使地方政府能够更加有效地提供地方性公共物品和服务，以满足当地居民需要，从而最大化他们的福利。此外，财政分权还涉及各级政府的收入来源及划分和各级政府的支出及划分等问题。

3.1.4　环境规制竞争

地方政府间的环境规制竞争策略分为"逐底竞争""差异化竞争""标尺竞争"三种类型。

（1）"逐底竞争"策略。在财政分权体制下，地方政府出于地方保护主义，为了保障本地企业的竞争优势，或者为了促进本地经济发展和获得更高财税收入，通过降低环境规制标准，以降低企业的经营成本，从而吸引外地企业来进行投资。当一个地区的政府采用此策略时，邻近地区的政府也进行模仿，这就是地方政府在环境规制上采取的"逐底竞争"策略。

（2）"差异化竞争"策略。这种竞争策略通常出现于发达地区和欠发达地区之间，这是因为发达地区的环境标准门槛往往较高，而欠发达地区则通过降低环境排放标准，来承接发达地区的污染产业转移，成为发达地区的"污染避难所"。

（3）"标尺竞争"策略。一方面，在垂直的政治体系中，如果将环境绩效纳入地方官员的政绩考核标准，那么地方政府间就会通过自上而下的"行政包干制"模式，将环境污染排放指标进行层层分解，激励地方政府加强环境监管，以促进污染企业减排，从而在环境规制上呈现"竞相向上"的局面（周黎安，2009）。另一方面，居民在人口流动时也可以"用脚投票"，倒逼地方政府提供更多的公共服务，并加强环境规制，以提高地区的生态环境质量，从而在环境规制上形成"标尺竞争"的格局。因此，地方政府会受到双重压力，即中央政府政绩考核标准的改革带来的自上而下的压力，以及居民"用脚投票"带来的自下而上的压力，都会倒逼地方政府更加关注环境质量，提高环境规制水平（张文彬等，2011）。

3.2 相关理论基础

3.2.1 "两山"理论

"绿水青山就是金山银山"，强调了经济发展和生态环境并非是非此即彼的对立关系，而是可以辩证统一的（杨莉和刘海燕，2019）。从理论上来说，"两山"既对立又统一，是建设生态友好型、资源节约型社会和发展循环经济的内在要求，不仅是经济增长方式的转变，同时也是产业结构不断优化升级的体现，是一种发展观念的进步。"两山"理论是一种现代的财富观，明确地提出生态环境也是财富，更新了人们对于财富的认识（任保平，2018）。"两山"理论是习近平生态文明思想的重要组成部分，也是本书选题的理论意义所在，本书的研究目的正是在于从经济学的视角丰富和阐释"两山"理论。

3.2.2　外部性理论

当不考虑市场交易时，单个生产者的生产行为或消费者的消费行为，会给其他生产者或消费者的生产过程或福利带来一定影响。若这种影响是负面的，即给其他生产者或消费者带来成本和损害，这就是所谓的负外部性或外部不经济；若这种影响是正面的，即给其他生产者或消费者带来额外收益和福利的增加，则是正外部性或者外部经济。

从环境经济学的角度来说，环境问题之所以会产生，就是由于其具有负外部性。在市场经济条件下，作为理性经济人，出于自身利益最大化的考虑，并不会在乎其行为是否破坏了环境，而是想方设法最大限度满足自身利益，所谓的社会道德和环保理念很难真正约束其行为，所以不能指望理性经济人把保护生态环境和节约资源作为自己的责任。于是就产生了环境的负外部性，即理性经济人在追求自身经济利益最大化的时候，将本该由他承担的那部分私人成本，部分或全部地转移给公众，让全社会共同去承担其给自然环境和生态资源造成的代价。对生产企业破坏环境的约束和控制机制的缺失，是造成环境破坏和资源浪费的根源。正是由于环境污染的负外部性的存在，市场在这方面是失灵的，因此需要政府介入，对企业的生产活动进行规制，这也是环境规制之所以必需的理论基础。

3.2.3　公共物品理论

萨缪尔森对公共物品的定义是：每个人都有消费该物品的权利，且每个人对该物品的消费并不会影响其他人对该物品的消费。因此，公共物品具有这样的特征，即消费上的非排他性和使用上的非竞争性。张元鹏将公共资源定义为无排他性但是有竞用性的物品，根据这一定义，环境属于公共资源而非公共物品。这样的说法不无道理，以煤炭和石油等不可再生资源为例，当代人的过度开采和发掘，就会导致后代人使用的减少，这就是一种代际上的竞用性。对公共资源的过度使用，会导致"公地的悲剧"，在这一领域市场是失灵的，这就需要政府的干预，对过度使用公共资源的行为进行监管和节制。

生态环境作为一种公共资源，市场机制在解决环境问题时往往会失灵，这就需要政府进行环境规制，来克服环境污染的负外部性，将负外部性内部化。环境规制是一项重要的社会性规制，即政府通过采取一系列包括法律法规、行政命令和经济手段等在内的政策措施，比如对排污企业征收排污费或罚款，对部分污染严重超标的企业进行限期整改和关停并转，将企业造成的外部社会成本转化为其内部成本，使其边际私人成本等于社会成本，以此来调节企业的生产活动，从而解决环境污染的负外部性问题，实现生态环境和经济的协调发展。

3.2.4　委托—代理理论

该理论认为，所谓委托—代理关系本质上是一种契约关系，契约的一方要求另一方为其提供服务，且给予后者一定的自主决策权，使其能够灵活应对可能出现的情况，并根据后者的服务向其支付一定的报酬。前者被称为委托人，后者被称为代理人。在管理企业的过程中，作为企业实际控制者的管理层对信息掌握较多，处于信息优势的一方；而股东对企业的实际信息掌握较少，处于信息劣势的一方，所以二者之间其实是信息不对称的状态（冉佳立，2021）。

用经济学内涵来解释委托—代理关系的话，那就是具有信息优势的一方和具有信息劣势的一方之间缔结的一种契约关系。在委托—代理理论的框架下，委托人和代理人之间之所以会产生问题，除了信息不对称之外，还因为双方不可避免地存在利益分歧，以及在签订契约时的交易费用和契约本身的不完备性。在当前的中国式分权体制下，中央政府作为委托者，委托地方政府进行环境治理，中央政府和地方政府形成一种委托—代理关系。根据委托—代理理论，由于信息不对称性以及管理者对自身利益的考虑，地方政府存在机会主义倾向。

3.2.5　产业结构升级理论

威廉·配第于 17 世纪发现一个经济规律，那就是产业的重心会由于经济的发展，不断由生产有形产品的产业向生产无形服务的产业转移。配第关于劳动力流动与收入之间关系的研究成果经过不断发展，到 1940 年，克拉克在其基础之上，总结出了配第—克拉克定律。当国民人均收入水平不断提高，劳动力会发生第一次转移，即从第一产业转移到第二产业；随后又会发生第二次转移，即从第二产业向第三产业转移。根据配第—克拉克定律，在经济发展的初始阶段，第一产业的国民收入和劳动力的比重会相对较高，随着经济不断发展，最终第三产业成为一个地区或国家的主导产业。

配第—克拉克定律的三次产业分类法及其基本分析框架，已经在很多国家经济发展的过程中得到了实证检验，并且在同一时间点上不同发展程度的国家也可以印证这一定律。在同一时期将某一发达国家和发展中国家的经济表现进行对比可以发现，发展中国家的经济结构中通常是第一产业的劳动力收入在国民收入中占比相对较大，第二和第三产业的劳动力收入在国民收入中所占比重相对较小；发达国家则正好相反，即第一产业的劳动力收入在国民收入中占比相对较小，第二和第三产业的劳动力收入在国民收入中所占比重相对较大。由此看来，配第—克拉克定律其实是反映一个国家或地区经济发展过程中产业结构升级的规律。根据配第—克拉克定律，可以采用非农业产值比重作为产业结构升级的度量。在一个经济体当中，第一产业增加值在经济当中所占比重越小，而作为非农产业的第二产业和第三产业增加值在经济当中所占比重越大，则说明该地区的产业结构越现代化。

3.3 理论分析框架

3.3.1 环境规制对产业结构的影响

本书应用宏观经济学中的小型开放经济体模型，来模拟现实中城市经济的运行情况。在小型开放经济体模型中，资本作为一种流动性生产要素，可以在不同经济体和部门之间进行配置。假设某地区是完全竞争市场，且存在两个产业部门——一个是污染生产部门（相当于现实中的第二产业），另一个是清洁生产部门（相当于现实中的第一和第三产业）。污染部门的生产需要投入资本（K_d）和劳动力（L_d）这两种生产要素，生产函数为：$Y_d = AK_d^{\alpha}L_d^{1-\alpha}$，$0 < \alpha < 1$。同时，污染生产部门在带来产出的同时，也会产生污染，假设污染的产生函数为 $P = \rho K_d$，$\rho > 0$ 为常数，表示在污染部门的生产中投入的每单位资本所产生的污染。假定清洁生产部门只需要劳动力（L_c）这一种生产要素（现实中第一和第三产业都是轻资本产业），每个劳动力的单位产出都是常数 a，即劳动生产率是固定不变的，则清洁部门的生产函数为：$Y_c = aL_c$，$a > 0$。并且清洁部门的生产不会带来污染，故政府不会对其征收排污税等费用。由于该地区的劳动力总量是固定的，为了简化起见，可将劳动力的总量标准化为 1，即 $L_d + L_c = 1$。同时，将污染部门产品的价格标准化为 1，清洁部门产品的价格则为 q。

政府需要制定环境政策，对污染企业进行规制，以控制污染排放。目前，地方政府控制企业污染排放的主要手段是，强制企业安装减排设备，进行减排投资，比如在"十一五"期间，所有新建电厂都被要求安装脱硫设备，以控制二氧化硫排放。假设政府要求排污企业进行减排投资，即对每单位污染的排放需要进行 τ 单位的减排设备投资，或者也可以理解为政府对企业征收 τ 单位的排污税税率。用 B 表示企业的减排投资，则 $B = \tau\rho K_d$。排污企业污染物的减排量是其减排设备投资的函数：$\varphi(B) =$

$\varphi(\tau\rho K_d)$。其中，$\varphi' > 0$，$\varphi'' < 0$。

地方政府与企业之间开展两阶段动态博弈：第一阶段，地方政府决定环境政策变量，即每单位污染排放的减排投资率 τ；第二阶段，给定政府的环境政策之后，企业基于利润最大化进行生产决策。在完全竞争的市场条件下，当给定工资率 w、资本价格 R 和每单位污染物的减排投资率 τ 后，污染企业选择最优的生产要素（劳动力和资本），使利润最大化。此时，污染企业的利润函数为：

$$\pi_d = (1 - t_d) A K_d^{\alpha} L_d^{1-\alpha} - w L_d - (R + \tau\rho) K_d \qquad (3-1)$$

其中，t_d 是对污染部门征收的生产税，相当于现实中的增值税，对于地方政府而言，它是外生给定的。定义 k_d 为排污部门的劳均资本，$k_d = K_d/L_d$ 排污企业利润最大化问题的一阶条件满足：

$$(1 - t_d) A\alpha\, k_d^{\alpha-1} = R + \tau\rho \qquad (3-2)$$

$$(1 - t_d) A(1 - \alpha) k_d^{\alpha} = w \qquad (3-3)$$

式（3-2）要求资本的边际产出等于资本的边际成本（利率加上减排设备投资），式（3-3）表示企业支付给工人的工资等于工人的边际生产率。由式（3-2）可以解得污染企业的最优劳均资本水平为：

$$k_d(\tau) = \left[(1 - t_d) A\alpha \right]^{\frac{1}{1-\alpha}} (R + \tau\rho)^{\frac{1}{\alpha-1}} \qquad (3-4)$$

其中，劳均资本 $k_d(\tau)$ 是企业需要投入的资本水平，它是政府设定的减排投资率 τ 的函数。

接下来，考虑清洁部门企业的生产行为。在竞争性市场条件下，给定工资率 w，清洁部门的企业选择劳动力的投入来最大化利润，清洁部门企业的利润函数为：

$$\pi_c = q(1 - t_c) a L_c - w L_c \qquad (3-5)$$

其中，t_c 是对清洁部门征收的生产税，相当于现实中的增值税，对于地方政府而言，是外生给定的。清洁部门企业利润最大化问题的一阶条件满足：

$$q(1 - t_c)a = w \qquad (3-6)$$

给定政府的环境政策 τ，在竞争性市场条件下，劳动力市场出清，清洁部门和污染部门企业的工资相等。市场均衡由式（3-3）、式（3-6）和以下两个方程组成：

$$(1 - t_d)A(1 - \alpha)k_d^{\alpha} = q(1 - t_c)a = w \qquad (3-7)$$

$$L_d = \beta, L_c = 1 - \beta, 0 < \beta < 1 \qquad (3-8)$$

其中，w 为市场均衡工资，β 是污染部门所吸收的就业量。由于劳动力可以在两个部门之间自由流动，式（3-7）要求两个部门的边际劳动报酬相等，且都等于市场工资价格。在生产函数规模报酬不变的设定下，由于 β 本身代表劳动力在两个部门之间的配置情况，当利率、税率以及减排投资率和清洁部门产品价格等变量给定时，污染部门的劳均资本 k_d 与清洁部门的劳动生产率 a 都是固定的，这意味着污染部门和清洁部门的产出最终也是由劳动力投入水平来决定的，因此可以用 β 值的大小来代表一个经济体的产业结构。

根据式（3-7），可以用污染部门的劳均资本 k_d 来表示清洁部门的劳均产出：

$$y_c = qa = (1 - t_d)A(1 - \alpha)k_d^{\alpha}/(1 - t_c) \qquad (3-9)$$

最后，考虑政府的最优环境政策问题。假设政府的目标是政绩最大化，在现行的考核体制下，地方政府的政绩主要由三个方面组成：地区生产总值、财政收入和环境治理。在环境决策过程中，政府要选择最优的 τ 使其政绩最大化。政府的目标函数为：

$$\pi_g = t_c q Y_c + t_d Y_d + \gamma(q Y_c + Y_d) - \theta e \qquad (3-10)$$

其中，目标函数的前两项是财政收入，Y_c 和 Y_d 分别是清洁部门和污染部门的实际产出，都是 τ 的函数；第三项是地方政府出于政绩考核的压力，对于地区生产总值的要求；第四项是地方政府对环境的考虑，体现地方政府对于环境的重视程度，或者说代表上级政府对于环境问责的严厉程度，$e = \rho K_d - \varphi(\tau \rho K_d)$ 表示最终的污染排放量。政府的目标函数是 GDP、财政收入和污染物排放的一个加权平均。对 τ 求导，政府政绩最大化的一阶条件是：

$$-\theta\rho\beta k_d'(\tau) + \theta\rho\beta\varphi'(B)\left[\tau k_d'(\tau) + k_d\right]$$
$$= -(\gamma + t_c)(1 - \beta)y_c'(\tau) - (\gamma + t_d)A\alpha\beta\, k_d^{\alpha-1}k_d'(\tau) \qquad (3-11)$$

其中，$k_d'(\tau) = \dfrac{\rho\, k_d}{(\alpha - 1)(R + \tau\rho)} < 0$，说明随着环境政策变量 τ 上升，污染部门的劳均资本投入会下降。

式（3-11）的等号右边是政府的环境政策强度，即污染企业的减排投资率 τ 上升给地方政府带来的边际成本，也就是污染企业和清洁企业的产出和财税收入的减少。右边第一项是环境政策强度对清洁生产部门带来的产出和财税收入的减少，虽然环境政策并不对清洁生产部门产生直接影响，但根据式（3-9）可知，清洁部门的劳均产出是关于污染部门劳均资本的函数，当环境规制政策力度加强导致污染部门的投资下降时，整个市场的工资率以及清洁部门产品的市场价格都会下降，从而间接导致清洁生产部门的产出下降，进而导致其财税收入下降。右边第二项是环境政策强度给污染生产部门带来的 GDP 和财税收入的减少。式（3-11）的等号左边是环境政策强度 τ 提高时，政府的边际收益的增加，主要是污染物排放减少给地方政府带来的政绩收益。从式（3-11）可以看出，政府制定环境规制政策时，其实就是在减少污染排放带来的经济绩效的损失和环境绩效的增加之间进行权衡，政府的最优环境政策就是使二者在边际上相等。

接下来，通过比较静态分析考察政府环境政策对产业结构 β 的影响。假设问题存在内点解，利用式（3-4）和式（3-8），并在式（3-11）上应用隐函数定理可得：

$$\left\{\frac{(t_c + \gamma)(1 - \alpha)(1 - t_d)\theta[\rho + \varphi'(B)R]}{Z} + \theta\varphi''(B)\tau\rho\beta k_d\left[(1 - \alpha)R - \alpha\tau\rho\right]\right\}\frac{\partial\beta}{\partial\tau}$$

$$= -\frac{|D|}{(1 - t_c)(1 - t_d)(1 - \eta)} \qquad (3-12)$$

其中，$Z = (t_c + \gamma)(1 - \beta)(1 - \alpha)(1 - t_d) + (t_d + \gamma)\beta(1 - t_c) + \alpha\theta\varphi'(B)$

$\beta(1-t_c)(1-t_d)>0$。式（3-12）左边大括号中第一项表示第二产业占比 β 的变化对财政收入、GDP 和环境污染的直接影响，符号为正；第二项表示第二产业占比 β 的变化对减排量的影响，它的符号取决于 $(1-\alpha)R-\alpha\tau\rho$。显然，当 β 值非常小并趋向于 0 时，大括号中第二项也趋向于 0，大括号中的符号为正，则 $\partial\beta/\partial\tau$ 为负。当 β 值较大，大括号中第二项为负时，大括号中的符号可能为正也可能为负，则 $\partial\beta/\partial\tau$ 可能为正或负。

从以上分析中可知，环境规制政策对于产业结构的影响是不确定的，并非线性关系。当一个地区的第二产业占比较低时，此时的第二产业增加值占 GDP 的比重会随着环境规制强度的上升而下降，即地方政府的环境规制促进了产业结构由污染较重的第二产业转向污染较少的第一产业和第三产业。而当第二产业占比较高时，第二产业增加值占 GDP 的比重有可能与环境规制强度呈正相关关系，即环境规制的增强会促使地区产业结构中第二产业比重上升。这是政绩最大化的地方政府官员在经济发展目标和环境目标之间进行权衡的结果：当第二产业在 GDP 中占比较低时，第二产业对于地方财税收入和 GDP 的贡献并不大，地方政府愿意执行严格的环境规制政策，以保护当地环境，此时环境规制政策的实施效果较好，能够促使本地污染产业向清洁产业转型；随着第二产业占比的上升，第二产业对于地方财税收入和 GDP 的贡献逐渐增大，当第二产业占比较高时，地方政府执行严格环境政策的经济代价逐渐增大，此时地方政府的环境规制政策对产业结构的作用是不确定的，环境规制政策是否能够促进污染产业向清洁产业转型，就取决于降低第二产业比重给其带来的经济绩效的损失和环境绩效的增加何者更大。

3.3.2 环境规制对绿色技术创新的影响

现在只考虑一个产业部门，即污染产业部门，并且只考虑一种生产要素，即资本 (K_d)，并假设资本要素的边际报酬递减。污染产业部门的生产函数为：$Y_d=Af(K_P)$。其中，A 代表污染部门的生产技术水平，是外生给定的；$f(K_P)$ 代表既定生产技术水平下的产出水平，其大小和厂商在生产中的资本投入（K_P）有关，并且 $f'(K_P) > 0, f''(K_P) < 0$。污染部门在生产过程中会产生污染，设污染的产生函数为 $P = \rho(K_A)K_P$，ρ 代表污染产业部门的治污技术水平，也就是绿色技术创新，表示每单位的资本投入污染部门产品的生产中所产生的污染，其大小与厂商在治污上的资本投入（K_A）有关，且 $\rho'(K_A) < 0$，$\rho''(K_A) > 0$。当污染部门厂商在治污上的资本投入（K_A）越多，则每单位的资本投入污染部门产品的生产中所产生的污染越少，但由于资本边际报酬递减的规律，当厂商将所有资本（K_d）都投入治污中时，所带来的单位生产资本的污染减少近乎为 0。

仍然将污染部门产出品的价格标准化为 1，资本的利率设为 R，且在不考虑税收的情况下，则污染企业的利润函数为：$\pi_d = Af(K_P) - [R + \tau\rho(K_A)]K_P - RK_A$。污染企业需要将所有资本（$K_d$）在生产资本投入（$K_P$）和治污资本投入（$K_A$）上进行分配，以获得利润最大化。污染企业的最优化行为可以表示为：

$$\max \pi_d = Af(K_P) - [R + \tau\rho(K_A)]K_P - RK_A \tag{3-13}$$

$$\text{s. t. } K_P + K_A \leqslant K_d \tag{3-14}$$

于是，构造拉格朗日函数如下：

$$L = Af(K_P) - [R + \tau\rho(K_A)]K_P - RK_A + \lambda(K_P + K_A - K_d) \tag{3-15}$$

此时，污染企业利润最大化的一阶条件满足：

$$\frac{\partial L}{\partial K_P} = Af'(K_P) - [R + \tau\rho(K_A)] + \lambda = 0 \tag{3-16}$$

$$\frac{\partial L}{\partial K_A} = -\tau K_P\rho'(K_A) - R + \lambda = 0 \tag{3-17}$$

$$\frac{\partial L}{\partial \lambda} = K_P + K_A - K_d = 0 \tag{3-18}$$

由式（3-16）和式（3-17）可得：

$$Af'(K_P) - \tau\rho(K_A) + \tau K_P\rho'(K_A) = 0 \tag{3-19}$$

由式（3-18）可得：

$$K_P = K_d - K_A \qquad (3-20)$$

在式（3-19）上应用隐函数定理，可得：

$$\frac{\partial K_A}{\partial \tau} = -\frac{-\rho(K_A) + K_P\rho'(K_A)}{-2\tau\rho'(K_A) + \tau K_P\rho''(K_A) - Af''(K_P)} \qquad (3-21)$$

由 $\rho(K_A) > 0$，$\rho'(K_A) < 0$，$\rho''(K_A) < 0$，$f''(K_P) < 0$ 和式（3-21）可知，$\partial K_A / \partial \tau > 0$。并且根据 $\partial \rho / \partial K_A < 0$，可得 $\partial \rho / \partial \tau < 0$。这也意味着当环境规制强度 τ 不断增强时，污染企业在治污上的资本投入 K_A 也会越来越多，同时污染企业的治污技术 ρ 也在不断进步，即每单位生产资本所产生的污染逐渐减少。

当企业的治污技术不断进步，即企业进行绿色技术创新时，在投入同样的生产资本 K_P 的情况下，产生的污染却会更少，而企业的产出跟 K_P 有关。这也就意味着该地区在获得同样经济产出的前提下，可以付出更少的环境污染的代价，说明生态效率得到了提高。

3.4　本章小结

首先，本章在文献梳理的基础上，对于本章要研究的对象进行了概念界定。关于环境规制，根据不同的环境规制工具和类型，可以分为基于政府行政行为的命令控制型环境规制、基于市场行为的市场激励型环境规制，以及基于自愿行为的自愿型环境规制。关于产业结构升级，综合了现有研究的观点之后，将产业结构升级的概念定义为产业间结构升级和产业内结构升级，较为全面地概括了产业结构升级的含义。关于地方政府间的环境规制竞争，可以区分为"逐底竞争""差异化竞争""标尺竞争"三种类型。

其次，本章对于环境规制与产业结构升级的相关理论基础进行了概述。其中较有代表性的有"两山"理论，即习近平总书记提出的"绿水青山就是金山银山"的重要论断，这是我们通过环境规制促进产业结构升级，实现经济效益和生态效益，建设生态文明社会的指导思想。而环境资源的公共物品属性、环境污染的负外部性以及环境产权问题，都涉及外部性理论、公共物品理论和产权理论。在环境治理上，中央政府作为委托者，地方政府作为代理者，二者之间形成了一种委托—代理关系，因此需要基于委托—代理理论来分析中央政府和地方政府之间的关系。关于产业结构升级，较为有代表性的有配第—克拉克定律。

最后，基于相关的理论基础以及借鉴相关研究，本章构建了一个包含清洁生产部门和污染生产部门的地方政府和企业的两阶段动态博弈模型。通过对模型的求解，推导出地方政府在追求政绩最大化的目标下，会在经济增长和环境保护之间进行权衡，从而使得政府的环境规制强度与产业结构之间存在不确定性关系，政府的环境规制强度不仅会对产业结构产生影响，产业结构作为地方政府环境决策时的重要考量因素，也会反向影响政府的环境规制强度。同时本章构建了一个单部门生产模型，从理论上分析了环境规制与企业绿色技术创新的关系，推导出了环境规制会促进企业进行绿色技术创新的结论。

第 4 章

环境规制对产业间结构升级
影响的实证分析

4.1 模型设定、变量选取与数据来源

4.1.1 模型设定

一个地区在进行环境规制时，往往会采取包括命令控制型、市场激励型和自愿参与型等在内的各种环境规制工具。因此，在对环境规制的经济效应进行实证检验时，准确获取环境规制的代理变量就成为一大难题。综合现有研究对于环境规制度量指标的选取，大致可以分为四类。

第一类，治污投资类指标。沈能（2012）、王彦皓（2017）、邓芳芳和王磊（2020）、梁劲锐等（2018）、张可等（2016）、袁晓玲等（2019）、孙玉阳等（2020）、郭晓蓓等（2019）用每单位工业增加值的污染治理成本来衡量环境规制强度，即工业污染治理投资额与工业增加值的比值；杨骞等（2019）和张成等（2011）用工业污染治理完成额与工业企业主营业务成本的比值来衡量环境规制强度；李珊珊和罗良文（2019）、陈晓等（2019）、宋马林和王舒鸿（2013）等用各地区环境治理投资额占 GDP 的

比重来度量环境规制强度。

第二类，环境绩效类指标，即通过衡量环境规制的绩效作为环境规制的代理变量。大部分学者（张彩云和陈岑，2018；游达明等，2019；李虹和邹庆，2018；童健等，2016；钟茂初等，2015；毛建辉和管超，2020；邓慧慧和桑百川，2015）通过综合指数法，综合二氧化硫去除率、工业烟粉尘去除率、工业废水排放达标率、工业固体废物综合利用率等各种指标，进行加权得到一个综合指数，用以度量环境规制强度；黄滢等（2016）用工业二氧化硫去除率这一单一指标来衡量环境规制强度。

第三类，污染排放类指标。张文彬等（2010）、李强和丁春林（2019）、范庆泉等（2020）、周茜和葛扬等（2019）采用单位 GDP 或工业增加值的污染排放量作为环境规制的代理变量；赵霄伟（2014）通过构建不同污染物排放强度在全国范围内的相对位置，然后加权平均城市各类污染排放强度的相对水平，以此来度量环境规制强度。

第四类，分类考察法。周杰琦（2019）、王文哲等（2020）、原毅军和谢荣辉（2014）、马骏和王改芹（2017）通过将环境规制区分为正式环境规制和非正式环境规制，并用基于二氧化硫去除率、工业烟粉尘去除率、工业废水排放达标率的综合指数法衡量正式环境规制，用收入水平、受教育程度、人口密度和年龄结构等指标来衡量非正式环境规制；曾倩（2020）用各省份政府当年受理环境行政处罚案件数来衡量命令控制型环境规制，用排污费收入衡量市场激励型环境规制，用地方政府监督水平和媒体舆论曝光度以及环境部门接待来访批次来衡量公众参与型环境规制。

其余学者则分别采用各地区总排污费与生产总值百分比（刘朝和赵志华，2017）、各地区每位环保系统工作人员执行的环保行政处罚案件数（李子豪和毛军，2018）作为环境规制的度量指标。上述学者从不同角度，选取不同指标来度量环境规制强度，都不可避免地存在内生性问题以及测量误差问题。比如，用环境污染治理成本来度量环境规制强度，但在实际中想要清晰地界定环境污染治理成本是一项比较复杂的工作，同时由于环境污染以及治理环境污染投入的成本均内生于一个地区的经济发展状况，这就带来了内生性问题，影响了实证结果的无偏性和一致性。

一些学者（毛建辉和管超；2020；汪伟和刘玉飞，2015；郭晓蓓，2019；游达明和张杨，2019）将产业结构升级的内涵概括为产业间结构升级和产业内结构升级。本书在借鉴钟茂初和李梦洁等（2015）研究基础上，将产业结构升级区分为产业内结构升级和产业间结构升级，并进一步认为产业内结构升级主要体现为产业结构绿色化，即产业的绿色转型。为了探讨环境规制对产业间结构升级的影响，本书设定基准模型如下：

$$IND_{it} = \alpha_0 + \alpha_1 ER_{it} + \alpha_2 CV_{it} + u_i + \varepsilon_{it} \qquad (4-1)$$

同时，理论研究表明，环境规制和产业结构升级之间可能存在非线性关系。因此，本书研究在实证模型中引入环境规制的二次项加以检验，具体模型设置如下：

$$IND_{it} = \beta_0 + \beta_1 ER_{it}^2 + \beta_2 ER_{it} + \beta_3 CV_{it} + u_i + \varepsilon_{it} \qquad (4-2)$$

其中，IND_{it} 表示 i 城市第 t 年的产业间结构升级指数，采用加权的三次产业在 GDP 中的比重来衡量；ER_{it} 表示 i 城市第 t 年的环境规制强度，为了更全面地评估环境规制对产业结构升级的影响，并且克服传统的环境规制度量指标的内生性，本书分别构建命令控制型环境规制指标和综合型环境规制指标，对环境规制进行度量；CV_{it} 表示影响产业结构升级的其他控制变量，如地区经济发展水平、固定资产投资水平、人力资本水平等；u_i 表示不随时间变化的个体固定效应，ε_{it} 表示随机扰动项。

4.1.2　变量选取与说明

4.1.2.1　被解释变量

产业间结构升级指数（IND）。根据配第—克拉克定律，非农业产值在经济中的比重上升，就是该地区产业结构升级的标志。[①] 本书借鉴徐敏和姜勇（2015）、游达明和张杨（2019）、毛建辉和管超（2020）等对于产业结构升级的测度方法，构建产业间结构升级指数。具体公式如下：

$$IND = L_1 \times 1 + L_2 \times 2 + L_3 \times 3 \qquad\qquad (4-3)$$

其中，L_i 表示第 i 产业增加值在地区生产总值中所占比重，用百分比表示；IND 的取值在 $100 \sim 300$，该指标值越接近 100，说明该区域产业结构层次越低，反之则说明该区域产业结构层次越高。

4.1.2.2　解释变量

（1）命令控制型环境规制（ER_1）。本书研究借鉴陈诗一等（2018）、宋德勇等（2019）的做法，基于省级政府工作报告构建环境规制变量，具体可以分为以下三个步骤：第一步，使用 Python 对 2003 ~ 2018 年我国 31 个省份的政府工作报告进行中文分词处理，并且统计文本中出现的与环境相关的词汇数占全文词汇数的比重（环境词汇频率）[②]；第二步，用地级市的工业增加值除以所在省份的工业增加值，得到该地级市的工业增加值占全省（自治区、直辖市）的比重，其中某些城市和年份工业增加值存在缺失的，用第二产业增加值近似代替；第三步，将各地级市工业增加值占全省（自治区、直辖市）的比重与对应省份政府工作报告中环境词汇频率相乘，计算出该指标。

（2）环境规制综合指数（ER_2）。为了更全面地评估环境规制对产业结构升级的影响，并且验证检验结果的稳健性，本书研究构建环境规制综合指数重新加以检验。基于此，本书借鉴了钟茂初等（2015）、李虹等

---

① 一些学者（干春晖、郑若谷等，2011；李强和丁春林，2019；袁晓玲、李浩等，2019；高明和陈巧辉，2019；孙玉阳、穆怀中等，2020；王文哲、孔庆洋，2020；殷almost飞、杨雪锋等，2020）用第三产业增加值与第二产业增加值之比来衡量产业间的结构高度。另一些学者（钟茂初、李梦洁等，2015；杨骞、秦文晋等，2019）则构建包含第一、第二、第三产业的劳动生产率的综合指标来度量产业结构升级。

② 政府工作报告中与环境相关的词汇包括环境、环境保护、保护环境、环保、环境规制、环境卫生、环境质量、污染环境、环境友好、环境监测、环境污染等 88 个词语。

（2018）的测算方法，采用综合指数法来测算环境规制水平，计算时包含了工业烟（粉）尘去除率、工业 SO_2 去除率、一般工业固体废物综合利用率三个单项指标，计算步骤为：首先，对各个指标进行标准化处理；其次，采用熵值法确定指标权重，并根据权重和标准化数值计算环境规制综合指数。由于环境规制综合指数反映的是包括各项环境规制工具在内的综合实施效果，该综合指数得分越高，意味着该地区环境规制的实施效果越强。

4.1.2.3　控制变量

（1）经济发展水平（*PGDP*）。一个地区的产业结构升级情况，自然要跟当地的经济发展水平挂钩，而不能脱离当前的发展阶段。本书采用各地级市的人均 GDP 来衡量当地的经济发展水平，并以 2003 年为基期，使用地级市人均 GDP 指数对人均 GDP 进行平减。

（2）产业规模（*SCA*）。本书采用各城市全社会固定资产投资额占该城市 GDP 的比重来表示固定资产投资水平，对各城市产业规模进行表征。

（3）金融发展程度（*CRE*）。金融发展对于产业结构升级至关重要，本书采用年末人均金融机构贷款加以衡量，即年末金融机构贷款总额除以年末人口数。

（4）对外开放程度（*OPEN*）。本书采用当年实际利用外资金额占 GDP 的比重衡量，通过汇率将实际利用外资投资调整为人民币计价，各年汇率均来自国家统计局网站。

（5）政府作用强度（*GOV*）。政府作用强度反映的是影响我国产业结构升级的制度因素（曹聪丽等，2019），本书采用各城市政府财政支出与该城市当年总产值的比值衡量，由此观察当地政府对当地经济活动的参与程度。

（6）人口密度（*PEO*）。通常来说人口密度越高，企业生产过程中污染负外部性对居民生活的负外部性影响越明显，人们的环保意识越高，有利于当地产业结构升级。本书用每平方公里人数来衡量人口密度。

（7）受教育程度（*EDU*）。受教育程度主要通过影响人们的环保意识与居民环保社会活动参与状况影响产业结构升级，当一个地区人口的受教育程度较高时，人们对高污染企业的抵抗和对违规排放的干预程度就越强烈，相对而言，人口受教育程度低的地区污染企业更容易被接受，从而对当地产业结构状况产生持续性影响。本书选取本专科在校学生数占城市总人口的比重来衡量受教育水平。

（8）技术创新（*TECH*）。本书用各个地级市每年获得的发明专利授权数除以年末总人口数，即每万人发明专利授权数来衡量一个地区的科技创新能力。专利授权数据来源于中国研究数据服务平台（CNRDS）创新专利研究（CIRD）。

4.1.3　数据来源与处理

本书使用的 2003～2018 年我国 286 个地级及以上城市的面板数据主要来源于《中国城市统计年鉴》《中国区域经济统计年鉴》《中国统计年鉴》和国家统计局官方网站，以及各省份和地级市统计年鉴与各地级市国民经济和社会发展统计公报。根据样本期内数据缺失情况，对以下省份个别城市相关数据进行剔除：安徽省巢湖市，西藏自治区日喀则市、昌都市、林芝市、那曲市，贵州省毕节市、铜仁市，海南省三沙市、儋州市，新疆维吾尔自治区吐鲁番市、哈密市，青海省海东市。

286 个地级及以上城市的面板数据也包含了北京、上海、天津和重庆这四个直辖市的样本，但由于这四个直辖市在行政级别上与省份等同，故在做稳健性检验时，将四个直辖市的样本剔除。同时，在测算直辖市的命令控制型环境规制强度时，由于直辖市受中央管辖，受到来自中央政府层面的约束和压力，因此采用直辖市政府工作报告中的环境词汇频率与各直辖市的工业增加值在四大直辖市工业增加值总和中的比重相乘，来衡量直辖市的命令控制型环境规制强度。另外，在测算环境规制综合指数时，由于工业二氧化硫去除量只公布了 2003～2010 年的，2011 年之后公布的是工业二氧化硫产生量数据，因此，本书将 2003～2010 年的工业二氧化硫去除量加上工业二氧化硫排放量，得到 2003～2010 年的工业二氧化硫产生量数据，用 2011～2018 年工业二氧化硫产生量减去工业二氧化硫排放量，得到二氧化硫去除量数据，从而测算出工业二氧化硫去除率。

上述各变量描述性统计如表 4－1 所示。

表 4－1   描述性统计

变量	变量含义	均值	标准差	最小值	最大值	样本
IND	产业间结构升级	223.93	14.552	182.23	282.2869	4576
ER_1	命令型环境规制	0.50	0.581	0.0058525	5.968243	4576
ER_2	环境规制综合指数	57.04	21.643	7.276234	99.87598	4576
PGDP	人均 GDP	13633.60	10512.13	50.94125	184127.6	4576
SCA	产业规模	0.75	0.648	0.0872265	10.97856	4576
CRE	金融发展程度	53092.87	93140.81	695.6741	1627621	4576
OPEN	对外开放程度	0.02	0.028	$2.40e-06$	0.7748181	4576
GOV	政府作用强度	0.19	0.219	0.0312843	6.040632	4576
EDU	受教育程度	154.67	212.620	0.5920041	3502.18	4576
TECH	技术创新能力	0.77	2.753	0	48.13247	4576
PEO	人口密度	424.79	328.967	4.7	2661.54	4576

4.2   实证结果分析

4.2.1   环境规制对产业间结构升级的直接影响

在进行回归之前，需要对变量之间的相关性进行检验，以防止多重共线性回归，表 4－2 是变量相关性检验结果。从表 4－2 可以看出，大多数变量之间存在相关性，且在 10% 的显著性水平上相关，所有变量之间相关系数的绝对值都小于 0.8，因此不存在明显的多重共线性。

在正式进行面板回归之前，采用 STATA 软件根据本书研究数据绘制散点图，初步观察核心解释变量环境规制对被解释变量产业间结构升级的作用方向。图 4－1 是分别绘制的命令控制型环境规制和综合型环境规制与产业间结构升级的散点图。

表4－2   相关系数矩阵

变量	IND	ER_1	ER_2	PGDP	SCA	CRE	OPEN	GOV	EDU	TECH	PEO
IND	1										
ER_1	0.45*	1									
ER_2	0.31*	0.19*	1								
PGDP	0.54*	0.41*	0.20*	1							
SCA	0.06*	0.02	0.17*	-0.13*	1						
CRE	0.60*	0.41*	0.27*	0.63*	-0.01	1					
OPEN	0.22*	0.08*	0.02	0.28*	0.16*	0.11*	1				
GOV	0.01	-0.03	0.06*	-0.19*	0.71*	0.02	0.07*	1			
EDU	0.60*	0.43*	0.20*	0.44*	-0.03	0.51*	0.18*	-0.1*	1		
TECH	0.43*	0.25*	0.19*	0.50*	-0.1*	0.86*	0.09*	-0.0*	0.35*	1	
PEO	0.29*	0.09*	0.21*	0.31*	-0.1*	0.34*	0.17*	-0.2*	0.23*	0.34*	1

注：*表示在10%的水平上显著。

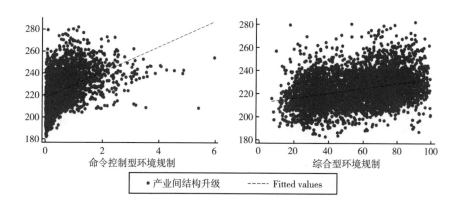

- 产业间结构升级　----- Fitted values

图4－1　环境规制与产业间结构升级的关系

从图4－1可以大概看出，我国环境规制与产业结构升级之间基本上呈现正相关关系。其中，相较于综合型环境规制对产业间结构升级的作用，命令控制型环境规制对产业间结构升级的促进效应更加明显，下面本书将通过实证分析，具体地对环境规制如何影响产业间结构升级进行探讨。

表4－3是回归结果，分别是命令控制型环境规制和环境规制综合指数对产业间结构升级的回归。本书选取固定效应模型进行检验。

表 4 – 3 环境规制对产业间结构升级的直接影响

变量	模型（1）IND	模型（2）IND	模型（3）IND	模型（4）IND
ER_1	1.137 *** (3.92)		5.075 *** (8.98)	
ER_2		0.085 *** (16.41)		– 0.031 (– 1.22)
ER_1²			– 1.167 *** (– 8.10)	
ER_2²				0.001 *** (4.67)
PGDP	0.000 ** (2.51)	0.000 (1.29)	0.000 * (1.74)	0.000 (1.37)
SCA	3.144 *** (13.46)	2.620 *** (11.43)	2.977 *** (12.78)	2.617 *** (11.44)
CRE	0.000 *** (14.49)	0.000 *** (12.13)	0.000 *** (14.64)	0.000 *** (12.05)
OPEN	– 22.095 *** (– 5.17)	– 16.815 *** (– 4.04)	– 19.696 *** (– 4.63)	– 17.360 *** (– 4.18)
GOV	3.250 *** (4.42)	3.288 *** (4.60)	3.334 *** (4.56)	3.358 *** (4.71)
EDU	0.005 *** (4.65)	0.005 *** (4.16)	0.005 *** (4.27)	0.005 *** (4.22)
TECH	– 0.184 ** (– 2.23)	– 0.085 (– 1.06)	– 0.215 *** (– 2.63)	– 0.113 (– 1.41)
PEO	0.005 *** (3.27)	0.004 *** (2.60)	0.004 *** (2.93)	0.004 *** (2.63)
_cons	215.079 *** (296.14)	212.416 *** (293.03)	214.434 *** (295.68)	215.148 *** (231.25)
N	4576	4576	4576	4576
R²	0.309	0.348	0.319	0.351

注：*、**、*** 分别表示在10%、5%、1%的水平上显著，括号内为变量的 t 值。

根据表 4 - 3 的面板数据回归估计结果，模型（1）和模型（2）分别是命令控制型环境规制和环境规制综合指数对产业间结构升级影响的固定效应模型，模型（3）和模型（4）是分别加入了命令控制型环境规制和环境规制综合指数的平方项之后的固定效应模型。

从表 4 - 3 模型（1）和模型（2）的回归结果可以看出，无论是命令控制型环境规制，还是环境规制综合指数，对于产业间结构升级都具有明显的促进作用，且都在 1% 的显著性水平上显著。并且正如环境规制对产业间结构升级影响的散点图所示，命令控制型环境规制对产业间结构升级的促进作用要大于环境规制综合指数的促进作用。命令控制型环境规制对产业间结构升级的影响系数为 1.137，而环境规制综合指数对产业间结构升级的影响系数为 0.085，可见命令控制型环境规制对产业间结构升级的促进作用更强。由于环境规制综合指数综合了命令控制型、市场激励型和公众参与型等各种环境规制手段，体现的是环境规制的综合效果。这也表明了对当前中国而言，政府的命令控制型环境规制比其他的环境规制手段更能促进产业间的结构升级。

从表 4 - 3 模型（3）的回归结果可以看出，命令控制型环境规制的二次项的相关系数在 1% 的水平上显著为负，一次项前的相关系数在 1% 的水平上显著为正，由此可以说明命令控制型环境规制水平与产业间结构升级之间呈现出倒"U"型曲线关系，这与图 4 - 1 中散点图的分布大致吻合。并且，命令控制型环境规制水平与产业间结构升级之间的倒"U"型曲线的拐点是 2.174，目前绝大多数城市的命令型环境规制强度均小于 2.174，即分布于拐点左侧。因此，当前我国大部分地区的命令控制型环境规制依然能够促进产业间的结构升级，还没有达到阻碍产业间结构升级的阶段。

根据表 4 - 3 模型（4）的回归结果，环境规制综合指数的二次项相关系数在 1% 的水平上显著为正，一次项相关系数不显著。这表明环境规制实施与产业间结构升级之间存在微弱的"U"型曲线关系，或者说只要环境规制综合指数大于 0，环境规制的实施就能够促进产业间结构升级。因此，当前我国大部分地区的环境规制综合指数都能够促进产业间结构升级。

表4-3模型（1）~模型（4）中各项控制变量对于产业间结构升级的作用，可总结为如下结论。

第一，人均GDP对于产业间结构升级的作用并不明显，只有在模型（1）和模型（3）中较为显著，且影响系数接近于0。这说明一个地区的经济发展水平和产业结构状况有时候并不同步，或者说一个地区的产业结构可能领先或者滞后于当地的经济发展水平。这是因为近年来我国经济迅速发展，而产业结构的调整总是需要一定的时间。

第二，产业规模（SCA）对于产业间结构升级的促进作用较为明显，且相关系数都在1%的水平上显著为正。这表明一个地区的固定资产投资水平能够促进产业间结构升级，这是因为固定资产投资中包含着基础设施投资，一个地区的基础设施越完善，越有利于发展第二产业和第三产业。

第三，金融发展（CRE）对于产业间结构升级的作用并不明显，虽然相关系数均在1%的水平上显著，但系数接近于0。现实中可能依然存在金融资源的错配，由于银行等传统金融机构在借贷时要求相应的抵押物，因此第三产业企业尤其是中小微企业就会面临融资难、融资贵的困境。

第四，对外开放（OPEN）与产业间结构升级之间存在显著的负相关关系，且相关系数都在1%的水平上显著。由于对外开放指标衡量的是外商直接投资在当地GDP中所占比重，它反映的其实是当地政府招商引资的力度。各地方政府在引进外资时可能更侧重于第二产业尤其是重工业企业，这在一定程度上阻碍了产业的结构升级。

第五，政府作用强度（GOV）对于产业间结构升级具有明显的促进作用，且相关系数都在1%的水平上显著。这表明，地方政府在一个地区的经济发展尤其是产业结构升级过程中发挥着至关重要的作用，或者说一个地区的产业结构升级总是离不开地方政府的干预。

第六，受教育程度（EDU）对于产业间结构升级具有一定的促进作用，且相关系数都在1%的水平上显著为正，但系数相对较小。

第七，技术创新（TECH）与产业间结构升级之间的相关系数为负，且在命令控制型环境规制回归方程中均显著。这虽然与常识不符，但也可能是因为技术创新是以每万人拥有的发明专利数作为衡量指标，而第二产业尤其是制造业，是最容易产生发明专利的，第三产业相对难以申请专利。因此，一个地区的第三产业占比越高，发明专利可能会减少，这就导致技术创新指标与产业间结构升级指标之间呈现负相关关系。

第八，人口密度（PEO）与产业间结构升级之间存在显著的正相关关系，且相关系数均在1%的水平上显著，但系数相对较小。这是因为一个地区人口密度越高，当地的劳动力资源就越丰富，越有利于产业的发展。同时，人口密集的地区，对于环境的要求也会相对提高，从而会倒逼产业结构升级，由重污染的第二产业转向污染较轻的第三产业。

4.2.2　环境规制对产业间结构升级的动态影响

由于产业结构的调整总是需要一定时间，因此环境规制对产业间结构升级的影响会存在一定的时滞效应，即当期的环境规制政策并不能立刻引起产业结构的调整，而是会对下一期的产业结构调整产生作用。因此，本书研究在基准回归模型中加入一阶滞后项，以探讨环境规制对产业间结构升级影响的滞后效应。

表4-4是回归结果，分别是加入一阶滞后项的命令控制型环境规制和环境规制综合指数对产业间结构升级的回归。本书选取固定效应模型进行检验。

表4-4　　　　　　　环境规制对产业间结构升级的动态影响

变量	模型（1）IND	模型（2）IND	模型（3）IND	模型（4）IND
L. ER_1	1.505 *** (5.02)	1.238 *** (3.70)		
ER_1		0.594 * (1.78)		
L. ER_2			0.102 *** (18.91)	0.080 *** (12.49)

变量	模型（1） IND	模型（2） IND	模型（3） IND	模型（4） IND
ER_2				0.041 *** （6.55）
PGDP	0.000 （0.27）	0.000 （0.15）	−0.000 （−0.60）	−0.000 （−1.01）
SCA	2.941 *** （12.51）	2.932 *** （12.47）	2.292 *** （10.03）	2.207 *** （9.69）
CRE	0.000 *** （13.59）	0.000 *** （13.42）	0.000 *** （11.13）	0.000 *** （10.52）
OPEN	−15.337 *** （−3.22）	−15.150 *** （−3.18）	−15.041 *** （−3.29）	−12.990 *** （−2.85）
GOV	3.219 *** （4.39）	3.223 *** （4.40）	2.893 *** （4.11）	2.972 *** （4.24）
EDU	0.005 *** （4.36）	0.005 *** （4.24）	0.004 *** （3.81）	0.004 *** （3.75）
TECH	−0.106 （−1.28）	−0.104 （−1.25）	−0.058 （−0.73）	−0.028 （−0.35）
PEO	0.005 *** （3.05）	0.005 *** （3.07）	0.003 ** （2.28）	0.003 ** （2.22）
_cons	216.083 *** （286.06）	215.990 *** （285.33）	213.036 *** （286.05）	212.223 *** （282.51）
N	4290	4290	4290	4290
R^2	0.297	0.298	0.351	0.358

注：*、**、*** 分别表示在10%、5%、1%的水平上显著，括号内为变量的 t 值。

根据表4-4的面板数据回归结果，模型（1）是命令控制型环境规制的一阶滞后项对产业间结构升级的回归结果；模型（2）是在一阶滞后项的基础上加入了当期项的命令控制型环境规制对产业间结构升级的回归结果。模型（3）是环境规制综合指数的一阶滞后项对产业间结构升级的回归结果；模型（4）是在一阶滞后项的基础上加入了当期项的环境规制综合指数对产业间结构升级的回归结果。

从表 4 - 4 模型（1）的回归结果可以看出，命令控制型环境规制的一阶滞后项与产业间结构升级的相关系数在 1% 的水平上显著为正，且相关系数大于表 4 - 3 中命令控制型环境规制当期项对产业间结构升级的回归系数。这表明产业结构的调整是需要时间的，政府的命令控制型环境规制对产业间结构升级的作用是有时滞效应的，即当期的环境规制政策可能要到下一期才能发挥较大的作用。

表 4 - 4 中模型（2）的回归结果表明，命令控制型环境规制的一阶滞后项和当期项与产业间结构升级均呈现正相关关系。其中，命令控制型环境规制的一阶滞后项前的系数在 1% 的显著性水平上显著，当期项的系数在 10% 的显著性水平上显著。在加入一阶滞后项之后，命令控制型环境规制的当期项对产业间结构升级的回归系数小于表 4 - 3 中不加入一阶滞后项的回归系数。这表明，无论是当期的命令控制型环境规制，还是上一期的命令控制型环境规制，均对产业间结构升级具有正向促进作用，但是命令控制型环境规制对产业间结构升级的促进作用并不是立竿见影的，当期命令控制型环境规制对产业间结构升级的促进作用其实叠加了上一期命令控制型环境规制的影响。

根据表 4 - 4 中模型（3）的回归结果，环境规制综合指数的一阶滞后项对产业间结构升级的回归系数在 1% 的水平上显著为正。与表 4 - 3 相比，环境规制综合指数的一阶滞后项大于当期项对于产业间结构升级的回归系数，这一点与命令控制型环境规制的比较结果相同，同样表明了环境规制实施对于产业间结构升级的影响具有一定的滞后性。

从表 4 - 4 中模型（4）的回归结果可以看出，环境规制综合指数的一阶滞后项与当期项前的相关系数都在 1% 的水平上显著为正。与表 4 - 3 中环境规制综合指数当期项对产业间结构升级的回归系数相比，在加入一阶滞后项之后，环境规制综合指数当期项对产业间结构升级的回归系数变小了，这一点与命令型环境规制的比较结果相同，表明当期的环境规制和上一期的环境规制对产业间结构升级发挥着混合作用。

各项控制变量的回归结果与表 4 - 3 大致相同，故在此不多做解释。

4.2.3　环境规制对产业间结构升级影响的门槛效应

大多数资源型城市都具有资源依赖，即将开采和加工矿产资源作为本地区的主导产业，但是这种资源型产业又都是典型的重污染、高耗能产业。在国家推进节能减排的号召下，很多资源型城市都面临着严峻的转型问题。一个地区的资源禀赋通常决定了该地区的产业结构状况，同时也会对地区的环境规制政策产生直接影响，并通过环境规制政策又对产业结构产生间接影响。通常，地方政府的环境规制政策对于该地区的产业结构调整具有非常重要的作用，同时地方政府在制定环境规制政策时也需要结合当地的自然资源条件和产业结构情况，而不宜采取一刀切的政策。

由于环境规制本身具有累积性特征，其对产业结构升级的影响可能会呈现出非线性特征。以上线性分析只能体现目前我国环境规制作用机制的完善，无法进一步考察不同类型的城市环境规制对产业结构升级的非线性影响，也无法判断我国环境规制政策对产业结构的影响所处的阶段。因此，本书研究将从地级市角度出发，分别以资源禀赋和产业结构作为门槛变量，采用门槛回归模型分析我国环境规制对产业结构升级的非线性影响，为目前我国环境规制政策强度的合理性以及未来环境规制政策强度变化做出参考。基于汉森（Hansen，1999）提出的门槛回归方法，建立面板门槛模型如下所示。

单一门槛模型：

$$IND_{it} = \alpha_i + \beta_1 ER_{it}(Q_{it} \leq \gamma_1) + \beta_2 ER_{it}(Q_{it} > \gamma_1) + \delta CV_{it} + \varepsilon_{it} \quad (4-4)$$

双门槛模型：

$$IND_{it} = \alpha_i + \beta_1 ER_{it}(Q_{it} \leq \gamma_1) + \beta_2 ER_{it}(\gamma_1 < Q_{it} \leq \gamma_2)$$
$$+ \beta_3 ER_{it}(Q_{it} > \gamma_2) + \delta CV_{it} + \varepsilon_{it} \quad (4-5)$$

其中，IND_{it}表示i城市第t年的产业间结构升级指数，是被解释变量；ER_{it}表示i城市第t年的环境规制强度，是核心解释变量；Q_{it}为门槛变量，

γ_1和γ_2表示门槛值；CV_{it}表示影响产业结构升级的其他控制变量，如地区经济发展水平、固定资产投资水平、人力资本水平等；ε_{it}表示随机扰动项。

关于资源丰裕度的衡量指标，一般分为两类：一是选取能源产量、能源储量、人均资源量等指标来衡量；二是采掘业从业人员占全部人口的比重（李虹和邹庆，2018）、采掘业从业人员数占总从业人员的比重（宋德勇和杨秋月，2019）、资源类产业产值占GDP的比重等（陈建宝和乔宁宁，2016；原毅军和谢荣辉，2014）。本书研究借鉴了李虹等（2018）的度量方法，并在其基础上加以改进，用采掘业从业人员数与第二产业从业人员数的比值来衡量。采掘业从业人员数占当地总人口或者总的从业人数的比重更多衡量的是当地的资源依赖情况，如果一个地区产业结构升级了，不再依赖于第二产业如采掘业等重工业，那么即使该地区的自然资源非常丰富，采掘业从业人员数在全部从业人员数或总人口中的比重自然也不会很高。而采掘业从业人员占第二产业从业人员的比重，则反映的是第二产业内部的结构，若一个地区的自然资源十分丰富，当地的第二产业自然是以采掘业等重工业为主，那么采掘业从业人数在第二产业从业人数中的占比也就相对较大。

除了资源禀赋这一指标外，当地的产业结构也是地方政府制定环境规制政策的重要考量因素。因此本书研究将第二产业增加值占地区生产总值的比重作为门槛变量。首先要确定门槛个数，表4-5是分别以资源禀赋（RES）和第二产业比重（STRU）作为面板门槛变量估计的自抽样检验结果。

表4-5　　　　　　　面板门槛变量的显著性检验结果

门槛变量	解释变量	门槛个数	F值	P值	10%	5%	门槛值（%）
RES	ER_1	单门槛	12.34	0.6367	28.9092	33.7059	68.6069
		双门槛	12.82	0.4300	30.1783	38.1244	7.1733
		三门槛	9.68	0.6400	26.9606	32.0353	41.2715
	ER_2	单门槛	49.65	0.0667	43.9275	51.4999	6.6239
		双门槛	18.41	0.4800	33.5426	38.0213	0.1857
		三门槛	12.99	0.8033	45.7603	53.2770	68.6069

门槛变量	解释变量	门槛个数	F 值	P 值	10%	5%	门槛值（%）
STRU	*ER_1*	单门槛	183.66	0.0000	56.2009	63.1841	55.0400
		双门槛	91.84	0.0000	40.8798	46.4040	47.5400
		三门槛	52.93	0.9767	151.5828	166.2529	33.8066
	ER_2	单门槛	359.31	0.0000	87.7256	96.5675	54.7600
		双门槛	190.72	0.0000	52.2834	64.0483	48.0700
		三门槛	76.55	0.9800	171.3122	182.7560	65.8600

注：表中 F 值、P 值和临界值均采用 Bootstrap 法重复 300 次所得。

由表 4 - 5 可以看出，当以资源禀赋为门槛变量时，命令控制型环境规制对产业间结构升级影响的门槛效应并不显著，而环境规制综合指数对产业间结构升级的影响存在单门槛效应，通过了单门槛检验，在 10% 的水平上显著。这说明环境规制对产业间结构升级的影响是非线性的，即在不同资源禀赋的地区，环境规制对产业间结构升级的作用是不同的。

以资源禀赋为门槛变量的单门槛模型的回归结果如表 4 - 6 所示。模型（1）为命令控制型环境规制对产业间结构升级的回归方程，模型（2）为环境规制综合指数对产业间结构升级的回归方程。

表 4 - 6　　　　以资源禀赋为门槛变量的单门槛模型估计结果

变量	模型（1） *IND*	模型（2） *IND*
ER_1（*RES* ≤ 68.6069%）	1.117 *** (3.85)	
ER_1（*RES* > 68.6069%）	9.021 *** (3.86)	
ER_2（*RES* ≤ 6.6239%）		0.098 *** (17.84)
ER_2（*RES* > 6.6239%）		0.062 *** (10.10)
CV	YES	YES

变量	模型（1） IND	模型（2） IND
_cons	215. 064 *** （296. 48）	212. 527 *** （294. 66）
N	4576	4576
R²	0. 311	0. 355

注：*、**、***分别表示在10%、5%、1%的水平上显著，括号内为变量的 t 值。

由于命令控制型环境规制对产业间结构升级的回归没有通过门槛效应检验，故模型（1）的回归结果只作参考。根据表4-6模型（2）的回归结果，环境规制综合指数与产业间结构升级的相关系数均在1%的水平上显著为正，表明二者之间存在显著的正相关关系。当资源禀赋指标小于或等于6.6239%时，环境规制综合指数对产业间结构升级的回归系数为0.098；当资源禀赋指标大于6.6239%时，环境规制综合指数对产业间结构升级的回归系数下降为0.062。这表明当一个地区的资源禀赋较为丰富时，环境规制对产业间结构升级的作用反而下降了，这也间接说明了丰富的自然资源会让当地容易形成资源依赖。

以产业结构为门槛变量的双门槛模型的回归结果如表4-7所示。模型（1）为命令控制型环境规制对产业间结构升级的回归方程，模型（2）为环境规制综合指数对产业间结构升级的回归方程。由于以产业结构为门槛变量时，命令控制型环境规制和环境规制综合指数对产业间结构升级的回归都通过了双门槛检验，因此采用双门槛模型进行估计。

表4-7 以第二产业比重为门槛变量的双门槛模型估计结果

变量	模型（1） IND	模型（2） IND
ER_1（STRU≤33. 8066%）	4. 536 *** （12. 38）	
ER_1（33. 8066% < STRU≤47. 5400%）	1. 312 *** （3. 99）	

续表

变量	模型（1） IND	模型（2） IND
ER_1（STRU > 47.5400%）	− 3.353 *** （− 8.01）	
ER_2（STRU ≤ 48.0700%）		0.132 *** （24.33）
ER_2（48.0700% < STRU ≤ 54.7600%）		0.073 *** （13.80）
ER_2（STRU > 54.7600%）		− 0.008 （− 1.17）
CV	YES	YES
_cons	214.540 *** （303.80）	211.991 *** （309.73）
N	4576	4576
R²	0.349	0.419

注：*、**、***分别表示在10%、5%、1%的水平上显著，括号内为变量的 t 值。

由表4-7模型（1）的回归结果可见，命令控制型环境规制对产业间结构升级的回归系数均在1%的水平上显著。当第二产业比重小于或等于33.8066%时，命令控制型环境规制与产业间结构升级的相关系数为4.536；当第二产业比重介于33.8066%~47.54%时，二者的相关系数下降为1.312；当第二产业比重大于47.54%时，二者的相关系数为−3.353。这表明当一个地区的产业结构中第二产业占比越高时，命令控制型环境规制对产业间结构升级的作用就越小，甚至会起到负作用，也就是命令控制型环境规制甚至会阻碍一个地区的产业间结构升级。

根据表4-7模型（2）的回归结果，当第二产业比重小于或等于54.76%时，环境规制综合指数与产业间结构升级的相关系数均在1%的水平上显著；当第二产业比重大于54.76%时，环境规制综合指数与产业间结构升级的相关系数为负，但并不显著。这一结果与模型（1）的回归结果大致相同，同样表明一个地区环境规制对产业间结构升级的作用会随着第二产业比重的上升而下降，当第二产业比重超过某个阈值时，环境规制可能会对产业间结构升级起到负向作用。

4.2.4　环境规制对产业间结构升级影响的区域特征

由于东部、中部和西部区域发展的不平衡，在不同地区实施环境规制对于产业间结构升级的作用是否也存在差异呢？因此，本书研究将基于东部、中部、西部分地区进行实证检验。

表 4 - 8 是命令控制型环境规制对产业间结构升级的分地区检验结果。其中，模型（1）是东部地区命令控制型环境规制对产业间结构升级的回归方程，模型（2）是加入二次项之后的东部地区命令控制型环境规制对产业间结构升级的回归方程。模型（3）是中部地区命令控制型环境规制对产业间结构升级的回归方程，模型（4）是加入二次项之后的中部地区命令控制型环境规制对产业间结构升级的回归方程。模型（5）是西部地区命令控制型环境规制对产业间结构升级的回归方程，模型（6）是加入二次项之后的西部地区命令控制型环境规制对产业间结构升级的回归方程。

表 4 - 8　　　　　命令控制型环境规制的分地区检验结果

变量	东部		中部		西部	
	模型（1） IND	模型（2） IND	模型（3） IND	模型（4） IND	模型（5） IND	模型（6） IND
ER_1	0.978 ** (2.04)	5.544 *** (5.03)	1.255 *** (2.71)	4.784 *** (5.27)	0.320 (0.57)	3.612 *** (3.40)
ER_1^2		- 1.654 *** (- 4.59)		- 1.088 *** (- 4.51)		- 0.822 *** (- 3.63)
$PGDP$	0.000 *** (4.09)	0.000 *** (3.69)	- 0.000 * (- 1.75)	- 0.000 ** (- 2.00)	- 0.000 (- 1.12)	- 0.000 * (- 1.78)
SCA	1.898 *** (3.94)	1.627 *** (3.37)	3.474 *** (9.77)	3.355 *** (9.46)	1.748 *** (4.46)	1.718 *** (4.41)
CRE	0.000 *** (7.65)	0.000 *** (7.28)	0.000 *** (10.87)	0.000 *** (10.51)	0.000 *** (5.08)	0.000 *** (5.38)

续表

变量	东部		中部		西部	
	模型（1） IND	模型（2） IND	模型（3） IND	模型（4） IND	模型（5） IND	模型（6） IND
OPEN	- 102. 438 *** （ - 15. 32）	- 97. 777 *** （ - 14. 55）	24. 192 *** （4. 17）	24. 506 *** （4. 24）	18. 975 （1. 27）	21. 113 （1. 42）
GOV	21. 560 *** （11. 30）	21. 809 *** （11. 50）	- 3. 300 *** （ - 3. 32）	- 3. 097 *** （ - 3. 13）	9. 015 *** （6. 67）	8. 685 *** （6. 45）
EDU	0. 007 *** （3. 74）	0. 006 *** （3. 43）	- 0. 004 ** （ - 2. 29）	- 0. 004 ** （ - 2. 34）	0. 002 （0. 74）	0. 002 （0. 66）
TECH	- 0. 104 （ - 1. 29）	- 0. 095 （ - 1. 19）	0. 016 （0. 05）	- 0. 044 （ - 0. 15）	2. 023 *** （4. 64）	1. 911 *** （4. 40）
PEO	0. 003 * （1. 88）	0. 003 * （1. 96）	0. 010 *** （3. 30）	0. 010 *** （3. 17）	- 0. 001 （ - 0. 09）	- 0. 002 （ - 0. 35）
_cons	221. 827 *** （198. 99）	220. 812 *** （195. 53）	212. 905 *** （169. 77）	212. 304 *** （169. 33）	214. 030 *** （121. 86）	213. 858 *** （122. 37）
N	1616	1616	1744	1744	1216	1216
R^2	0. 503	0. 510	0. 310	0. 319	0. 313	0. 321

注：*、**、*** 分别表示在 10%、5%、1% 的水平上显著，括号内为变量的 t 值。

从表 4-8 模型（1）、模型（3）和模型（5）的回归结果可以看出，东部、中部、西部地区的命令控制型环境规制和产业间结构升级的相关系数均为正，其中东部和中部地区的回归系数均在 1% 的水平上显著，而西部地区的回归系数并不显著。并且，中部地区命令控制型环境规制对产业间结构升级的影响最大，东部地区其次，西部地区最小。由此可见，中部地区的命令控制型环境对产业间结构升级的促进作用最大，而西部地区的命令控制型环境规制对产业间结构升级的作用并不明显。这可能是由于近年来中部崛起战略的实施，中部地区正在加速产业结构调整，促进产业结构优化升级，环境规制对产业结构升级的促进作用也就更加明显。而西部地区由于经济发展相对落后，且自然环境整体优于东部和中部地区，因此环境规制的强度和作用可能有所减弱。

从表 4-8 模型（2）、模型（4）和模型（6）的回归结果来看，东部、中部、西部地区命令控制型环境规制二次项前的回归系数均为负，一次项前的回归系数均为正，且都在 1% 的水平上显著。这表明，在东部、中部、西部地区，命令控制型环境规制与产业间结构升级之间都呈现出倒"U"型曲线关系，即当命令控制型环境规制超出一定强度之后，就会阻碍产业间结构升级。其中，东部地区的命令控制型环境规制与产业间结构升级的拐点值在 1.676，中部地区二者间的拐点值在 2.199，西部地区二者间的拐点值在 2.197。因此，中部和西部地区的拐点位置相当，而东部地区的拐点位置明显低于中部和西部地区，这意味着实施同等强度的环境规制政策，在中西部地区可能会促进产业间结构升级，而在东部地区则可能阻碍产业间结构升级。这可能是由于东部地区的发展程度领先于中西部地区，产业结构仍然以重工业为主，因此对于环境规制政策更为敏感。

从各项控制变量的回归结果来看，东部地区对外开放与产业间结构升级的相关系数在 1% 的水平上显著为负；中部地区对外开放与产业间结构升级的相关系数在 1% 的水平上显著为正；西部地区对外开放与产业间结构升级的相关系数为正，但并不显著。这可能是由于东部地区较早实行对外开放，而外商直接投资更多是面向第二产业，因此在东部地区外商直接投资已经不能促进产业间结构升级。

从政府作用强度的回归结果来看，东部地区和西部地区的政府作用强度与产业间结构升级的相关系数都在 1% 的水平上显著为正，且东部地区政府作用强度对产业间结构升级的影响系数远大于西部地区，而中部地区政府作用强度和产业间结构升级的相关系数在 1% 的水平上显著为负。这表明，东部地区地方政府在产业间结构升级过程中发挥着主导作用，且政府发挥的作用远远高于中西部地区。而中部地区地方政府在产业间结构升级过程中发挥负向效应，可能是由于政府的行政干预导致资源错配，进而阻碍了产业结构升级。

表 4-9 是环境规制综合指数对产业间结构升级的分地区检验结果。其中，模型（1）是东部地区的环境规制综合指数对产业间结构升级的回归方程，模型（2）是加入二次项之后的东部地区环境规制综合指数对产业间结构升级的回归方程。模型（3）是中部地区的环境规制综合指数对

产业间结构升级的回归方程，模型（4）是加入二次项之后的中部地区环境规制综合指数对产业间结构升级的回归方程。模型（5）是西部地区的环境规制综合指数对产业间结构升级的回归方程，模型（6）是加入二次项之后的西部地区环境规制综合指数对产业间结构升级的回归方程。

表4-9　　　　　　　　　环境规制综合指数的分地区检验结果

变量	东部		中部		西部	
	模型（1） *IND*	模型（2） *IND*	模型（3） *IND*	模型（4） *IND*	模型（5） *IND*	模型（6） *IND*
ER_2	0.094*** （11.70）	-0.010 （-0.26）	0.083*** （10.01）	-0.005 （-0.12）	0.035*** （3.33）	0.008 （0.16）
ER_2²		0.001*** （2.69）		0.001** （2.24）		0.000 （0.54）
PGDP	0.000*** （3.52）	0.000*** （3.45）	-0.000** （-2.17）	-0.000** （-2.04）	-0.000 （-1.57）	-0.000 （-1.53）
SCA	1.556*** （3.41）	1.524*** （3.35）	3.084*** （8.86）	3.006*** （8.60）	1.536*** （3.89）	1.561*** （3.93）
CRE	0.000*** （5.88）	0.000*** （5.85）	0.000*** （7.28）	0.000*** （7.41）	0.000*** （4.92）	0.000*** （4.91）
OPEN	-83.836*** （-12.73）	-83.886*** （-12.76）	24.154*** （4.29）	23.521*** （4.18）	21.691 （1.45）	21.396 （1.43）
GOV	19.591*** （10.70）	19.858*** （10.85）	-3.014*** （-3.11）	-2.813*** （-2.90）	9.217*** （6.86）	9.158*** （6.79）
EDU	0.007*** （4.15）	0.007*** （4.26）	-0.003** （-1.97）	-0.003** （-2.02）	0.002 （0.79）	0.002 （0.80）
TECH	-0.026 （-0.33）	-0.042 （-0.54）	0.305 （1.08）	0.211 （0.74）	1.916*** （4.41）	1.901*** （4.36）
PEO	0.003** （2.28）	0.003** （2.21）	0.009*** （2.80）	0.009*** （2.81）	-0.004 （-0.72）	-0.004 （-0.67）
_cons	216.864*** （188.34）	219.611*** （142.92）	210.706*** （169.87）	212.741*** （138.46）	213.888*** （122.71）	214.385*** （108.62）
N	1616	1616	1744	1744	1216	1216
R²	0.544	0.546	0.348	0.350	0.319	0.320

注：*、**、***分别表示在10%、5%、1%的水平上显著，括号内为变量的 *t* 值。

从表 4 - 9 模型 (1)、模型 (3) 和模型 (5) 的回归结果来看，东部、中部、西部地区环境规制综合指数对产业间结构升级的回归系数均在 1% 的水平上显著为正。其中，东部地区环境规制综合指数对产业间结构升级的回归系数最大，中部地区其次，西部地区最小。这表明，当前东部地区环境规制对产业间结构升级的促进作用最大，而中西部地区环境规制对产业间结构升级的作用则小于东部地区。这一点与表 4 - 8 的回归结果不太相同。三大地区环境规制综合指数对产业间结构升级的作用都小于表 4 - 8 中命令控制型环境规制对产业间结构升级的促进作用，这也再次证明了当前中国最有效的环境规制手段依然是政府的命令控制型环境规制。

从表 4 - 9 模型 (2) 和模型 (4) 的回归结果来看，东部和中部地区环境规制综合指数的二次项和产业间结构升级的相关系数均显著为正，但相关系数都比较小，而西部地区环境规制综合指数的二次项与产业间结构升级的相关系数并不显著。这表明，在东部和中部地区，环境规制综合指数与产业间结构升级之间均呈现出微弱的"U"型曲线关系，而在西部这种"U"型曲线关系则并不明显。由此可见，西部地区由于在发展程度上落后于东部和中部地区，产业结构调整也相对滞后，因此环境规制与产业间结构升级的拐点还没有出现，也就是环境规制在一定时间段内还不会阻碍产业间结构升级。

各项控制变量的回归结果与表 4 - 8 大致相同，在此不多做解释。

4.3　稳健性检验

本书在检验命令控制型环境规制对产业间结构升级的作用的同时，也检验了环境规制综合指数对产业间结构升级的作用，验证了结果的稳健性。在此基础上，本书将进一步进行稳健性检验，稳健性检验的思路是对样本进行筛选，包括剔除直辖市以及进行缩尾和截尾处理。

4.3.1 剔除直辖市

由于直辖市在行政级别上与省份平级，高于其他地级市，在行政上也会更多受到来自中央政府层面的干预和约束，因此在研究时需要与其他地级市区分开。

表4－10是剔除直辖市后命令控制型环境规制和环境规制综合指数对产业间结构升级的回归结果。其中，模型（1）和模型（2）是一次项的命令控制型环境规制和加入了二次项的命令控制型环境规制对产业间结构升级的回归方程，模型（3）和模型（4）是一次项的环境规制综合指数和加入了二次项的环境规制综合指数对产业间结构升级的回归方程。

表4－10　　　　　　　　　剔除直辖市后的回归结果

变量	模型（1） IND	模型（2） IND	模型（3） IND	模型（4） IND
ER_1	1.029 *** (3.44)	5.009 *** (8.76)		
ER_1^2		－1.180 *** (－8.15)		
ER_2			0.084 *** (16.22)	－0.033 (－1.30)
ER_2^2				0.001 *** (4.71)
CV	YES	YES	YES	YES
_cons	215.005 *** (300.44)	214.354 *** (299.95)	212.292 *** (296.76)	215.033 *** (233.43)
N	4512	4512	4512	4512
R^2	0.308	0.319	0.347	0.350

注：*、**、***分别表示在10%、5%、1%的水平上显著，括号内为变量的t值。

由表4－10模型（1）和模型（3）的回归结果可知，剔除直辖市后，命令控制型环境规制和环境规制综合指数对产业间结构升级的回归系数均在1%的水平上显著为正，且命令控制型环境规制前的回归系数大于环境规制综合指数前的回归系数。这一点与表4-3的回归结果是相同的，表明基准模型的回归结果是稳健的。

从表4-10模型（2）和模型（4）的回归结果来看，剔除直辖市后，命令控制型环境规制和环境规制综合指数的二次项与产业间结构升级的相关系数均在1%的水平上显著，且命令控制型环境规制二次项前的系数为负，而环境规制综合指数二次项前的系数为正。在加入二次项后，环境规制综合指数一次项与产业间结构升级的相关系数变得不再显著。这与表4-3的回归结果大致相同，再次证明基准模型的回归结果是稳健的。

4.3.2　缩尾和截尾处理

为了处理极端值和离群值对回归结果的影响，本书研究在1%和99%的百分位上进行缩尾和截尾处理。回归结果如表4-11和表4-12所示。

表4-11　　　　　　　　　　缩尾处理后的回归结果

变量	模型（1） IND	模型（2） IND	模型（3） IND	模型（4） IND
ER_1	0.814 *** （2.64）	2.315 *** （5.44）		
ER_1²		-0.486 *** （-5.10）		
ER_2			0.065 *** （13.05）	-0.050 ** （-2.06）
ER_2²				0.001 *** （4.86）
CV	YES	YES	YES	YES
_cons	212.526 *** （260.90）	212.406 *** （261.41）	211.058 *** （261.33）	213.730 *** （219.15）
N	4576	4576	4576	4576
R²	0.380	0.384	0.403	0.406

注：*、**、***分别表示在10%、5%、1%的水平上显著，括号内为变量的 t 值。

表 4 – 12　　　　　　　　　　　　截尾处理后的回归结果

变量	模型（1）IND	模型（2）IND	模型（3）IND	模型（4）IND
ER_1	0. 712 ** (2. 15)	5. 241 *** (6. 87)		
ER_1²		– 2. 015 *** (–6. 58)		
ER_2			0. 056 *** (10. 81)	– 0. 084 *** (–3. 24)
ER_2²				0. 001 *** (5. 50)
_cons	212. 795 *** (254. 31)	212. 363 *** (254. 47)	211. 735 *** (249. 75)	214. 980 *** (208. 68)
N	3943	3943	3932	3932
R²	0. 402	0. 409	0. 415	0. 420

注：*、**、*** 分别表示在 10%、5%、1% 的水平上显著，括号内为变量的 t 值。

从表 4 – 11 和表 4 – 12 的回归结果来看，进行了缩尾和截尾处理之后，命令控制型环境规制和环境规制综合指数对产业间结构升级的回归系数依然显著为正，且进行缩尾后核心解释变量前的回归系数比进行截尾后的更大。这说明舍弃掉一部分离群值之后，环境规制对产业间结构升级的影响系数变小了。在加入二次项之后，命令控制型环境规制二次项与产业间结构升级的相关系数均在 1% 的水平上显著为负，环境规制综合指数二次项与产业间结构升级的相关系数均在 1% 的水平上显著为正。这一点与前面的结果相同，表明命令控制型环境规制与产业间结构升级呈现倒"U"型曲线关系，而环境规制综合指数与产业间结构升级呈现微弱的"U"型曲线关系。

与表 4 – 3 的基准模型的回归结果相比，进行了缩尾和截尾处理之后，命令控制型环境规制和环境规制综合指数一次项对产业间结构升级的回归系数虽然为正，但都变小了很多，这证明了基准模型回归结果的稳健性，并且说明离群值对于回归结果的影响并不大。

4.4　本章小结

在理论分析的基础上，本章对环境规制与产业间结构升级的关系进行了实证检验。根据环境规制与产业结构升级的定义与内涵，本章将环境规制区分为命令控制型环境规制和环境规制综合指数，采用不同的指标加以衡量，并分别检验了命令控制型环境规制和环境规制综合指数对于产业间结构升级的影响。

首先，本章采用固定效应模型，检验了环境规制对于产业间结构升级的静态影响，结果发现，无论是命令控制型环境规制还是环境规制综合指数，对于产业间结构升级都具有显著的正向作用，且命令控制型环境规制对于产业间结构升级的作用要大于环境规制综合指数的作用，说明政府的命令控制型环境规制是当前最有效的环境规制手段。在加入环境规制的二次项之后，发现环境规制与产业间结构升级之间存在非线性关系，命令控制型环境规制与产业间结构升级存在明显的倒"U"型曲线关系，而环境规制综合指数与产业间结构升级存在微弱的"U"型曲线关系，说明环境规制强度一旦达到某个拐点之后，会阻碍产业间结构升级，而中国大多数城市的环境规制强度依然还未到达拐点。

其次，通过加入环境规制的滞后项，以探讨环境规制对产业间结构升级的动态影响。结果发现，环境规制的滞后项对于产业间结构升级的影响系数大于当期项，且加入滞后项之后，当期项对于产业间结构升级的影响系数下降了，表明环境规制对于产业间结构升级的影响具有时滞效应，上一期的环境规制比当期的环境规制更能促进产业间结构升级。

再次，本章以资源禀赋和第二产业比重作为门槛变量，检验了环境规制对于产业间结构升级影响的门槛效应。当以资源禀赋作为门槛变量时，命令控制型环境规制的门槛效应并不明显，而环境规制综合指数具有单门槛效应；当以第二产业比重作为门槛变量时，命令控制型环境规制和环境规制综合指数对于产业间结构升级都具有双重门槛效应。实证结果表明，当某地区的资源禀赋和第二产业比重超过某一阈值时，环境规制对于产业间结构升级的正向作用会下降，甚至变为负向作用。

最后，本章按照东部、中部、西部来分地区进行了检验，并且进行了稳健性检验。分地区检验的结果与全样本检验的结果大致相同，但也呈现出一些区域特征。就命令控制型环境规制而言，中部地区的作用最明显，东部地区其次，西部地区最小；就环境规制综合指数而言，东部地区的作用最明显，中部地区其次，西部地区最小。这表明由于各个地区的发展阶段不同，环境规制对于产业间结构升级所发挥的作用也不同，在制定环境规制政策时还需考虑当地实际情况，因地制宜，而不能采用一刀切的办法。在对样本进行了筛选，包括剔除直辖市以及缩尾和截尾处理后，进行了稳健性检验，检验的结果与基准模型的回归结果大致相同，证明了基准模型回归的稳健性。

第 5 章

环境规制对产业绿色转型
影响的实证分析

5.1 产业绿色转型的度量

5.1.1 产业绿色转型的含义与评价

5.1.1.1 产业绿色转型的含义

根据本书的概念界定，产业结构升级的内涵包括产业间结构升级和产业内结构升级，产业间结构升级是与一二三产业在经济中所占比重有关，这是一个经济指标；而产业内结构升级则体现为产业的绿色转型，是产业内部由重污染产业向清洁产业转型，即促进产业的绿色发展，比如同样是汽车产业，由生产传统的燃油车转向生产新能源汽车，这就是一种产业内的结构升级，也是产业向绿色转型的标志。这不仅符合新发展理念，而且也是我国实现经济高质量发展的必然要求。正是基于这样的概念界定，本书在第 4 章通过实证分析了环境规制对产业间结构升级的影响，并将在本章通过实证检验环境规制对产业绿色转型的影响。

"十四五"时期是生态环境保护和节能减排的攻坚期和窗口期，减排和降碳依然是今后工作的主线，需要常抓不懈。要实现经济高质量发展，就要推进产业的绿色发展，通过发展绿色工业体系，推动产业结构逐步向清洁化和低碳化方向发展，提高资源能源的使用效率。产业的绿色发展，不仅包括推动传统产业向绿色低碳生产转型，也包括大力培育节能环保的战略性新兴产业，为绿色发展增加助力。从这个角度来说，要实现产业的绿色转型，就要增加对环保产业的投入，推动环保产业发展，以此带动经济增长，以可持续的环境治理模式推进生态环境保护和资源的节约利用，并倒逼产业结构优化升级和经济增长方式向绿色转型，形成绿色的生产和生活方式，实现建设生态友好型和资源节约型社会的目标（王珍，2021）。

5.1.1.2 产业绿色转型的评价

关于产业绿色转型的评价，目前学界较为普遍的做法是构建一个考虑环境质量的绿色生产率的综合指标，这类研究基于生产理论将环境污染物作为非期望产出，纳入生产技术效率的评估模型中，对环境约束下资源的利用效率进行研究。这类研究的主要特点是将环境投入与其他经济资源同时纳入环境全要素生产率的计算与研究中，不能将生态效率区分出来进行独立分析。而生态效率将环境要素作为投入指标，直接计算经济增长与环境投入之间的变化关系，能对环境问题进行更直接、更有针对性的分析（卢燕群和袁鹏，2017）。

绿色发展是实现可持续发展的内在要求，其强调的是经济和环境的协调发展以及人与自然的和谐相处（陈超凡和蓝庆新，2021）。因此，绿色发展不能简单地同环境保护画等号，因为其在关注生态环境保护和资源节约利用的同时，还要保持一定的经济增长，以增进全社会的福祉和利益。基于此，生态效率在评价绿色发展方面，无疑是一个非常有用的指标，因为它强调的是经济与生态环境的协调发展，能够更加全面地反映一个国家或地区的绿色发展状况（黄建欢，2016）。

5.1.2　区域生态效率的概念

世界可持续发展工商业联合会（WBCSD）于 1992 年对生态效率这一概念进行了明确界定：降低对生态环境的破坏和对资源的消耗强度的同时，能够以最具有性价比的产品和服务满足人的基本需求和提高幸福指数，最终使人类对生态环境和资源的消耗程度与地球的承载力相一致。由于环境的公共品属性以及环境污染的负外部性，靠单个企业很难从整体上解决环境污染问题，这就需要从更宏观的区域以及国家层面来研究生态效率。

辛特伯格（Hinterberger，2000）提出区域生态效率这一概念，就是指在某一地理范围内，在为人类基本需要和改善生活提供足够的产品和服务的同时，付出较少的资源和环境代价。因此，其本质是在多产出的同时，还要做到少投入和少排放，是在发展区域经济的情况下尽最大可能降低对生态环境的破坏和消耗。由此看来，区域生态效率这一概念正好契合了可持续发展的理念，成为测度一个地区绿色发展水平的重要指标和工具。WBCSD 构建了测度生态效率的指标公式，其可以大致表述为生态效率等于产品和服务价值与生产其所造成的环境和资源影响的比值。生态效率的概念强调的是经济与生态环境和资源的协调发展。

因此，可将生态效率视为经济产出与环境投入的比值，产出指所有满足人类需求的合意产出，而经济系统产生的污染物、对环境造成的压力即负面影响等非合意项即可视为环境投入。生态效率的核心内涵是指用较少的资源投入和环境污染生产出尽可能多的、有竞争力的产品或服务（邓荣荣和张翱祥，2021）。提升生态效率就是要提高资源利用效率，尽可能地降低环境投入而最大化经济产出，实现经济的可持续发展。

5.1.3　区域生态效率的测度方法

生态效率这一指标一开始被用于衡量企业的环境绩效，但由于环境问题大多是区域问题，如果仅从企业层面出发，生态环境问题难以得到有效解决。因此，生态效率的研究则更多地转向产业层面以及区域等较为宏观的层面，国外研究也大部分集中于工业园区、城市、区域甚至国家等几个层面。随着中国环境问题的恶化，中国的生态效率问题也吸引了大量研究。

郭露等（2016）采用 DEA-Malmquist 指数方法对中部六省的工业生态效率进行了动态分析，并进一步将中部的工业生态效率分解为综合技术效率、技术进步、纯技术效率、规模效率与全要素生产率五个指标来进行综合比较。本书研究借鉴了郭露（2016）的测算方法，采用 Malmquist 指数方法来测算中国各地级市的区域生态效率。

传统的 DEA 模型是测算同一时期不同决策单元的静态相对效率，即综合技术效率变化；而 Malmquist 指数模型是对各个决策单元不同时期数据的动态效率分析，包括综合技术效率变化和技术进步指数。Malmquist 指数模型能够测算时间序列数据的动态效率，现被广泛应用于各大领域。选择 Malmquist 指数模型就可以把生产技术的动态变化考虑进来。

具体地，Malmquist 指数可被定义为：

$$TFP = EC \times TC = PE \times SE \times TC \qquad (5-1)$$

其中，TFP 表示决策单元在 t 至 $t+1$ 期内生产率的变化程度，当 $TFP > 1$ 时，生产率是上升的；当 $TFP < 1$ 时，生产率是下降的。TFP 由 EC（综合技术效率）、TC（技术进步）组成，其中 EC 又可分为 PE（纯技术效率）、SE（规模效率）。

5.1.4 区域生态效率评价指标的选取

本书研究采取基于 DEA 模型的 Malmquist 指数方法，评价模型包含了给环境和资源带来负荷的投入指标与代表经济回报的产出指标两大部分，投入指标又分为环境污染类和资源消耗类。研究样本为 2003～2018 年我国 286 个地级及以上城市，数据均来源于《中国城市统计年鉴》。

投入指标：（1）环境污染类变量。环境污染类变量包括工业二氧化硫、氮氧化物、工业烟（粉）尘以及工业废水这四大工业污染物的排放量指标。（2）资源消耗类变量。资源消耗类变量主要包括工业用水量和工业用电量这两大指标，其中由于工业用水量的数据无法直接获取，本书用全社会用水量减去居民生活用水量，得到工业用水量数据。

产出指标：区域生态效率测度为单一产出指标模型，用各城市的地区生产总值代表经济发展的总量指标。

具体地，我国区域生态效率的 DEA-Malmquist 模型评价指标体系如表 5-1 所示。

表 5-1　　　　　　　我国地级市区域生态效率评价体系

指标	类别	具体指标构成
投入指标	环境污染类	工业二氧化硫排放量
		工业氮氧化物排放量
		工业烟（粉）尘排放量
		工业废水排放量
	资源消耗类	工业用水量
		工业用电量
产出指标	经济发展总量	地区生产总值

5.1.5　区域生态效率测算结果

运用 DEAP2.1 软件可以计算决策单元的 Malmquist 生态效率指数及其分解情况，表 5-2 显示了中国 286 个地级及以上城市的生态效率指数的整体情况。

表 5-2　　　2004～2018 年中国 Malmquist 生态效率指数及其分解

年份	技术效率变化（EFFCH）	技术进步变化（TECHCH）	纯技术效率变化（PECH）	规模效率变化（SECH）	Malmquist 生态效率指数
2004	0.989	1.024	1.011	0.979	1.013
2005	0.836	1.292	0.877	0.952	1.080
2006	1.204	0.817	1.089	1.106	0.984
2007	1.525	0.671	1.270	1.200	1.023

年份	技术效率变化（EFFCH）	技术进步变化（TECHCH）	纯技术效率变化（PECH）	规模效率变化（SECH）	Malmquist 生态效率指数
2008	0.585	1.651	0.702	0.833	0.966
2009	1.478	0.671	1.221	1.211	0.991
2010	1.099	0.865	1.024	1.073	0.951
2011	1.206	0.449	1.251	0.964	0.541
2012	0.894	1.49	0.966	0.925	1.332
2013	0.494	1.561	0.744	0.664	0.771
2014	1.802	0.584	1.201	1.500	1.053
2015	1.028	0.962	0.982	1.047	0.989
2016	0.865	0.739	1.015	0.852	0.639
2017	1.195	0.614	1.037	1.152	0.734
2018	0.673	1.236	0.828	0.813	0.832
均值	1.058	0.975	1.015	1.018	0.927

从表5-2可以看出，在研究期间，我国的生态效率指数均值小于1，在大多数年份都低于1，只有在2004年、2005年、2007年、2012年和2014年这5年生态效率指数高于1，说明我国生态效率整体偏低，大多数年份表现出缺乏效率。从 Malmquist 生态效率指数的变动可以看出，2004～2007年，我国的生态效率整体较高，在1左右波动；2008～2011年，受国际金融危机的影响，生态效率指数出现大幅下降；2012年之后生态效率指数略有上升，但2014～2018年，生态效率指数又呈现出衰减趋势。从 Malmquist 生态效率指数的分解情况来看，研究期间技术效率变化的均值为1.058，表示生产技术的利用效率出现了0.058的增长，技术效率的增长是纯技术效率和规模效率变化的综合结果，纯技术效率的增长变化反映了决策单元管理改善使得效率提高，规模效率的提高反映决策单元在向长期最优规模靠近。纯技术效率变化和规模效率变化的均值分别为1.015和1.018，均高于1，表明在研究期间我国在生态方面的管理效率不断提高，生产规模也在不断优化。而技术进步变化的平均值为0.975，技术进步变化率为负，以致生态效率不仅没有改善，反而出现了一定程度的下

降。这一结果表明，在研究期间技术无效变动，可能是因为资源要素配置结构难以适应技术进步的需要，以致成为阻碍技术进步的因素，这一状况在 2012 年出现了好转，技术进步出现了 49% 的大幅增长，2013 年相较于上一年又获得改善，技术进步出现了 56.1% 的增长。自 2013 年之后，技术进步变化率就呈现下降趋势，直到 2018 年才有所回升。

表 5 - 3 显示了 2004～2018 年各省份生态效率指数及其分解情况（各城市的生态效率指数及其分解见附录）。从表 5 - 3 可以看出，在研究期间，大多数省份的生态效率指数高于 1，只有北京、天津、河北、山西、安徽、江西、河南、重庆和青海地区的生态效率低于 1，即生态效率变化呈现下降趋势，其他地区的生态效率指数则高于 1，说明生态效率正在逐渐改善。从区域分布来看，东部地区 Malmquist 生态效率指数平均值为1.207，中部地区的生态效率指数平均值为 1.156，西部地区的生态效率指数平均值为 1.206，由此可见东部地区的生态效率最高，略高于西部地区，而中部地区的生态效率最低。这也表明近年来中部地区经济的快速发展，在一定程度上牺牲了生态环境。

表 5 - 3　　　　　　　　　各地区生态效率指数及其分解

年份	技术效率变化 （EFFCH）	技术进步变化 （TECHCH）	纯技术效率变化 （PECH）	规模效率变化 （SECH）	Malmquist 生态 效率指数
北京	0.967	1.087	0.991	0.966	0.858
天津	1.060	1.009	1.120	1.147	0.943
河北	1.109	0.970	1.101	1.049	0.919
山西	1.129	0.925	1.089	1.007	0.957
内蒙古	1.132	0.975	1.043	1.031
辽宁	1.159	0.975	1.105	1.021	1.001
吉林	1.678	0.983	1.089	1.364	1.227
黑龙江	2.267	0.980	1.119	1.807	1.624
上海	1.341	1.154	1.341	1.106	1.138
江苏	2.337	1.026	1.155	1.498	1.688
浙江	1.106	1.053	1.047	1.047	1.006
安徽	1.178	0.970	1.056	1.090	0.993

续表

年份	技术效率变化（EFFCH）	技术进步变化（TECHCH）	纯技术效率变化（PECH）	规模效率变化（SECH）	Malmquist 生态效率指数
福建	1.161	1.118	1.065	1.195	1.010
江西	1.159	0.972	1.065	1.047	0.929
山东	1.405	1.017	1.111	1.102	1.161
河南	1.144	1.040	1.100	1.011	0.955
湖北	1.301	1.004	1.138	1.074	1.310
湖南	1.342	0.994	1.110	1.072	1.444
广东	1.263	1.112	1.066	1.121	1.164
广西	1.140	0.968	1.049	1.058	1.072
海南	4.718	1.309	1.070	4.657	4.253
重庆	1.063	0.983	0.993	1.068	0.902
四川	1.266	0.993	1.108	1.108	1.134
贵州	1.325	1.034	1.121	1.067	1.281
云南	1.198	0.972	1.054	1.113	1.038
西藏	2.311	1.333	1.035	2.073	3.187
陕西	1.343	0.994	1.132	1.056	1.389
甘肃	1.319	1.006	1.042	1.226	1.294
青海	1.026	0.936	0.998	1.006	0.865
宁夏	1.330	0.985	1.023	1.238	1.252
新疆	1.171	1.014	1.144	0.994	1.091

从 Malmquist 生态效率指数分解情况来看，黑龙江、海南和西藏等地区的技术效率增幅较大，远高于 1；只有北京的技术效率低于 1，是 31 个省份中最低的，并且是唯一的技术效率指数低于技术进步变化指数的地区。这说明北京在发展过程中对生态环境造成的污染和破坏比较严重。北京的技术效率低于技术进步率，说明当前的产业结构还未能适应技术的迅速发展。

从区域分布看，技术效率变动指数呈现出东部、中部、西部依次递减的趋势，技术进步变动指数呈现出东部、西部、中部依次递减的趋势，因此东部的技术效率和技术进步率均高于中西部地区。而东部地区的规模效率变化指数平均值为 1.212，纯技术效率指数的平均值为 1.095，表明东部地区的技术效率变动更多来自规模效率的变化。

图 5 - 1 显示了 2004 ~ 2018 年全国以及东部、中部、西部地区生态效率的变动趋势。可以看出，在 2011 年之前，全国以及东部、中部、西部地区的生态效率都呈现缓慢下降的趋势，且全国的生态效率变化基本保持同步。2011 ~ 2014 年，中部地区和西部地区的生态效率急速上升，超越了东部地区和全国平均水平，且在 2012 年之前西部地区的生态效率高于中部地区。东部地区的生态效率在 2013 ~ 2014 年急速上升，超越了中西部地区和全国平均水平。2015 年之后，全国以及东部、中部、西部地区的生态效率都呈现下降趋势，且东部和中部的下降速度快于西部地区，2017 年之后开始略有回升，这可能与近几年供给侧结构性改革举措以及严格的环保督察有关系。

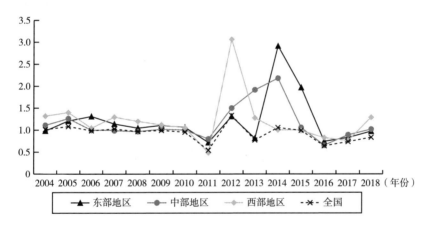

图 5 - 1 全国和东部、中部、西部地区生态效率变动趋势

5.2 实证结果分析

5.2.1 环境规制对区域生态效率的影响

为了考察环境规制对于区域生态效率的影响，本书研究设定基准模型如下：

$$TFP_{it} = \alpha_i + \beta_1 ER_{it} + \beta_2 CV_{it} + \varepsilon_{it} \qquad (5-2)$$

其中，TFP_{it} 表示 i 地区第 t 年的区域生态效率，是根据前面基于 DEA-Malmquist 模型计算出的区域生态效率指数，作为模型的被解释变量；ER_{it} 表示 i 城市第 t 年的环境规制强度，分别用命令控制型环境规制指标和环境规制综合指标来进行衡量；CV_{it} 表示控制变量，用地区经济发展水平、产业规模、对外开放、政府作用强度等指标作为控制变量；ε_{it} 表示随机误差项，α_i 表示常数项。

表 5-4 是命令控制型环境规制和环境规制综合指数对于区域生态效率的回归结果。模型（1）是命令控制型环境对区域生态效率的回归方程，模型（2）是一期滞后项的命令控制型环境规制对区域生态效率的回归方程。模型（3）是环境规制综合指数对区域生态效率的回归方程，模型（4）是一期滞后项的环境规制综合指数对区域生态效率的回归方程。

表 5-4　　　　　　　　　　环境规制与区域生态效率的回归结果

变量	模型（1） TFPCH	模型（2） TFPCH	模型（3） TFPCH	模型（4） TFPCH
ER_1	-0.090 （-1.06）			
L. ER_1		-0.098 （-1.13）		
ER_2			-0.002 （-0.85）	
L. ER_2				0.010 *** （4.73）
$PGDP$	-0.000 * （-1.65）	-0.000 * （-1.65）	-0.000 * （-1.83）	-0.000 ** （-2.03）
SCA	-0.062 （-0.67）	-0.059 （-0.64）	-0.053 （-0.57）	-0.163 * （-1.74）
CRE	0.000 ** （2.51）	0.000 ** （2.54）	0.000 ** （2.45）	0.000 * （1.74）

变量	模型（1） TFPCH	模型（2） TFPCH	模型（3） TFPCH	模型（4） TFPCH
OPEN	－ 0. 695 （－ 0. 40）	－ 0. 722 （－ 0. 42）	－ 0. 750 （－ 0. 44）	－ 0. 348 （－ 0. 20）
GOV	－ 0. 053 （－ 0. 19）	－ 0. 058 （－ 0. 21）	－ 0. 057 （－ 0. 21）	0. 026 （0. 09）
EDU	0. 000 * （1. 86）	0. 000 * （1. 86）	0. 000 * （1. 69）	0. 000 （1. 52）
TECH	－ 0. 070 ** （－ 2. 32）	－ 0. 071 ** （－ 2. 34）	－ 0. 068 ** （－ 2. 25）	－ 0. 059 * （－ 1. 96）
PEO	－ 0. 000 （－ 0. 35）	－ 0. 000 （－ 0. 36）	－ 0. 000 （－ 0. 13）	－ 0. 000 （－ 0. 98）
_cons	1. 294 *** （11. 89）	1. 294 *** （11. 91）	1. 358 *** （9. 42）	0. 855 *** （6. 13）
N	4290	4290	4290	4290
R^2	0. 004	0. 004	0. 004	0. 009

注：*、**、*** 分别表示在 10% 、5% 、1% 的水平上显著，括号内为变量的 t 值。

从模型（1）和模型（3）的回归结果来看，无论是命令控制型环境规制还是环境规制综合指数，与区域生态效率之间的相关系数均为负，但并不显著。这说明当期的环境规制对于区域生态效率的作用并不明显。考虑到环境规制产生作用可能具有一定的时滞性，而且一个地区生态效率的改善也是一个缓慢的过程，因此在方程中引入环境规制的滞后项，以考察环境规制对区域生态效率影响的滞后效应。从模型（2）和模型（4）的回归结果来看，滞后一期的命令控制型环境规制对于区域生态效率的作用并不显著，而滞后一期的环境规制综合指数与区域生态效率的回归系数在 1% 的水平上显著为正。这表明，环境规制能够起到改善区域生态效率的作用，并且具有一定的时滞性，当期的环境规制能够促进下一期区域生态效率的改善。同时，命令控制型环境规制相较于其他环境规制手段而言，对于区域生态效率的作用并不明显，甚至可能会起到负向作用，这说明政府的行政手段对改善区域生态效率作用不明显，而且可能会降低区域生态效率。

从各项控制变量的回归结果来看，人均 GDP 与区域生态效率的相关系数虽然为负，且在 1% 的水平上显著，但相关系数非常小，接近于 0。这表明，人均 GDP 的提高可能会导致区域生态效率的下降，但负向效应非常小，可见当前中国大部分地区仍然是以牺牲环境为代价换取经济增长，还没有实现经济增长和生态环境保护的双赢。产业规模与区域生态效率的相关系数虽然为负，但不显著，说明固定资产投资未能起到改善生态效率的作用，可能是因为固定资产投资的领域大多还是重污染、高能耗的行业。金融发展与区域生态效率之间存在显著的正相关关系，但相关系数非常小，接近于 0。这表明金融发展虽然能够促进区域生态效率的改善，但作用非常有限。对外开放与区域生态效率的相关系数为负，但并不显著，这说明对外开放并不能促进区域生态效率的改善，通过吸引外商投资能够促进当地经济发展，但是有可能承接来自国外的污染产业，从而破坏了本地的生态环境。政府作用与区域生态效率的相关系数基本为负，但并不显著，这一点类似于命令控制型环境规制对生态效率的回归结果，也再次证明了政府的行政干预并不能起到改善生态效率的作用，反而可能会降低区域生态效率。受教育程度对区域生态效率的作用并不明显。科技创新与生态效率之间存在显著的负相关关系，表明当前的科技创新可能会降低区域生态效率。这可能是因为我国的科技创新大多还是生产技术的创新，而不是清洁生产技术的创新，这样的技术创新能够提高生产效率，但是未必有利于生态环境的改善。人口密集度对于区域生态效率的影响并不显著，而且人口的集聚还可能会增加生态环境的负荷。

5.2.2　环境规制对区域生态效率各分解指标的影响

为了探究环境规制对于区域生态效率的影响机制，本书将 Malmquist 区域生态效率指数进行了分解，并分别考察命令控制型环境规制和环境规制综合指数对 Malmquist 区域生态效率指数各分解指标的影响。具体模型设定如下：

$$EC_{it} = \alpha_i + \beta_1 ER_{it} + \beta_2 CV_{it} + \varepsilon_{it} \qquad (5-3)$$

$$TC_{it} = \alpha_i + \beta_1 ER_{it} + \beta_2 CV_{it} + \varepsilon_{it} \qquad (5-4)$$

$$PE_{it} = \alpha_i + \beta_1 ER_{it} + \beta_2 CV_{it} + \varepsilon_{it} \qquad (5-5)$$

$$SE_{it} = \alpha_i + \beta_1 ER_{it} + \beta_2 CV_{it} + \varepsilon_{it} \qquad (5-6)$$

其中，EC_{it} 表示综合技术效率，用前文中计算出的综合技术效率指数 EFF-CH 来进行衡量；TC_{it} 表示技术变化率，用前文中计算出的技术变动指数 TECHCH 来进行衡量；PE_{it} 表示纯技术效率，用前文中计算出的纯技术效率指数 PECH 来进行衡量；SE_{it} 表示规模效率，用前文中计算出的规模效率指数 SECH 来进行衡量。

表 5-5 显示了命令控制型环境规制与区域生态效率各项分解指标的回归结果。模型（1）是命令控制型环境规制与综合技术效率的回归方程，模型（2）是命令控制型环境规制与技术变化率的回归方程，模型（3）是命令控制型环境规制与纯技术效率的回归方程，模型（4）是命令控制型环境规制与纯规模效率的回归方程。

表 5-5　　命令控制型环境规制与生态效率分解指标的回归结果

变量	模型（1） EFFCH	模型（2） TECHCH	模型（3） PECH	模型（4） SECH
ER_1	-0.092 (-0.94)	0.011 (0.63)	0.031 * (1.80)	-0.116 * (-1.94)
PGDP	-0.000 (-1.34)	0.000 * (1.93)	-0.000 (-1.19)	-0.000 * (-1.85)
SCA	0.034 (0.33)	-0.114 *** (-5.96)	0.003 (0.14)	0.030 (0.46)
CRE	0.000 ** (2.35)	-0.000 *** (-3.92)	0.000 (1.16)	0.000 *** (3.91)
OPEN	-0.551 (-0.28)	-0.600 * (-1.68)	0.190 (0.55)	0.022 (0.02)
GOV	-0.085 (-0.27)	0.083 (1.44)	-0.045 (-0.79)	-0.013 (-0.06)

变量	模型（1） EFFCH	模型（2） TECHCH	模型（3） PECH	模型（4） SECH
EDU	0.000 （1.04）	0.000 （0.05）	0.000 （0.94）	0.000 （1.27）
TECH	− 0.079 ** （− 2.26）	0.045 *** （7.16）	− 0.011 * （− 1.72）	− 0.072 *** （− 3.40）
PEO	− 0.000 （− 0.08）	0.000 *** （3.56）	0.000 * （1.91）	− 0.000 * （− 1.72）
_cons	1.391 *** （11.09）	1.024 *** （45.22）	1.059 *** （47.88）	1.242 *** （16.22）
N	4290	4290	4290	4290
R²	0.002	0.043	0.004	0.006

注：*、**、***分别表示在10%、5%、1%的水平上显著，括号内为变量的 t 值。

根据表 5 - 5 模型（1）的回归结果，命令控制型环境规制与综合技术效率的相关系数为负，但并不显著，说明命令控制型环境规制未能促进综合技术效率的改善。根据模型（2）的回归结果，命令控制型环境规制与技术变化率的相关系数为正，但并不显著，说明命令控制型环境规制对于技术进步的作用并不明显。而将综合技术效率分解为纯技术效率和纯规模效率之后，从模型（3）和模型（4）的回归结果来看，命令控制型环境规制与纯技术效率的相关系数为正，与规模效率的相关系数为负，且都在 10% 的水平上显著。这表明，政府加强命令控制型环境规制，能够提高地区的纯技术效率，但是会降低该地区的规模效率。回归结果表明，政府的命令控制型环境规制能够倒逼企业通过改善管理，以及采用清洁生产技术，从而提高区域生态效率。但是政府的行政干预也会造成一定的资源错配，从而不利于企业的生产规模向长期最优规模靠近，以至于降低了规模效率。

在各项控制变量中，产业规模与技术进步变化率之间的相关系数在 1% 的水平上显著为负，这表明固定资产投资水平的提高会降低技术进步率。由于这里的技术变动指数是区域生态效率的分解指标，因此该指标更多反映的是清洁生产技术的变动。可见当前中国的固定资产投资还是集中在重污染和高能耗的行业，因此不利于清洁生产技术的进步。对外开放与技术进步变化率之间的相关系数在 10% 的水平上显著为负，说明外商直接投资不利于清洁生产技术的改善。这一点印证了前文中的结论，即某地区在吸引外商投资时，可能会承接来自国外的污染产业，从而不利于生态环境的改善。技术创新与综合技术效率、纯技术效率以及规模效率之间均存在显著的负相关关系，但是和技术进步变化率之间存在显著的正相关关系。这里的技术创新指标既包含生产技术创新，也包含清洁技术创新，但更多还是衡量生产技术创新。当企业将更多资金用于研发以提高生产技术时，可能就会忽略对清洁生产技术的应用和开发，因而表现出来就是清洁技术的技术利用效率和规模效率降低了。

表 5-6 显示了环境规制综合指数与区域生态效率各项分解指标的回归结果。模型（1）是环境规制综合指数与综合技术效率的回归方程，模型（2）是环境规制综合指数与技术进步变化率的回归方程，模型（3）是环境规制综合指数与纯技术效率的回归方程，模型（4）是环境规制综合指数与纯规模效率的回归方程。

表 5-6   环境规制综合指数与生态效率分解指标的回归结果

变量	模型（1）EFFCH	模型（2）TECHCH	模型（3）PECH	模型（4）SECH
ER_2	0.000 (0.11)	-0.002 *** (-4.69)	-0.001 (-1.19)	-0.002 (-1.06)
PGDP	-0.000 (-1.54)	0.000 ** (2.32)	-0.000 (-0.80)	-0.000 ** (-2.19)
SCA	0.026 (0.24)	-0.097 *** (-4.99)	0.009 (0.47)	0.034 (0.52)
CRE	0.000 ** (2.19)	-0.000 *** (-3.29)	0.000 (1.64)	0.000 *** (3.73)
OPEN	-0.494 (-0.25)	-0.716 ** (-2.00)	0.148 (0.42)	-0.009 (-0.01)
GOV	-0.071 (-0.22)	0.064 (1.11)	-0.053 (-0.94)	-0.011 (-0.06)

续表

变量	模型（1） EFFCH	模型（2） TECHCH	模型（3） PECH	模型（4） SECH
EDU	0.000 （0.85）	0.000 （0.35）	0.000 （1.41）	0.000 （0.90）
TECH	−0.074 ** （−2.15）	0.042 *** （6.80）	−0.013 ** （−2.06）	−0.068 *** （−3.23）
PEO	−0.000 （−0.01）	0.000 *** （4.21）	0.000 * （1.92）	−0.000 （−1.37）
_cons	1.361 *** （8.19）	1.120 *** （37.41）	1.088 *** （37.13）	1.291 *** （12.72）
N	4290	4290	4290	4290
R^2	0.002	0.048	0.003	0.006

注：* 、** 、*** 分别表示在10%、5%、1%的水平上显著，括号内为变量的 t 值。

　　从表5-6模型（1）、模型（3）和模型（4）的回归结果来看，环境规制综合指数与综合技术效率的相关性较弱，而将综合技术效率分解为纯技术效率和规模效率之后，环境规制综合指数与纯技术效率和规模效率的相关系数均为负，但并不显著。这说明环境规制实施并不能起到改善综合技术效率的作用，甚至还有可能降低纯技术效率和规模效率。从模型（2）的回归结果可以看出，环境规制综合指数与技术进步变化率的相关系数在1%的水平上显著为负，表明环境规制实施对于技术进步具有一定的负向作用，但作用相对较小。

　　与表5-5的回归结果相比，就环境规制的效果而言，命令控制型环境规制能够促进纯技术效率的提高，但是会降低规模效率，其他的环境规制手段可能会导致技术进步变化率的降低，说明环境规制对区域生态效率的影响机制是较为复杂的，不同的环境规制手段能够发挥不同的作用，至于环境规制能否改善区域生态效率，还要结合具体的环境规制手段进行具体分析。

　　各项控制变量的回归结果与表5-5大致相同，故在此不多做解释。

5.2.3　环境规制对生态效率影响的区域特征

表 5 - 7 显示了命令控制型环境规制与生态效率的分地区检验结果。
其中，模型（1）是东部地区命令控制型环境规制对区域生态效率的回归
方程，模型（2）是东部地区滞后一期的命令控制型环境规制对区域生态
效率的回归方程；模型（3）是中部地区命令控制型环境规制对区域生态
效率的回归方程，模型（4）是中部地区滞后一期的命令控制型环境规制
对区域生态效率的回归方程；模型（5）是西部地区命令控制型环境规制
对区域生态效率的回归方程，模型（6）是滞后一期的命令控制型环境规
制对区域生态效率的回归方程。

表 5 - 7　　　　命令控制型环境规制与生态效率的分地区检验结果

变量	东部地区		中部地区		西部地区	
	模型（1） TFPCH	模型（2） TFPCH	模型（3） TFPCH	模型（4） TFPCH	模型（5） TFPCH	模型（6） TFPCH
ER_1	-0.153 (-0.77)		-0.164 (-1.14)		-0.083 (-0.69)	
$L.ER\_1$		-0.316 (-1.57)		-0.078 (-0.53)		-0.017 (-0.14)
$PGDP$	-0.000 (-0.95)	-0.000 (-0.77)	0.000 (0.11)	-0.000 (-0.19)	-0.000 (-1.55)	-0.000 (-1.60)
SCA	0.387 (1.46)	0.425 (1.60)	-0.109 (-0.86)	-0.108 (-0.85)	-0.217* (-1.81)	-0.219* (-1.82)
CRE	0.000 (1.40)	0.000 (1.55)	0.000 (0.03)	0.000 (0.13)	0.000 (1.54)	0.000 (1.35)
$OPEN$	-2.309 (-0.61)	-2.211 (-0.59)	-0.951 (-0.45)	-0.979 (-0.46)	4.332 (0.95)	4.289 (0.94)
GOV	-0.994 (-0.94)	-1.055 (-1.00)	0.077 (0.22)	0.071 (0.20)	0.246 (0.67)	0.256 (0.69)

续表

变量	东部地区		中部地区		西部地区	
	模型（1）TFPCH	模型（2）TFPCH	模型（3）TFPCH	模型（4）TFPCH	模型（5）TFPCH	模型（6）TFPCH
EDU	0.001* (1.69)	0.001* (1.73)	− 0.000 (− 0.05)	− 0.000 (− 0.18)	0.001 (1.23)	0.001 (1.12)
TECH	− 0.070 (− 1.47)	− 0.074 (− 1.56)	0.033 (0.36)	0.020 (0.22)	0.097 (0.82)	0.103 (0.86)
PEO	0.000 (0.10)	0.000 (0.17)	− 0.000 (− 0.91)	− 0.000 (− 0.83)	− 0.000 (− 0.15)	− 0.000 (− 0.16)
_cons	1.157*** (4.19)	1.145*** (4.15)	1.380*** (8.72)	1.377*** (8.69)	1.275*** (6.70)	1.261*** (6.62)
N	1515	1515	1635	1635	1140	1140
R^2	0.006	0.008	0.003	0.002	0.018	0.018

注：*、**、***分别表示在10%、5%、1%的水平上显著，括号内为变量的 t 值。

从表5-7模型（1）、模型（3）和模型（5）的回归结果来看，东部、中部、西部地区命令控制型环境规制与区域生态效率的相关系数均为负，且都不显著。说明命令控制型环境规制可能会降低区域生态效率，但是作用并不明显。考虑到环境规制对于区域生态效率影响的滞后效应，将命令控制型环境规制的一阶滞后项作为解释变量。从表5-7模型（2）、模型（4）和模型（6）的回归结果来看，一期滞后的命令控制型环境规制与区域生态效率的相关系数依然为负，且都不显著。这一点与表5-4中全样本的回归结果大致相同，说明命令控制型环境规制对区域生态效率可能有一定的负向效应，但这种效应并不是很明显。

表5-8显示了环境规制综合指数与生态效率的分地区检验结果。其中，模型（1）是东部地区环境规制综合指数对区域生态效率的回归方程，模型（2）是东部地区滞后一期的环境规制综合指数对区域生态效率的回归方程；模型（3）是中部地区环境规制综合指数对区域生态效率的回归方程，模型（4）是中部地区滞后一期的环境规制综合指数对区域生态效率的回归方程；模型（5）是西部地区环境规制综合指数对区域生态效率

的回归方程，模型（6）是滞后一期的环境规制综合指数对区域生态效率的回归方程。

表 5 － 8　　　　　　环境规制综合指数与生态效率的分地区检验结果

变量	东部地区		中部地区		西部地区	
	模型（1）TFPCH	模型（2）TFPCH	模型（3）TFPCH	模型（4）TFPCH	模型（5）TFPCH	模型（6）TFPCH
ER_2	0.002 (0.41)		− 0.004 (− 1.28)		− 0.005 (− 1.53)	
L. ER_2		0.005 (1.01)		0.020 *** (6.46)		0.005 (1.64)
PGDP	− 0.000 (− 1.17)	− 0.000 (− 1.19)	− 0.000 (− 0.48)	− 0.000 (− 0.45)	− 0.000 (− 1.55)	− 0.000 * (− 1.66)
SCA	0.341 (1.29)	0.305 (1.14)	− 0.087 (− 0.67)	− 0.277 ** (− 2.16)	− 0.191 (− 1.58)	− 0.247 ** (− 2.04)
CRE	0.000 (1.25)	0.000 (1.22)	0.000 (0.47)	− 0.000 * (− 1.86)	0.000 (1.51)	0.000 (1.25)
OPEN	− 2.184 (− 0.57)	− 1.727 (− 0.45)	− 0.966 (− 0.46)	− 1.472 (− 0.70)	3.604 (0.78)	4.632 (1.01)
GOV	− 0.898 (− 0.85)	− 0.953 (− 0.90)	0.050 (0.14)	0.229 (0.66)	0.228 (0.62)	0.272 (0.74)
EDU	0.001 (1.60)	0.001 (1.53)	− 0.000 (− 0.44)	0.000 (0.95)	0.001 (1.10)	0.001 (1.12)
TECH	− 0.065 (− 1.37)	− 0.066 (− 1.39)	0.013 (0.14)	0.018 (0.21)	0.125 (1.05)	0.080 (0.67)
PEO	− 0.000 (− 0.02)	− 0.000 (− 0.13)	− 0.000 (− 0.51)	− 0.000 ** (− 1.98)	− 0.000 (− 0.06)	− 0.000 (− 0.25)
_cons	1.054 *** (2.85)	0.930 *** (2.63)	1.535 *** (7.64)	0.631 *** (3.24)	1.485 *** (6.18)	1.028 *** (4.38)
N	1515	1515	1635	1635	1140	1140
R²	0.006	0.007	0.003	0.027	0.020	0.020

注：*、**、*** 分别表示在 10%、5%、1% 的水平上显著，括号内为变量的 t 值。

从表 5 - 8 中模型（1）、模型（3）和模型（5）的回归结果来看，东部、中部、西部地区环境规制实施对区域生态效率的作用并不是很明显，这一点与表 5 - 4 中全样本的回归结果大致相同。从表 5 - 8 中模型（2）、模型（4）和模型（6）的回归结果可以看出，将环境规制综合指数的一阶滞后项作为解释变量时，东部、中部、西部地区的环境规制综合指数与区域生态效率的相关系数均为正，只有中部地区的相关系数在 1% 的水平上显著。这说明，只有在中部地区，环境规制对于区域生态效率的促进作用比较明显，且具有一定的滞后效应，而在东部和西部地区，这种促进作用并不是很明显。正如前文中所说，中部地区的生态效率是三大区域中最低的，由于承接来自东部地区的污染产业转移，通过牺牲生态环境换取经济的高速增长，因此在中部地区实施严格的环境规制能够改善生态环境，提高区域生态效率。

5.3　稳健性检验

5.3.1　内生性检验

上述环境规制指标，尤其是环境规制综合指标，与产业的绿色转型发展相关性较强，存在明显的内生性。同时，环境规制往往内生于一个地区的经济发展和产业结构转型升级过程中，因为当地区经济发展到一定程度，而生态环境又遭到破坏时，当地对于清洁环境的诉求又会迫使政府加强环境规制，促进产业结构的转型升级。为了解决内生性问题，本书研究借鉴邓慧慧和杨露鑫（2019）的做法，将城市的年均 PM2.5 指数以及滞后一期的环境规制指标作为工具变量。之所以采用反映地区空气质量的 PM2.5 指数作为工具变量，是因为近年来随着空气污染的加剧，雾霾问题越来越严重，地方政府也在逐步加大对雾霾的治理力度，因此空气污染程度和地区的环境规制强度存在一定的相关性，能够缓解一部分因反向因果而产生的内生性问题。286 个地级及以上城市 PM2.5 指数来自中国研究数据服务平台（CNRDS）。

具体模型设定如下：

$$ER_{it} = \alpha + \beta_1 ER_{i,t-1} + \beta_2 PM_{it} + \theta\, CV_{it} + \varepsilon_{it} \qquad (5-7)$$

$$TFP_{it} = \alpha + \gamma\, ER_{it} + \theta\, CV_{it} + \varepsilon_{it} \qquad (5-8)$$

其中，式（5-7）是模型的第一阶段回归，式（5-8）是模型的第二阶段回归。PM_{it} 表示 i 地区第 t 年的空气污染状况，用城市的年均 PM2.5 指数来进行衡量，PM2.5 指数越高，则代表当地的空气质量越差。ER_{it} 表示 i 地区第 t 年的环境规制强度，是模型的核心解释变量，分别用命令控制型环境规制指标和环境规制综合指数来进行衡量，$ER_{i,t-1}$ 表示 i 地区上一年度的环境规制强度。CV_{it} 表示控制变量，用地区经济发展水平、金融发展、产业规模、对外开放等指标作为控制变量，ε_{it} 表示随机误差项。

表 5-9 显示了环境规制与区域生态效率的二阶段最小二乘回归结果。其中，模型（1）是命令控制型环境规制与区域生态效率的二阶段最小二乘回归模型，模型（2）是环境规制综合指数与区域生态效率的二阶段最小二乘回归模型。当把空气污染状况作为工具变量，将环境规制、空气污染和区域生态效率放在 2sls 框架下进行检验后发现，在模型（1）中，DWH 检验的 P 值为 0.645，大于 0.1，故接受变量是外生的原假设，即命令控制型环境规制指标的外生性较强。在模型（2）中，DWH 检验的 P 值为 0.000，小于 0.01，故拒绝变量是外生的原假设，可认为综合型环境规制为内生解释变量。进一步考察工具变量的有效性，即工具变量与内生变量的相关性。在模型（2）中，Partial R^2 值为 0.459，Wald F 统计量为 1810.76（超过 10），可以拒绝"弱工具变量"的原假设，即可认为内生变量与工具变量之间存在相关关系，不存在弱工具变量。最后进行过度识别检验，Sargan 检验的 P 值为 0.1685，故可接受原假设，认为工具变量外生，与扰动项不相关，不存在过度识别。

由于模型（1）并未通过 DWH 检验，证明命令控制型环境规制为外生变量，不需要通过加入工具变量来克服内生性问题，因此模型（1）的回归结果只作参考。

表5-9　　　　　　　　环境规制与区域生态效率的二阶段回归结果

变量	模型（1）		模型（2）	
	ER_1	TFPCH	ER_2	TFPCH
PM	-0.0004 (-1.17)		0.033** (1.98)	
L. ER_1	0.805*** (82.86)			
L. ER_2			0.681*** (59.46)	
ER_1		-0.121 (-1.13)		
ER_2				0.015*** (4.64)
CV	YES	YES	YES	YES
_cons		1.301*** (11.85)		0.616*** (3.43)
N	4275	4275	4275	4275
R^2	0.726	0.004	0.53	0.003

注：* 、** 、*** 分别表示在10%、5%、1%的水平上显著，括号内为变量的 t 值。

从表5-9模型（2）第一阶段的回归结果来看，空气污染 PM 和环境规制综合指数一期滞后项与环境规制综合指数当期项的回归系数均在1%的水平上显著为正，且环境规制综合指数一期滞后项前的系数大于空气污染 PM 前的系数。这表明，一个地区的环境规制水平会受到上一期环境规制水平的影响，因为环境规制的实施通常具有一定连续性。并且当地的空气污染状况与环境规制水平存在显著的正相关关系，说明当空气污染状况加剧时，会迫使当地更加重视生态环境的保护，从而加大环境规制强度。从模型（2）第二阶段的回归结果来看，环境规制综合指数当期项与区域生态效率的相关系数在1%的水平上显著为正。由此可见，当把空气污染 PM 和环境规制综合指数一期滞后项作为工具变量时，解决了一部分内生性问题之后，当期的环境规制实施能够起到促进区域生态效率改善的作用。这一回归结果也印证了前文中的结论，即环境规制能够改善区域生态效率，但是作用比较有限。

5.3.2　剔除直辖市

由于直辖市的特殊性，其行政级别高于普通地级市，故在样本中剔除北京、上海、天津和重庆这四个直辖市，进行稳健性检验，与基准模型的回归结果进行对比。

表 5 - 10 是剔除直辖市之后，环境规制与区域生态效率的回归结果。其中，模型（1）是剔除直辖市后，命令控制型环境规制与区域生态效率的回归方程；模型（2）是剔除直辖市后，滞后一期的命令控制型环境规制与区域生态效率的回归方程；模型（3）是剔除直辖市后，环境规制综合指数与区域生态效率的回归方程；模型（4）是剔除直辖市后，滞后一期的环境规制综合指数与区域生态效率的回归方程。

表 5 - 10　　　剔除直辖市后环境规制与区域生态效率的回归结果

变量	模型（1） TFPCH	模型（2） TFPCH	模型（3） TFPCH	模型（4） TFPCH
ER_1	- 0.093 (- 1.08)			
L. ER_1		- 0.100 (- 1.12)		
ER_2			- 0.002 (- 0.89)	
L. ER_2				0.010 *** (4.68)
$PGDP$	- 0.000 * (- 1.66)	- 0.000 * (- 1.67)	- 0.000 * (- 1.83)	- 0.000 ** (- 2.06)
SCA	- 0.066 (- 0.71)	- 0.063 (- 0.68)	- 0.058 (- 0.62)	- 0.165 * (- 1.74)
CRE	0.000 *** (2.62)	0.000 *** (2.64)	0.000 ** (2.56)	0.000 * (1.78)
$OPEN$	- 0.575 (- 0.33)	- 0.600 (- 0.34)	- 0.619 (- 0.35)	- 0.211 (- 0.12)

变量	模型（1） TFPCH	模型（2） TFPCH	模型（3） TFPCH	模型（4） TFPCH
GOV	−0.051 （−0.18）	−0.056 （−0.20）	−0.051 （−0.18）	0.020 （0.07）
EDU	0.000 * （1.69）	0.000 * （1.68）	0.000 （1.51）	0.000 （1.42）
TECH	−0.074 ** （−2.30）	−0.075 ** （−2.32）	−0.072 ** （−2.25）	−0.060 * （−1.88）
PEO	−0.000 （−0.29）	−0.000 （−0.30）	−0.000 （−0.01）	−0.000 （−0.98）
_cons	1.291 *** （11.47）	1.291 *** （11.48）	1.356 *** （9.27）	0.858 *** （6.06）
N	4230	4230	4230	4230
R^2	0.004	0.004	0.004	0.009

注：*、**、*** 分别表示在10%、5%、1%的水平上显著，括号内为变量的 t 值。

从表5-10模型（1）和模型（2）的回归结果来看，在剔除直辖市后，无论是当期的还是滞后一期的命令控制型环境规制，与区域生态效率的回归系数均为负，且都不显著。这一点与表5-4基准模型的回归结果大致相同，说明政府的命令控制环境规制对改善区域生态效率的作用并不明显。从模型（3）和模型（4）的回归结果可以看出，当期项的环境规制综合指数与区域生态效率的相关系数为负，但并不显著；而将滞后一期的环境规制综合指数作为核心解释变量时，两者之间存在显著的正相关关系，说明其他环境规制手段对于区域生态效率能够起到促进作用，但这种作用具有一定的滞后性。这一点与表5-4的回归结果大致相同，证明了基准模型回归的稳健性。其余各项控制变量的回归结果与基准模型的回归结果大致相同，在此不多做解释。

5.3.3 缩尾和截尾处理

为了处理极端值和离群值对回归结果的影响，本书研究在1%和99%的百分位上进行缩尾和截尾处理。回归结果如表5-11和表5-12所示。

表 5 - 11　　　缩尾后环境规制与区域生态效率的回归结果

变量	模型（1） TFPCH	模型（2） TFPCH	模型（3） TFPCH	模型（4） TFPCH
ER_1	-0.039 （-1.23）			
$L.ER\_1$		-0.032 （-0.97）		
ER_2			-0.003 *** （-4.61）	
$L.ER\_2$				0.007 *** （9.01）
$PGDP$	-0.000 （-1.02）	-0.000 （-1.08）	-0.000 （-1.10）	-0.000 （-1.49）
SCA	-0.174 *** （-4.13）	-0.174 *** （-4.13）	-0.142 *** （-3.34）	-0.265 *** （-6.25）
CRE	0.000 （1.57）	0.000 （1.56）	0.000 * （1.96）	0.000 （0.21）
$OPEN$	0.269 （0.37）	0.262 （0.36）	-0.001 （-0.00）	0.725 （1.00）
GOV	0.229 （1.56）	0.231 （1.57）	0.206 （1.40）	0.283 * （1.94）
EDU	0.000 （1.21）	0.000 （1.15）	0.000 （0.93）	0.000 （1.16）
$TECH$	-0.024 （-1.50）	-0.024 （-1.49）	-0.024 （-1.51）	-0.023 （-1.43）
PEO	-0.000 * （-1.79）	-0.000 * （-1.76）	-0.000 （-0.85）	-0.000 *** （-3.21）
_cons	1.219 *** （27.26）	1.217 *** （27.25）	1.359 *** （24.92）	0.952 *** （18.15）
N	4290	4290	4290	4290
R^2	0.007	0.007	0.012	0.026

注：*、**、*** 分别表示在 10%、5%、1% 的水平上显著，括号内为变量的 t 值。

表 5 - 12　　　　　　截尾后环境规制与区域生态效率的回归结果

变量	模型（1） TFPCH	模型（2） TFPCH	模型（3） TFPCH	模型（4） TFPCH
ER_1	-0.033 （-1.19）			
L. ER_1		-0.021 （-0.76）		
ER_2			-0.002 *** （-3.51）	
L. ER_2				0.004 *** （7.33）
PGDP	-0.000 （-0.43）	-0.000 （-0.47）	-0.000 （-0.46）	-0.000 （-1.23）
SCA	-0.096 ** （-2.54）	-0.099 *** （-2.62）	-0.084 ** （-2.21）	-0.161 *** （-4.27）
CRE	-0.000 （-1.30）	-0.000 （-1.47）	-0.000 （-1.02）	-0.000 *** （-2.60）
OPEN	-0.090 （-0.15）	-0.070 （-0.11）	-0.172 （-0.28）	0.384 （0.64）
GOV	0.023 （0.16）	0.040 （0.28）	0.052 （0.37）	0.001 （0.01）
EDU	0.000 * （1.68）	0.000 （1.49）	0.000 （1.08）	0.000 * （1.93）
TECH	0.006 （0.39）	0.008 （0.54）	0.007 （0.46）	-0.002 （-0.11）
PEO	-0.000 （-0.21）	-0.000 （-0.06）	0.000 （0.53）	-0.000 （-1.52）
_cons	1.126 *** （27.41）	1.120 *** （27.37）	1.208 *** （25.70）	0.977 *** （21.82）
N	3705	3699	3701	3697
R^2	0.006	0.006	0.009	0.021

注：*、**、*** 分别表示在 10%、5%、1% 的水平上显著，括号内为变量的 t 值。

从表 5 – 11 和表 5 – 12 的回归结果可以看出，在进行了缩尾和截尾处理后，命令控制型环境规制及其一阶滞后项与区域生态效率的相关系数依然为负，且都不显著，这一点与表 5 – 4 基准模型的回归结果大致相同。而在进行了缩尾和截尾处理后，环境规制综合指数的当期项与区域生态效率的相关系数都在 1% 的水平上显著为负，但系数的绝对值比较小。在处理掉离群值后，环境规制综合指数与区域生态效率呈现出显著的负相关关系，这表明在不考虑特殊地区的情况下，环境规制有可能会降低区域生态效率。环境规制综合指数的一阶滞后项与区域生态效率的回归系数依然在 1% 的水平上显著为正，说明环境规制对于区域生态效率的影响具有一定的滞后效应，即当期的环境规制有可能促进下一期区域生态效率的改善，但是却有可能造成当期的区域生态效率的下降。并且，在进行截尾和缩尾处理后，模型的拟合优度 R^2 相比于基准模型的拟合优度提高了，说明在处理了离群值后，模型的拟合度更高了。

5.4　本章小结

根据产业结构升级的内涵，本章基于产业结构升级的另一个维度——产业绿色转型，用实证研究的方法，探讨了环境规制对于产业绿色转型的影响。首先，本章对产业绿色转型的概念进行了定义，指出当前我国产业绿色转型的必要性。在概念界定的基础上，本章选择区域生态效率这一指标来对产业绿色转型进行评价，采用 DEA-Malmquist 指数方法，以 286 个地级及以上城市的环境污染类变量和资源消耗类变量作为投入指标，以各个城市的地区生产总值作为产出指标，测算出我国的 Malmquist 区域生态效率指数，以便对我国产业绿色转型进行定量分析。进一步对 Malmquist 区域生态效率指数进行了分解和区域间的比较，梳理出我国 Malmquist 区域生态效率指数的时间变化趋势和空间分布特征。

其次，本章运用混合面板模型，对于环境规制和区域生态效率的关系进行了实证检验。检验结果发现，命令控制型环境规制对区域生态效率的作用并不明显，而当期的环境规制综合指数对于区域生态效率的作用也不明显，滞后一期的环境规制综合指数能够促进区域生态效率的改善。这表明，其他的环境规制手段能够起到促进提高区域生态效率的作用，但是具有一定的滞后性。为了考察环境规制影响区域生态效率的机制，本章将Malmquist 区域生态效率指数进行了分解，实证检验了环境规制对于区域生态效率各项分解指标的影响。研究结果表明，命令控制型环境规制能够促进纯技术效率的提高，但是会降低规模效率，其他的环境规制手段可能会导致技术进步变化率的降低，说明环境规制对区域生态效率的影响机制是较为复杂的。由于各个地区的发展程度差异较大，本章通过对东部、中部、西部进行分地区检验，考察环境规制影响生态效率的区域特征，结果发现只有在中部地区，滞后一期的环境规制综合指数能够提高区域生态效率，表明中部地区的区域生态效率仍有较大的改善空间。

再次，由于环境规制指标选取问题，以及反向因果关系可能带来的内生性问题，本章进行了内生性检验，结果发现，命令控制型环境规制指标是外生变量，而环境规制综合指数指标带有一定的内生性。为了克服内生性问题，本章选取各城市的年均 PM2.5 指数和滞后一期的环境规制变量作为工具变量，采用两阶段最小二乘法，实证结果表明，在克服内生性之后，当期环境规制实施能够促进区域生态效率的改善。

最后，本章通过对样本进行筛选，用剔除直辖市以及缩尾和截尾的处理方法，进行了稳健性检验，检验结果与基准模型的回归结果大致相同，验证了基准模型回归的稳健性。

第6章

财政分权视角下环境规制
对产业结构升级的影响

6.1 理论假说：财政分权对环境规制的影响

本书从大的框架上来说，第4章和第5章是不考虑地方竞争因素时环境规制对产业结构升级的影响，而本书又将产业结构升级区分为产业间结构升级和产业内结构升级，同时产业内结构升级更多体现为产业的绿色转型。因此第4章是环境规制对产业间结构升级的影响，第5章是环境规制对产业绿色转型的影响，它包含了环境规制影响产业结构升级的两个方面。但是在中国国情下，环境规制主要是由地方政府来执行的，因此不能不考虑地方政府的主观因素，这就是财政分权体制下环境规制对产业结构升级的影响，也是本章所阐述的内容。

改革开放40余年来，中国在人类经济发展史上创造了"中国奇迹"，这其中自然离不开政府在经济发展过程中所发挥的作用。1994年的分税制改革是一道分水岭，自此之后中央政府的经济决策权逐渐向地方政府下放，以充分调动地方的积极性。当地方政府拥有一定的财政自主权和经济决策权，就能够担负起本地区经济发展的职责，形成了"增长型政府"，这是一个独具中国特色的经济发展模式。但是这一模式本身也存在一些弊端，其结果就是地区经济快速腾飞的同时，生态环境也遭到了很大破坏，环境污染问题成为了当下不得不解决的一个顽疾（赵宵伟，2014）。

在中国现行体制下，中央政府作为委托者，委托地方政府进行环境治理，因此在环境治理上中央政府与地方政府形成了一种委托—代理关系。由于信息不对称，中央政府很难完全掌握地方政府的动态，这就使地方政府在环境规制上有采取机会主义行为的可能性。同时中央政府在经济上进行分权，使地方政府拥有了一定的经济管理权限，分税制改革后，中央政府的财权得到了加强，削弱了地方政府的财权，并赋予了地方政府更多事权。一方面，地方政府有充足的将财政资金用于谋求本地区经济发展的动机；另一方面，又使地方政府拥有了制定环境政策的权力，以决定本地的环境规制水平。

综合上述分析，可将财政分权和政绩考核体制对环境规制的影响概括如下：首先中央政府赋予地方政府一定的经济管理权限，并根据地方的 GDP 增长速度对官员的政绩进行考核，作为其晋升和提拔的依据之一。地方政府拥有了一定的财政自主权，可以灵活决定本地区的财政支出规模和结构，但同时地方政府也可能面临财政上收不抵支的困境，再加上以 GDP 为主的政绩考核标准带来的晋升压力，地方政府会倾向于通过放松环境规制，以吸引投资，促进本地经济增长。由此提出如下假说。

假说 6 - 1：财权分权下，地方政府拥有一定的自主决策权，可能会导致环境规制对产业结构升级的作用被削弱。

假说 6 - 2：财政不平衡下，地方政府为了缓解财政压力，可能会导致环境规制对产业结构升级的作用被削弱。

假说 6 - 3：以 GDP 为主的政绩考核压力下，地方政府官员为了获得晋升，可能会导致环境规制对产业结构升级的作用被削弱。

假说 6 - 4：就业压力下，地方政府为了降低失业率，维护社会稳定，可能会导致环境规制对产业结构升级的作用被削弱。

6.2　财政分权、环境规制与产业结构升级

6.2.1　模型设定与变量选取

财政分权、地方政府赶超行为和环境治理是绿色发展问题涉及的三个主要变量。财政分权与地方政府赶超行为的关系是：财政分权赋予了地方政府必要的资源支配权，保证了地方政府展开竞争的基本条件，地方政府通常会采取税收竞争、支出竞争、规制竞争进行相互赶超。财政分权与环境治理的关系是：一方面，中国式分权催生了地区之间环境规制策略互动行为，地方政府非完全执行环境规制成为普遍现象；另一方面，独立利益诉求所衍生出的地方保护主义使地方环境规制机构在人力、物力、财力上均严重依赖于地方政府，环境管理独立性较差。

分税制改革以后，地方政府的财政收入中有很大一部分要与中央政府进行分成，而且地方政府承担着促进本地经济增长的职能，需要不断扩大其生产性财政支出（杨继东等，2018），比如本地的基础设施建设。这就使中央政府和地方政府的财权和事权不相匹配，即"财权归中央，事权归地方"。由于地方政府财政支出占 GDP 的比重上升速度较之于财政收入占比的上升速度明显更快，地方政府财政收支压力逐渐增大（胡彬等，2021）。

为了探究财政分权体制下，环境规制对产业结构升级的影响，本书设定计量模型如下：

$$IND_{it} = \alpha_0 + \alpha_1 ER_{it} + \alpha_2 FD_{it} + \alpha_3 ER_{it} \times FD_{it} + \alpha_4 CV_{it} + \varepsilon_{it} \quad (6-1)$$

$$IND_{it} = \alpha_0 + \alpha_1 ER_{it} + \alpha_2 VIF_{it} + \alpha_3 ER_{it} \times VIF_{it} + \alpha_4 CV_{it} + \varepsilon_{it} \quad (6-2)$$

$$TFP_{it} = \beta_0 + \beta_1 ER_{it} + \beta_2 FD_{it} + \beta_3 ER_{it} \times FD_{it} + \beta_4 CV_{it} + \varepsilon_{it} \quad (6-3)$$

$$TFP_{it} = \beta_0 + \beta_1 ER_{it} + \beta_2 VIF_{it} + \beta_3 ER_{it} \times VIF_{it} + \beta_4 CV_{it} + \varepsilon_{it} \quad (6-4)$$

其中，IND_{it} 表示 i 城市第 t 年的产业间结构升级指数，采用加权的三次产业在 GDP 中的比重来衡量；ER_{it} 表示 i 城市第 t 年的环境规制强度；TFP_{it} 表示 i 城市第 t 年的区域生态效率，用于衡量一个城市的产业绿色转型；

FD_{it} 表示 i 城市第 t 年的财政分权程度，VIF_{it} 表示 i 城市第 t 年的财政不平衡程度，CV_{it} 是模型的控制变量，分别用地区经济发展水平、产业规模、对外开放等指标作为控制变量。

从概念上来说，财政分权可以区分为财政收入分权和财政支出分权。为了全面研究中国的财政分权体制对环境规制的影响，本书结合乔宝云等（2005）和赵霄伟（2014）等的研究，采用本级预算内财政支出/预算内财政总支出（FD_1）作为衡量财政支出分权的指标进行基准回归，用预算内财政收入/预算内财政总收入（FD_2）作为衡量财政收入分权的指标进行稳健分析。其中，预算内财政总支出等于人均各城市本级财政支出、城市所在省份本级财政支出与人均中央本级财政支出的总和，预算内财政总收入等于人均各城市本级财政收入、城市所在省份本级财政收入与人均中央本级财政收入的总和。

关于财政不平衡（VIF）的度量，本书借鉴宫汝凯（2015）的研究，采用一般政府预算支出与一般政府预算收入的差与地区生产总值的比值衡量地方政府收支不平衡。如果该值较大，则表明当地政府财政收支不平衡较为明显；反之则表明财政不存在明显的不平衡性。

6.2.2 财政分权下环境规制对产业间结构升级的影响

6.2.2.1 财政支出分权下环境规制对产业间结构升级的影响

表6-1是以财政支出变量作为财政分权指标时，环境规制与产业间结构升级的回归结果。其中，模型（1）是不含财政支出分权和命令控制型环境规制交互项时，命令控制型环境规制与产业间结构升级的回归方程；模型（2）是加入了财政支出分权和命令控制型环境规制交互项时，命令控制型环境规制与产业间结构升级的回归方程。模型（3）是不含财政支出分权和环境规制综合指数交互项时，环境规制综合指数与产业间结构升级的回归方程；模型（4）是加入了财政支出分权和环境规制综合指数交互项时，环境规制综合指数与产业间结构升级的回归方程。

表 6 - 1　　财政支出分权下环境规制与产业间结构升级的回归结果

变量	模型（1） *IND*	模型（2） *IND*	模型（3） *IND*	模型（4） *IND*
ER_1	0.917 *** （3.18）	8.587 *** （8.44）		
ER_2			0.077 *** （14.74）	0.177 *** （10.22）
FD_1	20.123 *** （9.52）	24.635 *** （11.32）	14.265 *** （6.78）	27.997 *** （9.05）
ER1 × FD1		− 16.907 *** （− 7.85）		
ER2 × FD1				− 0.271 *** （− 6.04）
PGDP	0.000 （0.20）	0.000 （0.23）	− 0.000 （− 0.31）	− 0.000 （− 0.64）
SCA	3.203 *** （13.85）	2.820 *** （12.01）	2.703 *** （11.84）	2.629 *** （11.54）
CRE	0.000 *** （13.09）	0.000 *** （13.94）	0.000 *** （11.30）	0.000 *** （12.25）
OPEN	− 21.330 *** （− 5.04）	− 20.563 *** （− 4.89）	− 16.676 *** （− 4.03）	− 17.394 *** （− 4.21）
GOV	1.706 ** （2.29）	2.757 *** （3.66）	2.193 *** （3.01）	2.153 *** （2.96）
EDU	0.004 *** （3.01）	0.004 *** （3.40）	0.003 *** （2.98）	0.004 *** （3.63）
TECH	− 0.095 （− 1.16）	− 0.068 （− 0.84）	− 0.030 （− 0.38）	− 0.013 （− 0.17）
PEO	0.005 *** （3.26）	0.005 *** （3.17）	0.004 *** （2.65）	0.003 ** （2.37）
_cons	208.931 *** （216.21）	206.911 *** （208.27）	208.275 *** （220.42）	203.461 *** （164.94）
N	4576	4576	4576	4576
R^2	0.323	0.333	0.355	0.360

注：*、**、*** 分别表示在 10%、5%、1% 的水平上显著，括号内为变量的 *t* 值。

从表 6-1 模型（1）的回归结果可以看出，命令控制型环境规制前的系数为 0.917，且在 1% 的水平上显著，这说明命令控制型环境规制能够促进产业间结构升级。在加入财政支出分权指标后，命令控制型环境规制前的系数变小了，说明在不考虑财政分权因素时，命令控制型环境规制对产业间结构升级的作用被高估了。财政支出分权指标前的系数为 20.123，且在 1% 的水平上显著，说明财政支出分权程度的上升有利于地方的产业间结构升级。这是因为财政分权程度越高，地方政府的自主性和独立性越强，为了更好地促进本地经济发展，就要通过产业间结构升级来实现。

根据表 6-1 模型（2）的回归结果，命令控制型环境规制前的系数为 8.587，财政支出分权指标前的系数为 24.635，且都在 1% 的水平上显著。这与模型（1）的回归结果大致相同，说明命令控制型环境规制与财政支出分权都能够促进地区的产业间结构升级。命令控制型环境规制与财政支出分权的交互项之前的系数为 -16.907，且在 1% 的显著性水平上显著，这表明财政支出分权弱化了命令控制型环境规制对产业间结构升级的促进作用，即具有显著的负向调节效应。同时，由于财政支出分权前的系数显著为正，并且在财政分权程度较低时，命令控制型环境规制对产业间结构升级的促进作用比较明显，但是随着财政支出分权程度的提高，命令控制型环境规制的促进作用逐渐弱化，这表明财政支出分权和命令控制型环境规制在产业间结构升级上存在明显的替代关系，即财政支出分权替代了命令控制型环境规制对产业间结构升级的正向影响。这也验证了假说 6-1。

从表 6-1 模型（3）的回归结果来看，环境规制综合指数前的系数为 0.077，且在 1% 的水平上显著，这说明环境规制的实施能够促进产业间结构升级。在加入财政支出分权指标后，环境规制综合指数前的系数相比未加入财政分权指标时变小了，说明不考虑财政分权因素时，环境规制实施的效果会被高估。财政支出分权前的系数为 14.265，且在 1% 的水平上显著，这与模型（1）的回归结果大致相同，说明财政分权程度的提高有利于地区的产业间结构升级。

从表 6-1 模型（4）的回归结果可以看出，环境规制综合指数前的系数为 0.177，财政支出分权指标前的系数为 27.997，且都在 1% 的水平上显著。这说明财政支出分权和实施环境规制都能够促进产业间结构升级。环境规制综合指数和财政支出分权指标交互项前的系数为 -0.271，且在 1% 的水平上显著，这说明财政支出分权弱化了环境规制实施对于产业间结构升级的促进作用，即具有显著的负向调节效应。当财政支出分权程度较低时，环境规制的实施对产业间结构升级的促进作用较强；当财政支出分权程度提高时，环境规制实施对产业间结构升级的促进作用被弱化。并且财政支出分权指标前的系数显著为正，这表明二者在产业间结构升级上具有明显的替代关系，即财政支出分权替代了环境规制实施对于产业间结构升级的促进作用。这又一次验证了假说 6 - 1。

各项控制变量的回归系数与前文中大致相同，故在此不再赘述。

6.2.2.2 财政收入分权下环境规制对产业间结构升级的影响

表 6 - 2 是以财政收入变量作为财政分权指标时，环境规制与产业间结构升级的回归结果。其中，模型（1）是不含财政收入分权和命令控制型环境规制交互项时，命令控制型环境规制与产业间结构升级的回归方程；模型（2）是加入了财政收入分权和命令控制型环境规制交互项时，命令控制型环境规制与产业间结构升级的回归方程。模型（3）是不含财政收入分权和环境规制综合指数交互项时，环境规制综合指数与产业间结构升级的回归方程；模型（4）是加入了财政收入分权和环境规制综合指数交互项时，环境规制综合指数与产业间结构升级的回归方程。

表 6 - 2　财政收入分权下环境规制与产业间结构升级的回归结果

变量	模型（1） *IND*	模型（2） *IND*	模型（3） *IND*	模型（4） *IND*
*ER_*1	1.094 *** （3.77）	8.695 *** （11.56）		
*ER_*2			0.084 *** （16.12）	0.119 *** （12.65）
*FD_*2	8.427 *** （3.63）	14.974 *** （6.33）	5.373 ** （2.37）	13.468 *** （4.66）

续表

变量	模型（1） IND	模型（2） IND	模型（3） IND	模型（4） IND
$ER1 \times FD2$		-19.575 *** (-10.93)		
$ER2 \times FD2$				-0.156 *** (-4.51)
PGDP	0.000 (1.49)	0.000 (1.30)	0.000 (0.64)	0.000 (0.44)
SCA	3.078 *** (13.15)	2.732 *** (11.72)	2.584 *** (11.25)	2.531 *** (11.03)
CRE	0.000 *** (13.69)	0.000 *** (15.46)	0.000 *** (11.61)	0.000 *** (12.36)
OPEN	-22.964 *** (-5.37)	-21.264 *** (-5.04)	-17.430 *** (-4.18)	-18.301 *** (-4.39)
GOV	3.341 *** (4.54)	3.662 *** (5.05)	3.347 *** (4.68)	3.208 *** (4.49)
EDU	0.005 *** (3.95)	0.005 *** (4.51)	0.004 *** (3.69)	0.005 *** (4.11)
TECH	-0.153 * (-1.85)	-0.143 * (-1.76)	-0.067 (-0.83)	-0.060 (-0.75)
PEO	0.005 *** (3.45)	0.004 *** (2.67)	0.004 *** (2.73)	0.004 ** (2.49)
_cons	213.414 *** (248.75)	211.631 *** (245.54)	211.388 *** (250.39)	209.736 *** (228.31)
N	4576	4576	4576	4576
R^2	0.311	0.330	0.348	0.352

注：*、**、*** 分别表示在10%、5%、1%的水平上显著，括号内为变量的 t 值。

从表6-2模型（1）的回归结果可以看出，命令控制型环境规制前的系数为1.094，且在1%的水平上显著，说明命令控制型环境规制能够促进产业间结构升级。财政收入分权指标前的系数为8.427，且在1%的水平上显著，说明财政收入分权程度的提高有利于地区的产业间结构升级。与表6-1模型（1）的结果相比，财政收入分权指标的回归系数小于财政支出分权指标的回归系数，说明财政收入分权对于产业间结构升级的促进作用小于财政支出分权。

从表6-2模型（2）的回归结果来看，命令控制型环境规制前的系数为8.695，财政收入分权指标前的系数为14.974，且都在1%的水平上显著。这说明财政收入分权和命令控制型环境规制都能够促进产业间结构升级。命令控制型环境规制和财政收入分权指标交互项前的系数为-19.575，且在1%的水平上显著，这说明财政收入分权弱化了环境规制实施对于产业间结构升级的促进作用，即具有显著的负向调节效应。当财政收入分权程度较低时，环境规制的实施对产业间结构升级的促进作用较强；当财政收入分权程度提高时，环境规制实施对产业间结构升级的促进作用被弱化。并且财政收入分权指标前的系数显著为正，这表明二者在产业间结构升级上具有明显的替代关系，即财政收入分权替代了环境规制实施对于产业间结构升级的促进作用。这再次验证了假说6-1。

从表6-2模型（3）的回归结果来看，环境规制综合指数前的系数为0.084，且在1%的水平上显著，这说明环境规制的实施能够促进产业间结构升级。财政收入分权指标前的系数为5.373，且在5%的水平上显著，说明财政收入分权程度的提高有利于地区的产业间结构升级。与表6-1模型（3）的回归结果相比，财政收入分权指标的回归系数小于财政支出分权指标的回归系数，也说明财政收入分权对于产业间结构升级的促进作用小于财政支出分权。

从表6-2模型（4）的回归结果可以看出，环境规制综合指数前的系数为0.119，财政收入分权指标前的系数为13.468，且都在1%的水平上显著。这说明财政收入分权和实施环境规制都能够促进产业间结构升级。环境规制综合指数和财政收入分权指标交互项前的系数为-0.156，且在1%的水平上显著，这说明财政收入分权弱化了环境规制实施对于产业间结构升级的促进作用，即具有显著的负向调节效应。当财政收入分权程度较低时，环境规制的实施对产业间结构升级的促进作用较强；当财政收入分权程度提高时，环境规制实施对产业间结构升级的促进作用被弱化。并且财政收入分权指标前的系数显著为正，这表明二者在产业间结构升级上具有明显的替代关系，即财政收入分权替代了环境规制实施对于产业间结构升级的促进作用。这又一次验证了假说 6 - 1。

6.2.2.3 财政不平衡下环境规制对产业间结构升级的影响

表 6 - 3 是在财政不平衡下环境规制与产业间结构升级的回归结果。其中，模型（1）是不含财政不平衡和命令控制型环境规制交互项时，命令控制型环境规制与产业间结构升级的回归方程；模型（2）是加入了财政不平衡和命令控制型环境规制交互项时，命令控制型环境规制与产业间结构升级的回归方程。模型（3）是不含财政不平衡和环境规制综合指数交互项时，环境规制综合指数与产业间结构升级的回归方程；模型（4）是加入了财政不平衡和环境规制综合指数交互项时，环境规制综合指数与产业间结构升级的回归方程。

表 6 - 3　　财政不平衡下环境规制与产业间结构升级的回归结果

变量	模型（1） IND	模型（2） IND	模型（3） IND	模型（4） IND
ER_1	0.972 *** (3.33)	1.108 *** (3.64)		
ER_2			0.086 *** (16.71)	0.103 *** (17.11)
VIF	− 9.284 *** (− 4.81)	− 9.530 *** (− 4.92)	− 11.301 *** (− 6.07)	− 4.622 ** (− 2.07)
$ER1 \times VIF$		− 1.083 (− 1.58)		
$ER2 \times VIF$				− 0.131 *** (− 5.39)
$PGDP$	0.000 *** (2.73)	0.000 *** (2.71)	0.000 (1.43)	0.000 (1.14)
SCA	3.018 *** (12.87)	2.940 *** (12.27)	2.445 *** (10.63)	2.556 *** (11.10)
CRE	0.000 *** (13.44)	0.000 *** (13.52)	0.000 *** (10.71)	0.000 *** (10.09)

变量	模型（1） *IND*	模型（2） *IND*	模型（3） *IND*	模型（4） *IND*
OPEN	− 22. 950 *** （− 5. 38）	− 22. 821 *** （− 5. 35）	− 17. 572 *** （− 4. 24）	− 17. 832 *** （− 4. 31）
GOV	10. 696 *** （6. 24）	11. 454 *** （6. 44）	12. 364 *** （7. 47）	13. 234 *** （7. 98）
EDU	0. 006 *** （4. 76）	0. 005 *** （4. 71）	0. 005 *** （4. 22）	0. 005 *** （4. 10）
TECH	− 0. 148 * （− 1. 80）	− 0. 160 * （− 1. 94）	− 0. 039 （− 0. 48）	− 0. 026 （− 0. 32）
PEO	0. 005 *** （3. 67）	0. 005 *** （3. 63）	0. 004 *** （3. 11）	0. 005 *** （3. 23）
_cons	214. 704 *** （294. 68）	214. 658 *** （294. 45）	211. 867 *** （291. 22）	210. 891 *** （282. 16）
N	4576	4576	4576	4576
R^2	0. 313	0. 313	0. 353	0. 358

注：*、**、*** 分别表示在 10%、5%、1% 的水平上显著，括号内为变量的 t 值。

从表 6 - 3 模型（1）的回归结果来看，命令控制型环境规制前的系数为 0. 972，且在 1% 的水平上显著，这与前文中的回归结果大致相同，说明命令控制型环境规制能够促进产业间结构升级。财政不平衡前的系数为 − 9. 284，且在 1% 的水平上显著，这说明财政不平衡会抑制地区的产业间结构升级。在分税制改革之后，财政收支不平衡会使地方政府有放松环境规制的动机，以增加财税收入，弥补财政不平衡，从而不利于地区的产业间结构升级。

从表 6 - 3 模型（2）的回归结果来看，命令控制型环境规制前的系数为 1. 108，且在 1% 的水平上显著，说明命令控制型环境规制能够促进产业间结构升级。财政不平衡前的系数为 − 9. 530，且在 1% 的水平上显著，这说明财政不平衡不利于地区的产业间结构升级。

从表 6 - 3 模型（4）的回归结果来看，环境规制综合指数前的系数为 0. 103，且在 1% 的水平上显著，说明环境规制的实施能够促进产业间结构升级。财政不平衡前的系数为 -4.622，且在5%的水平上显著，这说明财政不平衡不利于地区的产业间结构升级。环境规制综合指数和财政不平衡交互项前的系数为 -0.131，且在1%的水平上显著，这表明财政不平衡削弱了环境规制实施对产业间结构升级的促进作用，即具有负向的调节效应。当财政不平衡程度较低时，环境规制的实施对于产业间结构升级具有较强的促进作用；当财政不平衡程度提高时，环境规制的实施对产业间结构升级的促进作用会被弱化。因此，假说6-2得以验证。

各项控制变量的回归结果与前文大致相同，故不再赘述。

6.2.3 财政分权下环境规制对区域生态效率的影响

6.2.3.1 财政支出分权下环境规制对区域生态效率的影响

表6-4是以财政支出变量作为财政分权指标时，环境规制与区域生态效率的回归结果。其中，模型（1）是未加入滞后一期的命令控制型环境规制和财政支出分权交互项时，滞后一期的命令控制型环境规制与区域生态效率的回归方程；模型（2）是加入滞后一期的命令控制型环境规制和财政支出分权交互项后，滞后一期的命令控制型环境规制与区域生态效率的回归方程。模型（3）是未加入滞后一期的环境规制综合指数与财政支出分权交互项时，滞后一期的环境规制综合指数与区域生态效率的回归方程；模型（4）是加入了滞后一期的环境规制综合指数与财政支出分权的交互项后，滞后一期的环境规制综合指数与区域生态效率的回归方程。

表6-4　　财政支出分权下环境规制与区域生态效率的回归结果

变量	模型（1）TFPCH	模型（2）TFPCH	模型（3）TFPCH	模型（4）TFPCH
L. ER_1	-0.101 (-1.16)	-0.189 (-0.60)		
L. ER_2			0.010 *** (4.73)	0.027 *** (3.40)

续表

变量	模型（1） TFPCH	模型（2） TFPCH	模型（3） TFPCH	模型（4） TFPCH
FD_1	-0.304 (-0.47)	-0.382 (-0.55)	-0.261 (-0.41)	2.075 * (1.67)
L. $ER1 \times FD1$		0.205 (0.29)		
L. $ER2 \times FD1$				-0.044 ** (-2.20)
$PGDP$	-0.000 (-1.13)	-0.000 (-1.14)	-0.000 (-1.49)	-0.000 (-1.55)
SCA	-0.060 (-0.65)	-0.055 (-0.58)	-0.164 * (-1.75)	-0.172 * (-1.83)
CRE	0.000 *** (2.58)	0.000 ** (2.53)	0.000 * (1.79)	0.000 ** (1.97)
$OPEN$	-0.638 (-0.37)	-0.661 (-0.38)	-0.274 (-0.16)	-0.077 (-0.04)
GOV	-0.037 (-0.13)	-0.051 (-0.18)	0.045 (0.16)	0.016 (0.06)
EDU	0.000 * (1.92)	0.000 * (1.93)	0.000 (1.58)	0.000 * (1.74)
$TECH$	-0.072 ** (-2.36)	-0.072 ** (-2.37)	-0.059 ** (-1.97)	-0.048 (-1.60)
PEO	-0.000 (-0.46)	-0.000 (-0.49)	-0.000 (-1.05)	-0.000 (-1.21)
_cons	1.381 *** (6.42)	1.416 *** (5.75)	0.930 *** (4.04)	0.066 (0.15)
N	4290	4290	4290	4290
R^2	0.004	0.004	0.009	0.010

注：*、**、***分别表示在10%、5%、1%的水平上显著，括号内为变量的 t 值。

　　根据表6-4模型（1）和模型（2）的回归结果，滞后一期的命令控制型环境规制与财政支出分权指标前的系数均不显著。从表6-4模型（3）的回归结果来看，滞后一期的环境规制综合指数前的系数为0.01，且在 1% 的水平上显著，说明环境规制的实施对区域生态效率有显著的正向作用，但是发挥正向作用具有一定的时滞性。

从表 6 - 4 模型（4）的回归结果可以看出，滞后一期的环境规制综合指数前的系数为 0.027，且在 1% 的水平上显著。这与模型（3）的回归结果大致相同，说明环境规制的实施能够促进区域生态效率提高，且具有一定的时滞性。财政支出分权指标前的系数为 2.075，且在 10% 的水平上显著，说明财政分权程度的提高有利于区域生态效率改善。因为随着生态文明体制的建立，生态环境指标逐渐被纳入地方官员的政绩考核体系，地方政府对于生态环境质量越来越重视，这种情况下财政分权有利于提高区域生态效率。滞后一期的环境规制综合指数和财政支出分权指标交互项前的系数为 - 0.044，且在 5% 的水平上显著，这表明财政支出分权削弱了环境规制实施对区域生态效率的促进作用，即具有负向的调节效应。当财政支出分权程度较低时，环境规制的实施对于区域生态效率具有较强的促进作用；当财政支出分权程度提高时，环境规制的实施对区域生态效率的促进作用会被弱化。并且财政支出分权指标前的系数显著为正，这表明二者在改善区域生态效率上具有明显的替代关系，即财政支出分权替代了环境规制实施对于区域生态效率的促进作用。这再次验证了假说 6 - 1。

6.2.3.2 财政收入分权下环境规制对区域生态效率的影响

表 6 - 5 是以财政收入变量作为财政分权指标时，环境规制与区域生态效率的回归结果。其中，模型（1）是未加入滞后一期的命令控制型环境规制和财政收入分权交互项时，滞后一期的命令控制型环境规制与区域生态效率的回归方程；模型（2）是加入滞后一期的命令控制型环境规制和财政收入分权交互项后，滞后一期的命令控制型环境规制与区域生态效率的回归方程。模型（3）是未加入滞后一期的环境规制综合指数与财政收入分权交互项时，滞后一期的环境规制综合指数与区域生态效率的回归方程；模型（4）是加入了滞后一期的环境规制综合指数与财政收入分权的交互项后，滞后一期的环境规制综合指数与区域生态效率的回归方程。

表 6 - 5　　　财政收入分权下环境规制与区域生态效率的回归结果

变量	模型（1）TFPCH	模型（2）TFPCH	模型（3）TFPCH	模型（4）TFPCH
L. ER_1	- 0. 100 (- 1. 15)	- 0. 300 (- 1. 38)		
L. ER_2			0. 010 *** (4. 73)	0. 018 *** (4. 42)
FD_2	0. 123 (0. 21)	- 0. 066 (- 0. 11)	0. 138 (0. 24)	1. 862 * (1. 96)
L. ER1 × FD2		0. 553 (1. 00)		
L. ER2 × FD2				- 0. 033 ** (- 2. 27)
PGDP	- 0. 000 (- 1. 40)	- 0. 000 (- 1. 46)	- 0. 000 * (- 1. 70)	- 0. 000 * (- 1. 72)
SCA	- 0. 059 (- 0. 64)	- 0. 043 (- 0. 46)	- 0. 164 * (- 1. 75)	- 0. 167 * (- 1. 78)
CRE	0. 000 ** (2. 44)	0. 000 ** (2. 22)	0. 000 (1. 64)	0. 000 * (1. 93)
OPEN	- 0. 801 (- 0. 46)	- 0. 869 (- 0. 49)	- 0. 434 (- 0. 25)	- 0. 245 (- 0. 14)
GOV	- 0. 053 (- 0. 19)	- 0. 096 (- 0. 34)	0. 032 (0. 12)	- 0. 020 (- 0. 07)
EDU	0. 000 * (1. 71)	0. 000 * (1. 72)	0. 000 (1. 36)	0. 000 (1. 57)
TECH	- 0. 070 ** (- 2. 29)	- 0. 069 ** (- 2. 26)	- 0. 058 * (- 1. 90)	- 0. 050 (- 1. 63)
PEO	- 0. 000 (- 0. 33)	- 0. 000 (- 0. 39)	- 0. 000 (- 0. 95)	- 0. 000 (- 1. 12)
_cons	1. 282 *** (10. 48)	1. 353 *** (9. 57)	0. 841 *** (5. 53)	0. 444 * (1. 91)
N	4290	4290	4290	4290
R²	0. 004	0. 004	0. 009	0. 010

注：*、**、*** 分别表示在 10% 、5% 、1% 的水平上显著，括号内为变量的 t 值。

根据表6-5模型（1）和模型（2）的回归结果，滞后一期的命令控制型环境规制与财政收入分权指标前的系数均不显著。从表6-5模型（3）的回归结果来看，滞后一期的环境规制综合指数前的系数为0.01，且在1%的水平上显著，说明环境规制的实施对区域生态效率有显著的正向作用，但是发挥正向作用具有一定的时滞性。

从表6-5模型（4）的回归结果可以看出，滞后一期的环境规制综合指数前的系数为0.018，且在1%的水平上显著。这与模型（3）的回归结果大致相同，说明环境规制的实施能够促进区域生态效率提高，且具有一定的时滞性。财政收入分权指标前的系数为1.862，且在10%的水平上显著，说明财政收入分权程度的提高有利于区域生态效率改善。滞后一期的环境规制综合指数和财政收入分权指标交互项前的系数为-0.033，且在5%的水平上显著，这表明财政收入分权削弱了环境规制实施对区域生态效率的促进作用，即具有负向的调节效应。当财政收入分权程度较低时，环境规制的实施对于区域生态效率具有较强的促进作用；当财政收入分权程度提高时，环境规制的实施对区域生态效率的促进作用会被弱化。并且财政收入分权指标前的系数显著为正，这表明二者在改善区域生态效率上具有明显的替代关系，即财政收入分权替代了环境规制实施对于区域生态效率的促进作用。这也再次验证了假说6-1。

6.2.3.3 财政不平衡下环境规制对区域生态效率的影响

表6-6是以财政收入变量作为财政分权指标时，环境规制与区域生态效率的回归结果。其中，模型（1）是未加入滞后一期的命令控制型环境规制和财政不平衡交互项时，滞后一期的命令控制型环境规制与区域生态效率的回归方程；模型（2）是加入滞后一期的命令控制型环境规制和财政不平衡交互项后，滞后一期的命令控制型环境规制与区域生态效率的回归方程。模型（3）是未加入滞后一期的环境规制综合指数与财政不平衡交互项时，滞后一期的环境规制综合指数与区域生态效率的回归方程；模型（4）是加入了滞后一期的环境规制综合指数与财政不平衡的交互项后，滞后一期的环境规制综合指数与区域生态效率的回归方程。

表 6 - 6　　　　财政不平衡下环境规制与区域生态效率的回归结果

变量	模型（1） TFPCH	模型（2） TFPCH	模型（3） TFPCH	模型（4） TFPCH
L. ER_1	− 0. 100 （− 1. 15）	− 0. 136 （− 1. 46）		
L. ER_2			0. 010 *** （4. 69）	0. 011 *** （4. 11）
VIF	− 0. 564 （− 0. 68）	− 0. 781 （− 0. 91）	− 0. 266 （− 0. 32）	− 0. 090 （− 0. 10）
L. ER1 × VIF		0. 274 （1. 04）		
L. ER2 × VIF				− 0. 005 （− 0. 40）
PGDP	− 0. 000 * （− 1. 70）	− 0. 000 （− 1. 60）	− 0. 000 ** （− 2. 06）	− 0. 000 ** （− 2. 06）
SCA	− 0. 076 （− 0. 79）	− 0. 065 （− 0. 68）	− 0. 171 * （− 1. 76）	− 0. 169 * （− 1. 74）
CRE	0. 000 ** （2. 48）	0. 000 ** （2. 23）	0. 000 * （1. 71）	0. 000 （1. 63）
OPEN	− 0. 888 （− 0. 51）	− 0. 954 （− 0. 55）	− 0. 427 （− 0. 25）	− 0. 372 （− 0. 21）
GOV	0. 445 （0. 56）	0. 500 （0. 63）	0. 263 （0. 33）	0. 340 （0. 42）
EDU	0. 000 * （1. 84）	0. 000 * （1. 92）	0. 000 （1. 51）	0. 000 （1. 50）
TECH	− 0. 070 ** （− 2. 33）	− 0. 064 ** （− 2. 09）	− 0. 058 * （− 1. 95）	− 0. 057 * （− 1. 91）
PEO	− 0. 000 （− 0. 39）	− 0. 000 （− 0. 40）	− 0. 000 （− 0. 99）	− 0. 000 （− 0. 99）
_cons	1. 292 *** （11. 88）	1. 302 *** （11. 93）	0. 856 *** （6. 14）	0. 820 *** （4. 92）
N	4290	4290	4290	4290
R²	0. 004	0. 004	0. 009	0. 009

注：*、**、***分别表示在10%、5%、1%的水平上显著，括号内为变量的 t 值。

根据表6–6模型（1）和模型（2）的回归结果，滞后一期的命令控制型环境规制与财政不平衡前的系数均不显著。从表6–6模型（3）的回归结果来看，滞后一期的环境规制综合指数前的系数为0.01，且在1%的水平上显著，说明环境规制的实施对区域生态效率有显著的正向作用，但是发挥正向作用具有一定的时滞性。从表6–6模型（4）的回归结果可以看出，滞后一期的环境规制综合指数前的系数为0.011，且在1%的水平上显著，这与模型（3）的回归结果大致相同，说明环境规制的实施对区域生态效率有显著的正向作用，但是发挥正向作用具有一定的时滞性。而滞后一期的命令控制型环境规制与财政不平衡的交互项前的系数并不显著，说明调节效应并不明显。

6.3　官员晋升激励、环境规制与产业结构升级

6.3.1　模型设定与变量选取

地方政府竞争导致政治晋升诉求排位显著高于环境治理诉求，财政分权对环境治理支出的削弱效应被放大。在经济高速增长时期，地方政府为了追求自身可支配财力的最大化，不断争夺流动资源，衍生出地方政府之间激烈的横向竞争，地方政府"重经济建设，轻环境保护"、环境治理领域存在"逐底竞争"现象等"经济绑架环境"问题不断涌现（汤旖璆，2019）。

同时，解决就业问题、控制地区失业率也是地方政府的重要目标之一。本书考虑到地方政府的政绩考核要求往往是多元的，并不只有单一的GDP增长率这一指标，并且在以人民为中心的时代背景下，应该树立正确的政绩观，人民利益也是官员政绩考核的重要衡量标准。因此，对地方官员政绩考核还应包含失业率（*UMP*），这一指标关系到人民的切身利益，并且失业率的高低通常会影响社会稳定，如果一个地区社会稳定出现问题，那么官员通常会被问责（洪荭等，2021）。因此，本书结合GDP增长

率和失业率（*UMP*）来衡量地方官员的政治诉求，将其作为地方政府政绩诉求的替代变量。

为了探究在官员晋升激励下，环境规制对产业结构升级的影响，本书设定计量模型如下：

$$IND_{it} = \alpha_0 + \alpha_1 ER_{it} + \alpha_2 PRES_{it} + \alpha_3 ER_{it} \times PRES_{it} + \alpha_4 CV_{it} + \varepsilon_{it} \quad (6-5)$$

$$IND_{it} = \alpha_0 + \alpha_1 ER_{it} + \alpha_2 UMP_{it} + \alpha_3 ER_{it} \times UMP_{it} + \alpha_4 CV_{it} + \varepsilon_{it} \quad (6-6)$$

$$TFP_{it} = \beta_0 + \beta_1 ER_{it} + \beta_2 PRES_{it} + \beta_3 ER_{it} \times PRES_{it} + \beta_4 CV_{it} + \varepsilon_{it} \quad (6-7)$$

$$TFP_{it} = \beta_0 + \beta_1 ER_{it} + \beta_2 UMP_{it} + \beta_3 ER_{it} \times UMP_{it} + \beta_4 CV_{it} + \varepsilon_{it} \quad (6-8)$$

其中，IND_{it} 表示 i 城市第 t 年的产业间结构升级指数，采用加权的三次产业在 GDP 中的比重来衡量；ER_{it} 表示 i 城市第 t 年的环境规制强度；TFP_{it} 表示 i 城市第 t 年的区域生态效率，用于衡量一个城市的产业绿色转型；$PRES_{it}$ 表示 i 城市第 t 年的 GDP 考核压力，UMP_{it} 表示 i 城市第 t 年的失业率，CV_{it} 是模型的控制变量，分别用地区经济发展水平、产业规模、对外开放等指标作为控制变量，ε_{it} 表示随机误差项。

关于 GDP 考核压力（*PRES*）的度量，本书采用地区生产总值年增长率来进行衡量。这是因为在当前的政绩考核体系下，官员政绩的主要指标依然是本地区的 GDP 增长速度。当地方官员面临的政绩考核压力越大，就越要加快本地区的经济增长速度，从而获得政治晋升。

关于失业率（*UMP*）的度量，本书采用城镇失业人员数量与劳动力总数量的比值来进行衡量，其中劳动力总数量等于城镇失业人员数量与城镇从业人员数量之和。出于维护地区社会稳定的目的，地方政府需要解决就业问题，降低失业率。失业率越高，社会可能越不稳定，即意味着地方政府官员的晋升压力越大。

6.3.2　官员晋升激励下环境规制对产业间结构升级的影响

6.3.2.1　GDP 考核压力下环境规制对产业间结构升级的影响

表 6-7 是在 GDP 考核压力下环境规制与产业间结构升级的回归结

果。其中，模型（1）是不含 GDP 考核压力和命令控制型环境规制交互项时，命令控制型环境规制与产业间结构升级的回归方程；模型（2）是加入了 GDP 考核压力和命令控制型环境规制交互项时，命令控制型环境规制与产业间结构升级的回归方程。模型（3）是不含 GDP 考核压力和环境规制综合指数交互项时，环境规制综合指数与产业间结构升级的回归方程；模型（4）是加入了 GDP 考核压力和环境规制综合指数交互项时，环境规制综合指数与产业间结构升级的回归方程。

表 6 – 7   GDP 考核压力下环境规制与产业间结构升级的回归结果

变量	模型（1） IND	模型（2） IND	模型（3） IND	模型（4） IND
ER_1	0. 918 *** （3. 22）	1. 044 *** （3. 58）		
ER_2			0. 074 *** （14. 49）	0. 074 *** （13. 96）
$PRES$	2. 720 *** （20. 46）	3. 011 *** （15. 24）	2. 580 *** （19. 83）	2. 676 *** （7. 63）
$ER1 \times PRES$		– 0. 599 ** （– 1. 99）		
$ER2 \times PRES$				– 0. 002 （– 0. 29）
$PGDP$	– 0. 000 （– 0. 10）	– 0. 000 （– 0. 11）	– 0. 000 （– 1. 09）	– 0. 000 （– 1. 09）
SCA	3. 520 *** （15. 66）	3. 511 *** （15. 62）	3. 079 *** （13. 90）	3. 076 *** （13. 87）
CRE	0. 000 *** （15. 81）	0. 000 *** （15. 74）	0. 000 *** （13. 73）	0. 000 *** （13. 71）
$OPEN$	– 12. 706 *** （– 2. 80）	– 12. 808 *** （– 2. 82）	– 9. 151 ** （– 2. 06）	– 9. 160 ** （– 2. 07）
GOV	3. 596 *** （5. 15）	3. 650 *** （5. 23）	3. 598 *** （5. 28）	3. 603 *** （5. 29）
EDU	0. 004 *** （3. 46）	0. 004 *** （3. 48）	0. 004 *** （3. 31）	0. 004 *** （3. 31）

变量	模型（1） *IND*	模型（2） *IND*	模型（3） *IND*	模型（4） *IND*
TECH	-0.180** (-2.27)	-0.176** (-2.22)	-0.103 (-1.33)	-0.102 (-1.32)
PEO	0.004** (2.49)	0.003** (2.46)	0.003** (2.07)	0.003** (2.06)
_cons	215.785*** (299.51)	215.739*** (299.40)	213.204*** (293.70)	213.180*** (291.82)
N	4290	4290	4290	4290
R^2	0.362	0.363	0.392	0.393

注：*、**、***分别表示在10%、5%、1%的水平上显著，括号内为变量的 *t* 值。

从表 6-7 模型（1）的回归结果可以看出，命令控制型环境规制前的系数为 0.918，且在 1% 的水平上显著，说明命令控制型环境规制能够促进产业间结构升级。GDP 考核压力指标前的系数为 2.720，且在 1% 的水平上显著，说明 GDP 考核压力的增加能够促进地区的产业间结构升级。在以 GDP 为主的政绩考核压力下，地方官员为了追求地区生产总值的快速增长，会更加注重地区产业结构的优化升级。因此，地方政府在地区的产业结构升级中扮演着重要角色。

从表 6-7 模型（2）的回归结果来看，命令控制型环境规制前的系数为 1.044，GDP 考核压力指标前的系数为 3.011，且都在 1% 的水平上显著。这说明 GDP 考核压力和命令控制型环境规制都能够促进产业间结构升级。命令控制型环境规制和 GDP 考核压力指标交互项前的系数为 -0.599，且在 5% 的水平上显著，这说明 GDP 考核压力弱化了命令控制型环境规制对于产业间结构升级的促进作用，即具有显著的负向调节效应。当 GDP 考核压力较低时，命令控制型环境规制对产业间结构升级的促进作用较强；当 GDP 考核压力增加时，命令控制型环境规制对产业间结构升级的促进作用被弱化，并且 GDP 考核压力指标前的系数显著为正，这表明二者在产业间结构升级上具有明显的替代关系，即 GDP 考核压力替代了命令控制型环境规制对于产业间结构升级的促进作用。因此，假说 6-3 得以验证。

根据表6-7模型（3）和模型（4）的回归结果，环境规制综合指数和GDP考核压力指标前的系数均在1%的水平上显著为正，这与前文中的回归结果大致相同，说明GDP考核压力和环境规制的实施对于地区的产业间结构升级都有显著的正向作用。环境规制综合指数和GDP考核压力指标交互项前的系数并不显著，说明GDP考核压力对环境规制实施和产业间结构升级影响关系的调节效应并不明显。

6.3.2.2 就业压力下环境规制对产业间结构升级的影响

表6-8是在就业压力下环境规制与产业间结构升级的回归结果。其中，模型（1）是不含失业率和命令控制型环境规制交互项时，命令控制型环境规制与产业间结构升级的回归方程；模型（2）是加入了失业率和命令控制型环境规制交互项时，命令控制型环境规制与产业间结构升级的回归方程。模型（3）是不含失业率和环境规制综合指数交互项时，环境规制综合指数与产业间结构升级的回归方程；模型（4）是加入了失业率和环境规制综合指数交互项时，环境规制综合指数与产业间结构升级的回归方程。

表6-8　　就业压力下环境规制与产业间结构升级的回归结果

变量	模型（1） *IND*	模型（2） *IND*	模型（3） *IND*	模型（4） *IND*
ER_1	1.109 *** (3.82)	0.075 (0.18)		
ER_2			0.084 *** (16.22)	0.085 *** (16.32)
UMP	-9.353 *** (-2.63)	-16.174 *** (-3.93)	-4.645 (-1.34)	-5.425 (-1.56)
ER1 × UMP		21.400 *** (3.29)		
ER2 × UMP				-0.324 *** (-2.69)

变量	模型（1） *IND*	模型（2） *IND*	模型（3） *IND*	模型（4） *IND*
PGDP	0. 000 ** （2. 38）	0. 000 ** （2. 27）	0. 000 （1. 23）	0. 000 （1. 19）
SCA	3. 086 *** （13. 16）	3. 066 *** （13. 08）	2. 595 *** （11. 28）	2. 563 *** （11. 13）
CRE	0. 000 *** （14. 30）	0. 000 *** （14. 55）	0. 000 *** （12. 04）	0. 000 *** （11. 92）
OPEN	− 21. 668 *** （ − 5. 07）	− 21. 813 *** （ − 5. 11）	− 16. 638 *** （ − 3. 99）	− 16. 212 *** （ − 3. 89）
GOV	3. 320 *** （4. 51）	3. 299 *** （4. 49）	3. 323 *** （4. 64）	3. 437 *** （4. 80）
EDU	0. 005 *** （4. 70）	0. 005 *** （4. 61）	0. 005 *** （4. 19）	0. 005 *** （4. 19）
TECH	− 0. 181 ** （ − 2. 21）	− 0. 178 ** （ − 2. 17）	− 0. 085 （ − 1. 06）	− 0. 089 （ − 1. 11）
PEO	0. 005 *** （3. 28）	0. 005 *** （3. 20）	0. 004 *** （2. 61）	0. 004 *** （2. 61）
_cons	215. 716 *** （281. 93）	216. 151 *** （278. 69）	212. 751 *** （277. 41）	212. 754 *** （277. 62）
N	4576	4576	4576	4576
R^2	0. 310	0. 312	0. 348	0. 349

注：*、**、*** 分别表示在10%、5%、1%的水平上显著，括号内为变量的 *t* 值。

从表6－8模型（1）的回归结果可以看出，命令控制型环境规制前的系数为1. 109，且在1%的水平上显著，说明命令控制型环境规制能够促进产业间结构升级。失业率前的系数为 − 9. 353，且在1%的水平上显著，这说明失业率的上升不利于地区的产业间结构升级。这是因为相比于第三产业，第二产业尤其是制造业能够吸收更多劳动力，当一个地区经济中第三产业比重上升，也就意味着就业岗位的减少，表现出的结果就是失业率的上升，因此失业率与产业间结构升级之间存在显著的负相关关系。

根据表6－8模型（2）的回归结果，失业率前的系数为 − 16. 174，且在1%的水平上显著，这与模型（1）的回归结果大致相同，说明失业率的上升不利于地区的产业间结构升级。命令控制型环境规制与失业率交互项前的系数为21.40，且在1%的水平上显著，但是由于命令控制型环境规制前的系数并不显著，调节效应的前提并不成立，因此不能得出失业率强化或削弱了命令控制型环境规制与产业间结构升级影响关系的结论。

从表6-8模型（3）的回归结果来看，环境规制综合指数前的系数为0.084，且在1%的水平上显著，说明环境规制的实施能够促进地区产业间结构升级。根据模型（4）的回归结果，环境规制综合指数前的系数为0.085，且在1%的水平上显著，这与模型（3）的回归结果大致相同，同样说明环境规制的实施能够促进地区产业间结构升级。环境规制综合指数与失业率交互项前的系数为-0.324，且在1%的水平上显著。这表明，就业压力削弱了环境规制实施对产业间结构升级的促进作用，即具有负向的调节效应。当地区失业率较低时，环境规制的实施对于产业间结构升级具有较强的促进作用；当地区失业率提高时，环境规制的实施对产业间结构升级的促进作用会被弱化。这是因为在地区失业率较高的情况下，地方政府为了维护社会稳定，而倾向于放松环境规制，以促进经济增长，并创造更多的就业岗位。因此，假说6-4得以验证。

6.3.3　官员晋升激励下环境规制对区域生态效率的影响

表6-9是GDP考核压力下环境规制与区域生态效率的回归结果。其中，模型（1）是未加入滞后一期的命令控制型环境规制和GDP考核压力交互项时，滞后一期的命令控制型环境规制与区域生态效率的回归方程；模型（2）是加入滞后一期的命令控制型环境规制和GDP考核压力交互项后，滞后一期的命令控制型环境规制与区域生态效率的回归方程。模型（3）是未加入滞后一期的环境规制综合指数与GDP考核压力交互项时，滞后一期的环境规制综合指数与区域生态效率的回归方程；模型（4）是加入滞后一期的环境规制综合指数与GDP考核压力的交互项后，滞后一期的环境规制综合指数与区域生态效率的回归方程。

表 6 - 9　　GDP 考核压力下环境规制与区域生态效率的回归结果

变量	模型（1） TFPCH	模型（2） TFPCH	模型（3） TFPCH	模型（4） TFPCH
L. ER_1	- 0.095 (- 1.10)	- 0.125 (- 1.39)		
L. ER_2			0.010 *** (4.79)	0.011 *** (4.73)
PRES	- 0.076 (- 1.22)	- 0.160 * (- 1.74)	- 0.093 (- 1.48)	0.055 (0.24)
L. ER1 × PRES		0.170 (1.24)		
L. ER2 × PRES				- 0.002 (- 0.68)
PGDP	- 0.000 * (- 1.69)	- 0.000 * (- 1.71)	- 0.000 ** (- 2.08)	- 0.000 ** (- 2.09)
SCA	- 0.071 (- 0.77)	- 0.070 (- 0.75)	- 0.180 * (- 1.90)	- 0.184 * (- 1.94)
CRE	0.000 ** (2.50)	0.000 ** (2.53)	0.000 * (1.69)	0.000 * (1.68)
OPEN	- 0.813 (- 0.47)	- 0.810 (- 0.47)	- 0.455 (- 0.27)	- 0.491 (- 0.29)
GOV	- 0.062 (- 0.22)	- 0.070 (- 0.25)	0.021 (0.08)	0.025 (0.09)
EDU	0.000 * (1.86)	0.000 * (1.86)	0.000 (1.53)	0.000 (1.53)
TECH	- 0.069 ** (- 2.29)	- 0.070 ** (- 2.31)	- 0.057 * (- 1.90)	- 0.057 * (- 1.90)
PEO	- 0.000 (- 0.38)	- 0.000 (- 0.38)	- 0.000 (- 1.02)	- 0.000 (- 1.01)
_cons	1.328 *** (11.83)	1.344 *** (11.89)	0.891 *** (6.30)	0.859 *** (5.75)
N	4290	4290	4290	4290
R²	0.004	0.004	0.009	0.009

注：*、**、*** 分别表示在10%、5%、1%的水平上显著，括号内为变量的 t 值。

根据表6-9模型（2）的回归结果，GDP考核压力指标前的系数为-0.160，且在10%的水平上显著，这说明GDP考核压力的增大不利于提高区域生态效率。在以GDP为主的政绩考核体系下，地方官员为了本地区的经济增速，可能会以牺牲生态环境为代价。在模型（3）和模型（4）中，环境规制综合指数一期滞后项前的系数均在1%的水平上显著为正，这与前文中的回归结果大致相同，说明环境规制的实施对区域生态效率具有促进作用，但是发挥作用存在时滞性。

表6-10是就业压力下环境规制与区域生态效率的回归结果。其中，模型（1）是未加入滞后一期的命令控制型环境规制和失业率交互项时，滞后一期的命令控制型环境规制与区域生态效率的回归方程；模型（2）是加入滞后一期的命令控制型环境规制和失业率交互项后，滞后一期的命令控制型环境规制与区域生态效率的回归方程。模型（3）是未加入滞后一期的环境规制综合指数与失业率交互项时，滞后一期的环境规制综合指数与区域生态效率的回归方程；模型（4）是加入了滞后一期的环境规制综合指数与失业率的交互项后，滞后一期的环境规制综合指数与区域生态效率的回归方程。

表6-10　　　就业压力下环境规制与区域生态效率的回归结果

变量	模型（1）TFPCH	模型（2）TFPCH	模型（3）TFPCH	模型（4）TFPCH
$L.ER\_1$	-0.099 (-1.14)	0.002 (0.01)		
$L.ER\_2$			0.010 *** (4.71)	0.007 (1.55)
UMP	-0.580 (-0.45)	0.166 (0.10)	-0.026 (-0.02)	-3.128 (-0.91)
$L.ER1 \times UMP$		-1.913 (-0.79)		
$L.ER2 \times UMP$				0.059 (0.97)

续表

变量	模型（1）TFPCH	模型（2）TFPCH	模型（3）TFPCH	模型（4）TFPCH
PGDP	−0.000* (−1.69)	−0.000* (−1.66)	−0.000** (−2.02)	−0.000** (−2.01)
SCA	−0.063 (−0.68)	−0.057 (−0.62)	−0.163* (−1.73)	−0.158* (−1.68)
CRE	0.000** (2.51)	0.000** (2.42)	0.000* (1.74)	0.000* (1.76)
OPEN	−0.696 (−0.40)	−0.682 (−0.40)	−0.347 (−0.20)	−0.411 (−0.24)
GOV	−0.051 (−0.18)	−0.063 (−0.23)	0.026 (0.09)	0.016 (0.06)
EDU	0.000* (1.88)	0.000* (1.92)	0.000 (1.52)	0.000 (1.51)
TECH	−0.071** (−2.33)	−0.071** (−2.34)	−0.059* (−1.96)	−0.057* (−1.90)
PEO	−0.000 (−0.41)	−0.000 (−0.38)	−0.000 (−0.98)	−0.000 (−0.95)
_cons	1.338*** (9.09)	1.290*** (8.12)	0.858*** (4.89)	1.044*** (4.01)
N	4290	4290	4290	4290
R²	0.004	0.004	0.009	0.009

注：*、**、***分别表示在10%、5%、1%的水平上显著，括号内为变量的 t 值。

根据表6-10的回归结果，只有模型（3）中环境规制综合指数滞后一期项前的系数在1%的水平上显著为正，其余的主要解释变量前的系数均不显著，因此无法判断失业率对环境规制与区域生态效率影响关系是否有调节效应。

6.4 分地区检验结果

6.4.1 各地区环境规制对产业间结构升级的影响

6.4.1.1 各地区财政支出分权下环境规制对产业间结构升级的影响

表6-11是以财政支出变量作为财政分权指标时，各地区环境规制与产业间结构升级的回归结果。其中，模型（1）是加入了财政支出分权和命令控制型环境规制交互项时，东部地区命令控制型环境规制与产业间结构升级的回归方程；模型（2）是加入了财政支出分权和环境规制综合指数交互项时，东部地区环境规制综合指数与产业间结构升级的回归方程。模型（3）是加入了财政支出分权和命令控制型环境规制交互项时，中部地区命令控制型环境规制与产业间结构升级的回归方程；模型（4）是加入了财政支出分权和环境规制综合指数交互项时，中部地区环境规制综合指数与产业间结构升级的回归方程。模型（5）是加入了财政支出分权和命令控制型环境规制交互项时，西部地区命令控制型环境规制与产业间结构升级的回归方程；模型（6）是加入了财政支出分权和环境规制综合指数交互项时，西部地区环境规制综合指数与产业间结构升级的回归方程。

表6-11 各地区财政支出分权下环境规制与产业间结构升级的回归结果

变量	东部地区		中部地区		西部地区	
	模型（1）*IND*	模型（2）*IND*	模型（3）*IND*	模型（4）*IND*	模型（5）*IND*	模型（6）*IND*
ER_1	10.467 *** (5.33)		11.188 *** (5.74)		8.064 *** (5.06)	
ER_2		0.213 *** (9.90)		0.318 *** (9.54)		0.035 (0.93)
FD_1	28.080 *** (9.01)	37.93 *** (9.13)	15.388 *** (4.33)	41.05 *** (7.09)	17.372 *** (3.52)	8.900 (1.39)

变量	东部地区		中部地区		西部地区	
	模型 (1) *IND*	模型 (2) *IND*	模型 (3) *IND*	模型 (4) *IND*	模型 (5) *IND*	模型 (6) *IND*
$ER1 \times FD1$	−20.25 *** (−5.20)		−22.988 *** (−5.30)		−18.018 *** (−5.22)	
$ER2 \times FD1$		−0.344 *** (−6.46)		−0.655 *** (−7.34)		−0.009 (−0.09)
CV	YES	YES	YES	YES	YES	YES
_cons	211.25 *** (134.14)	203.68 *** (111.41)	207.69 *** (129.19)	197.312 *** (90.15)	209.352 *** (99.23)	211.727 *** (78.98)
N	1616	1616	1744	1744	1216	1216
R²	0.532	0.568	0.326	0.370	0.332	0.321

注：*、**、***分别表示在10%、5%、1%的水平上显著，括号内为变量的 *t* 值。

从表6-11模型（1）、模型（3）、模型（5）的回归结果来看，东部、中部、西部地区命令控制型环境规制前的系数均在1%的水平上显著为正。其中，东部地区命令控制型环境规制前的系数为10.467，中部地区的系数为11.188，西部地区的系数为8.064。这说明三大地区的命令控制型环境规制都能促进产业间结构升级，其中中部地区的命令控制型环境规制对产业间结构升级的正向作用最大。东部、中部、西部地区的财政支出分权指标前的系数均在1%的水平上显著为正，其中，东部地区的系数为28.080，中部地区的系数为15.388，西部地区的系数为17.372。这表明三大地区财政支出分权程度的提高都有利于促进地区产业间结构升级，且东部地区财政支出分权发挥的作用最大。东部、中部、西部地区的命令控制型环境规制与财政支出分权指标交互项前的系数均在1%的水平上显著为负，其中东部地区的系数为−20.25，中部地区的系数为−22.988，西部地区的系数为−18.018。这表明三大地区财政支出分权对于命令控制型环境规制与产业间结构升级的影响关系都具有显著的负向调节效应，即财政支出分权程度的提高会削弱命令控制型环境规制对产业间结构升级的促进作用，且中部地区财政支出分权的负向调节效应最大。

从表 6 – 11 模型（2）、模型（4）、模型（6）的回归结果来看，东部和中部地区的环境规制综合指数前的系数均在 1% 的水平上显著为正，而西部地区的系数并不显著。其中，东部地区环境规制综合指数前的系数为 0.213，中部地区环境规制综合指数前的系数为 0.318。这表明东部和中部地区的环境规制实施都能够促进产业间结构升级，且中部地区环境规制实施对产业间结构升级的促进作用更大。东部和中部地区的财政支出分权指标前的系数均在 1% 的水平上显著为正，而西部地区的系数并不显著。其中，东部地区财政支出分权指标前的系数为 37.93，中部地区财政支出分权指标前的系数为 41.05。这表明东部和中部地区的财政支出分权都能够促进产业间结构升级，且中部地区财政支出分权对产业间结构升级的促进作用更大。东部和中部地区环境规制综合指数和财政支出分权指标交互项前的系数均在 1% 的水平上显著为负，而西部地区的系数并不显著。其中，东部地区的系数为 – 0.344，中部地区的系数为 – 0.655。这表明就东部和中部地区而言，财政支出分权对于环境规制实施与产业间结构升级的影响关系都具有显著的负向调节效应，即财政支出分权程度的提高会削弱环境规制实施对产业间结构升级的促进作用，且中部地区财政支出分权的负向调节效应最大，这一点也与前文中的回归结果大致相同。

6.4.1.2 各地区财政收入分权下环境规制对产业间结构升级的影响

表 6 – 12 是以财政收入变量作为财政分权指标时，各地区环境规制与产业间结构升级的回归结果。其中，模型（1）是加入了财政收入分权和命令控制型环境规制交互项时，东部地区命令控制型环境规制与产业间结构升级的回归方程；模型（2）是加入了财政收入分权和环境规制综合指数交互项时，东部地区环境规制综合指数与产业间结构升级的回归方程。模型（3）是加入了财政收入分权和命令控制型环境规制交互项时，中部地区命令控制型环境规制与产业间结构升级的回归方程；模型（4）是加入了财政收入分权和环境规制综合指数交互项时，中部地区环境规制综合指数与产业间结构升级的回归方程。模型（5）是加入了财政收入分权和命令控制型环境规制交互项时，西部地区命令控制型环境规制与产业间结

构升级的回归方程；模型（6）是加入了财政收入分权和环境规制综合指数交互项时，西部地区环境规制综合指数与产业间结构升级的回归方程。

表 6 - 12　　各地区财政收入分权下环境规制与产业间结构升级的回归结果

变量	东部地区		中部地区		西部地区	
	模型（1） *IND*	模型（2） *IND*	模型（3） *IND*	模型（4） *IND*	模型（5） *IND*	模型（6） *IND*
ER_1	8.076 *** (5.63)		10.029 *** (8.67)		8.265 *** (6.19)	
ER_2		0.152 *** (10.57)		0.172 *** (10.86)		0.047 *** (2.65)
FD_2	29.160 *** (8.48)	34.818 *** (8.65)	0.517 (0.14)	15.539 *** (3.08)	16.042 *** (2.83)	7.720 (1.25)
$ER1 \times FD2$	− 17.18 *** (− 5.45)		− 24.84 *** (− 8.26)		− 21.35 *** (− 6.54)	
$ER2 \times FD2$		− 0.241 *** (− 5.32)		− 0.428 *** (− 6.51)		− 0.065 (− 0.86)
CV	YES	YES	YES	YES	YES	YES
_cons	213.50 *** (147.33)	208.07 *** (136.98)	211.24 *** (156.50)	207.284 *** (140.60)	213.045 *** (111.26)	212.360 *** (100.67)
N	1616	1616	1744	1744	1216	1216
R^2	0.531	0.565	0.340	0.366	0.339	0.320

注：＊、＊＊、＊＊＊分别表示在 10%、5%、1% 的水平上显著，括号内为变量的 t 值。

从表 6 - 12 模型（1）、模型（3）、模型（5）的回归结果来看，东部、中部、西部地区命令控制型环境规制前的系数均在 1% 的水平上显著为正。其中，东部地区的命令控制型环境规制前的系数为 8.076，中部地区的系数为 10.029，西部地区的系数为 8.265。这说明三大地区的命令控制型环境规制都能促进产业间结构升级，其中中部地区的命令控制型环境规制对产业间结构升级的正向作用最大。东部和西部地区的财政收入分权指标前的系数均在 1% 的水平上显著为正，中部地区的系数并不显著，其中，东部地区的系数为 29.160，西部地区的系数为 16.042。这表明在东部和西部地区，财政收入分权程度的提高都有利于促进地区产业间结构升级，且东部地区财政收入分权发挥的作用更大。东部、中部、西部地区的命令控制型环境规制与财政收入分权指标交互项前的系数均在1%的水平上显著为负，其中东部地区的系数为 - 17.18，中部地区的系数为 - 24.84，西部地区的系数为 - 21.35。这表明三大地区财政收入分权对于命令控制型环境规制与产业间结构升级的影响关系都具有显著的负向调节效应，即财政收入分权程度的提高会削弱命令控制型环境规制对产业间结构升级的促进作用，且中部地区财政收入分权的负向调节效应最大。

从表6 - 12 模型（2）、模型（4）、模型（6）的回归结果来看，东部、中部、西部地区环境规制综合指数前的系数均在1%的水平上显著为正。其中，东部地区环境规制综合指数前的系数为 0.152，中部地区环境规制综合指数前的系数为 0.172，西部地区环境规制综合指数前的系数为 0.047。这表明三大地区的环境规制实施都能够促进产业间结构升级，且中部地区环境规制实施对产业间结构升级的促进作用更大。东部和中部地区的财政收入分权指标前的系数均在1%的水平上显著为正，而西部地区的系数不显著。其中，东部地区财政收入分权指标前的系数为 34.818，中部地区财政收入分权前的系数为 15.539。这表明东部和中部地区的财政收入分权都能够促进产业间结构升级，且东部地区财政收入分权对产业间结构升级的促进作用更大。东部和中部地区环境规制综合指数和财政收入分权指标交互项前的系数均在1%的水平上显著为负，而西部地区的系数不显著。其中，东部地区的系数为 - 0.241，中部地区的系数为 - 0.428。这表明就东部和中部地区而言，财政收入分权对于环境规制实施与产业间结构升级的影响关系都具有显著的负向调节效应，即财政收入分权程度的提高会削弱环境规制实施对产业间结构升级的促进作用，且中部地区财政收入分权的负向调节效应最大，这一点也与前文中的回归结果大致相同。

6.4.1.3 各地区财政不平衡下环境规制对产业间结构升级的影响

表6 - 13 是各地区财政不平衡下环境规制与产业间结构升级的回归结果。其中，模型（1）是加入了财政不平衡和命令控制型环境规制交互项

时，东部地区命令控制型环境规制与产业间结构升级的回归方程；模型
（2）是加入了财政不平衡和环境规制综合指数交互项时，东部地区环境规
制综合指数与产业间结构升级的回归方程。模型（3）是加入了财政不平
衡和命令控制型环境规制交互项时，中部地区命令控制型环境规制与产业
间结构升级的回归方程；模型（4）是加入了财政不平衡和环境规制综合
指数交互项时，中部地区环境规制综合指数与产业间结构升级的回归方
程。模型（5）是加入了财政不平衡和命令控制型环境规制交互项时，西
部地区命令控制型环境规制与产业间结构升级的回归方程；模型（6）是
加入了财政不平衡和环境规制综合指数交互项时，西部地区环境规制综合
指数与产业间结构升级的回归方程。

表 6 – 13　　各地区财政不平衡下环境规制与产业间结构升级的回归结果

变量	东部地区		中部地区		西部地区	
	模型（1） IND	模型（2） IND	模型（3） IND	模型（4） IND	模型（5） IND	模型（6） IND
ER_1	0.776 (1.47)		−0.054 (−0.11)		0.663 (1.12)	
ER_2		0.104 *** (10.73)		0.094 *** (9.15)		0.039 *** (3.02)
VIF	−63.484 *** (−8.14)	−39.28 *** (−3.86)	26.40 *** (4.98)	9.850 * (1.86)	−9.683 *** (−3.90)	−9.950 *** (−3.43)
$ER1 \times VIF$	−1.301 (−0.18)		27.899 *** (7.07)		−2.770 *** (−3.21)	
$ER2 \times VIF$		−0.235 *** (−2.65)		−0.084 * (−1.90)		−0.010 (−0.28)
CV	YES	YES	YES	YES	YES	YES
_cons	220.593 *** (197.72)	215.04 *** (181.42)	214.408 *** (170.70)	210.37 *** (164.95)	212.57 *** (119.70)	212.13 *** (116.05)
N	1616	1616	1744	1744	1216	1216
R^2	0.526	0.564	0.332	0.349	0.329	0.330

注：*、**、*** 分别表示在 10%、5%、1% 的水平上显著，括号内为变量的 t 值。

从表 6 – 13 模型（1）、模型（3）、模型（5）的回归结果来看，东部地区和西部地区的财政不平衡前的系数在 1% 的水平上显著为负，而中部地区财政不平衡前的系数在 1% 的水平上显著为正。其中，东部地区的系数为 – 63. 484，中部地区的系数为 26. 40，西部地区的系数为 – 9. 683。这表明东部地区和西部地区的财政不平衡都会抑制地区的产业间结构升级，而中部地区的财政不平衡对于产业间结构升级具有显著的正向作用。这可能是由于中部地区的财政收支不平衡程度并不高，政府债务问题并不严重，在政府债务总体可控的情况下，政府财政支出规模的扩大可能有利于地区的产业间结构升级。中部地区命令控制型环境规制和财政不平衡交互项前的系数为 27. 899，西部地区的命令控制型环境规制和财政不平衡交互项前的系数为 – 2. 770，但由于中部和西部地区命令控制型环境规制前的系数并不显著，因此中西部地区财政不平衡对于命令控制型环境规制和产业间结构升级影响关系的调节效应前提并不成立。

从表 6 – 13 模型（2）、模型（4）、模型（6）的回归结果来看，东部、中部、西部地区环境规制综合指数前的系数均在 1% 的水平上显著为正。其中，东部地区环境规制综合指数前的系数为 0. 104，中部地区环境规制综合指数前的系数为 0. 094，西部地区环境规制综合指数前的系数为 0. 039。这表明三大地区环境规制实施都能够促进产业间结构升级，且东部地区环境规制实施对产业间结构升级的促进作用更大。东部和西部地区的财政不平衡指标前的系数在 1% 的水平上显著为负，而中部地区财政不平衡指标前的系数在 10% 的水平上显著为正。其中，东部地区财政不平衡指标前的系数为 – 39. 28，中部地区的系数为 9. 850，西部地区的系数为 – 9. 950。这表明东部和西部地区的财政不平衡都会抑制产业间结构升级，且东部地区财政不平衡对产业间结构升级的抑制作用更大。而中部地区的财政不平衡却会促进产业间结构升级，这一结果与模型（3）的回归结果大致相同。东部地区环境规制综合指数和财政不平衡指标交互项前的系数为 – 0. 235，且在 1% 的水平上显著；中部地区的环境规制综合指数和财政不平衡指标交互项前的系数为 – 0. 084，且在 10% 的水平上显著；西部地区的系数并不显著。这表明就东部和中部地区而言，财政不平衡对于环境规制实施与产业间结构升级的影响关系都具有显著的负向调节效应，即财政不平衡程度的提高会削弱环境规制实施对产业间结构升级的促进作用，且东部地区财政不平衡的负向调节效应最大。

6.4.1.4 各地区 GDP 考核压力下环境规制对产业间结构升级的影响

表 6-14 是各地区 GDP 考核压力下环境规制与产业间结构升级的回归结果。其中，模型（1）是加入了 GDP 考核压力和命令控制型环境规制交互项时，东部地区命令控制型环境规制与产业间结构升级的回归方程；模型（2）是加入了 GDP 考核压力和环境规制综合指数交互项时，东部地区环境规制综合指数与产业间结构升级的回归方程。模型（3）是加入了 GDP 考核压力和命令控制型环境规制交互项时，中部地区命令控制型环境规制与产业间结构升级的回归方程；模型（4）是加入了 GDP 考核压力和环境规制综合指数交互项时，中部地区环境规制综合指数与产业间结构升级的回归方程。模型（5）是加入了 GDP 考核压力和命令控制型环境规制交互项时，西部地区命令控制型环境规制与产业间结构升级的回归方程；模型（6）是加入了 GDP 考核压力和环境规制综合指数交互项时，西部地区环境规制综合指数与产业间结构升级的回归方程。

表 6-14　各地区 GDP 考核压力下环境规制与产业间结构升级的回归结果

变量	东部地区		中部地区		西部地区	
	模型（1） *IND*	模型（2） *IND*	模型（3） *IND*	模型（4） *IND*	模型（5） *IND*	模型（6） *IND*
ER_1	1.230 ** (2.54)		1.003 ** (2.12)		0.372 (0.69)	
ER_2		0.090 *** (10.65)		0.066 *** (7.97)		0.043 *** (3.95)
PRES	3.659 *** (10.67)	5.240 *** (5.53)	1.936 *** (6.66)	0.956 ** (2.48)	5.758 *** (12.55)	8.697 *** (9.44)
ER1 × PRES	− 1.201 *** (− 2.88)		0.632 (1.19)		− 1.880 *** (− 3.50)	

续表

变量	东部地区		中部地区		西部地区	
	模型（1） IND	模型（2） IND	模型（3） IND	模型（4） IND	模型（5） IND	模型（6） IND
ER2 × PRES		−0.033 *** （−2.61）		0.019 *** （3.26）		−0.068 *** （−4.72）
CV	YES	YES	YES	YES	YES	YES
_cons	221.74 *** （206.69）	216.61 *** （188.71）	214.74 *** （163.80）	213.265 *** （164.81）	214.919 *** （126.95）	213.99 *** （126.62）
N	1515	1515	1635	1635	1140	1140
R²	0.529	0.561	0.394	0.426	0.415	0.424

注：*、**、*** 分别表示在 10%、5%、1% 的水平上显著，括号内为变量的 t 值。

从表 6-14 模型（1）、模型（3）、模型（5）的回归结果来看，东部和中部地区的命令控制型环境规制前的系数均在 5% 的水平上显著为正。其中，东部地区的命令控制型环境规制前的系数为 1.230，中部地区的系数为 1.003。这说明东部和中部地区的命令控制型环境规制都能促进产业间结构升级，其中东部地区的命令控制型环境规制对产业间结构升级的正向作用更大。东部、中部、西部地区 GDP 考核压力指标前的系数均在 1% 的水平上显著为正。其中，东部地区的系数为 3.659，中部地区的系数为 1.936，西部地区的系数为 5.758。这说明在以 GDP 为主的政绩考核体系下，我国三大地区的地方政府为了达到考核目标，都会追求本地经济的快速增长，在一定程度上有利于地区的产业间结构升级。东部和西部地区的命令控制型环境规制与 GDP 考核压力指标交互项前的系数均在 1% 的水平上显著为负，其中东部地区的系数为 −1.201，西部地区的系数为 −1.880。由于西部地区命令控制型环境规制前的系数并不显著，因此只有东部地区 GDP 考核压力对于命令控制型环境规制与产业间结构升级的影响关系具有显著的负向调节效应，即 GDP 考核压力的增大会削弱东部地区命令控制型环境规制对产业间结构升级的促进作用。

从表 6-14 模型（2）、模型（4）、模型（6）的回归结果来看，东部、中部、西部地区环境规制综合指数前的系数均在 1% 的水平上显著为正。其中,东部地区环境规制综合指数前的系数为0.090,中部地区环境规制综合指数前的系数为0.066,西部地区环境规制综合指数前的系数为0.043。这表明三大地区的环境规制实施都能够促进产业间结构升级,且东部地区环境规制实施对产业间结构升级的促进作用更大。东部和西部地区的GDP考核压力前的系数分别为5.240和8.697,且都在1%的水平上显著;中部地区GDP考核压力前的系数为0.956,且在5%的水平上显著。这表明三大地区的GDP考核压力的增大都会促进产业间结构升级,且西部地区的促进作用最大。东部和西部地区的环境规制综合指数与GDP考核压力交互项前的系数在1%的水平上显著为负,中部地区环境规制综合指数与GDP考核压力交互项前的系数在1%的水平上显著为正。其中,东部地区的系数为 - 0.033,中部地区的系数为0.019,西部地区的系数为 - 0.068。这表明东部和西部地区的GDP考核压力对于环境规制实施与产业间结构升级的影响关系具有负向调节效应,即东部和西部地区GDP考核压力的增大会削弱环境规制实施对产业间结构升级的促进作用;中部地区的GDP考核压力对于环境规制实施与产业间结构升级的影响关系具有正向调节效应,即中部地区GDP考核压力的增大会强化环境规制实施对产业间结构升级的促进作用。这可能是由于近年来中部地区的GDP增长速度较快,地方政府相对更容易完成设定的GDP增长目标,因此不需要为了追求GDP增速而放松环境规制。

6.4.1.5 各地区就业压力下环境规制对产业间结构升级的影响

表6 - 15是各地区就业压力下环境规制与产业间结构升级的回归结果。其中,模型(1)是加入了失业率和命令控制型环境规制交互项时,东部地区命令控制型环境规制与产业间结构升级的回归方程;模型(2)是加入了失业率和环境规制综合指数交互项时,东部地区环境规制综合指数与产业间结构升级的回归方程。模型(3)是加入了失业率和命令控制型环境规制交互项时,中部地区命令控制型环境规制与产业间结构升级的回归方程;模型(4)是加入了失业率和环境规制综合指数交互项时,中部地区环境规制综合指数与产业间结构升级的回归方程。模型

（5）是加入了失业率和命令控制型环境规制交互项时，西部地区命令控制型环境规制与产业间结构升级的回归方程；模型（6）是加入了失业率和环境规制综合指数交互项时，西部地区环境规制综合指数与产业间结构升级的回归方程。

表 6 - 15　各地区就业压力下环境规制与产业间结构升级的回归结果

变量	东部地区		中部地区		西部地区	
	模型（1）IND	模型（2）IND	模型（3）IND	模型（4）IND	模型（5）IND	模型（6）IND
ER_1	0.664 (0.90)		-0.922 (-1.09)		-0.380 (-0.52)	
ER_2		0.100 *** (8.47)		0.130 *** (8.69)		0.015 (0.67)
UMP	-22.53 *** (-3.96)	-5.076 (-0.49)	-13.493 ** (-2.00)	35.906 *** (3.28)	-3.776 (-0.44)	-13.830 (-0.73)
ER1 × UMP	4.826 (0.39)		41.971 *** (3.07)		14.345 (1.51)	
ER2 × UMP		-0.165 (-1.07)		-0.736 *** (-3.73)		0.341 (1.11)
CV	YES	YES	YES	YES	YES	YES
_cons	223.31 *** (189.69)	217.37 *** (162.94)	213.54 *** (161.76)	208.725 *** (149.45)	214.28 *** (115.32)	214.649 *** (102.27)
N	1616	1616	1744	1744	1216	1216
R^2	0.509	0.547	0.314	0.353	0.314	0.321

注：*、**、*** 分别表示在10%、5%、1%的水平上显著，括号内为变量的 t 值。

从表 6 - 15 模型（1）、模型（3）和模型（5）的回归结果可以看出，东部地区的失业率前的系数为 -22.53，且在1%的水平上显著；中部地区的失业率前的系数为 -13.493，且在5%的水平上显著。这表明东部和中部地区失业率的上升对产业间结构升级都具有显著的抑制作用，且东部地区失业率对产业间结构升级的抑制作用更加明显，这也说明东部地区的第二产业比重尤其是制造业比重较高，导致东部地区在由第二产业向第三产业转型升级过程中，会产生更多的失业。中部地区的命令控制型环境规制与失业率交互项前的系数为 41. 971，且在 1% 的水平上显著，但是由于中部地区命令控制型环境规制前的系数并不显著，因此无法判断中部地区失业率对于命令控制型环境规制与产业间结构升级的影响关系是否具有调节效应。

从表 6 - 15 模型（2）、模型（4）和模型（6）的回归结果可以看出，东部和中部地区环境规制综合指数前的系数均在 1% 的水平上显著为正。其中，东部地区的系数为 0. 10，中部地区的系数为 0. 13，说明东部和中部地区的环境规制实施都起到了促进产业间结构升级的作用。中部地区的环境规制综合指数与失业率的交互项前的系数为 - 0. 736，且在 1% 的水平上显著。这表明在中部地区，失业率对于环境规制实施与产业间结构升级的影响关系具有显著的负向调节效应，即失业率的增大会导致中部地区环境规制实施对产业间结构升级的促进作用减小。

6. 4. 2　各地区环境规制对区域生态效率的影响

6. 4. 2. 1　各地区财政支出分权下环境规制对区域生态效率的影响

表 6 - 16 是以财政支出变量作为财政分权指标时，各地区环境规制与区域生态效率的回归结果。其中，模型（1）是加入了财政支出分权和滞后一期命令控制型环境规制交互项时，东部地区滞后一期命令控制型环境规制与区域生态效率的回归方程；模型（2）是加入了财政支出分权和滞后一期环境规制综合指数交互项时，东部地区滞后一期环境规制综合指数与区域生态效率的回归方程。模型（3）是加入了财政支出分权和滞后一期命令控制型环境规制交互项时，中部地区滞后一期命令控制型环境规制与区域生态效率的回归方程；模型（4）是加入了财政支出分权和滞后一期环境规制综合指数交互项时，中部地区滞后一期环境规制综合指数与区域生态效率的回归方程。模型（5）是加入了财政支出分权和滞后一期命令控制型环境规制交互项时，西部地区滞后一期命令控制型环境规制与区域生态效率的回归方程；模型（6）是加入了财政支出分权和滞后一期环

境规制综合指数交互项时，西部地区滞后一期环境规制综合指数与区域生态效率的回归方程。

表6－16　各地区财政支出分权下环境规制与区域生态效率的回归结果

变量	东部地区		中部地区		西部地区	
	模型（1）TFPCH	模型（2）TFPCH	模型（3）TFPCH	模型（4）TFPCH	模型（5）TFPCH	模型（6）TFPCH
L. *ER*_1	－0.792（－0.98）		－0.214（－0.39）		－0.429（－1.11）	
L. *ER*_2		0.039 **（2.53）		0.029 **（2.18）		0.010（0.78）
*FD*_1	0.237（0.17）	5.457 **（2.22）	－0.631（－0.61）	0.719（0.36）	－1.644（－1.32）	－0.542（－0.29）
*LER*1 × *FD*1	1.019（0.61）		0.285（0.23）		1.054（1.11）	
*LER*2 × *FD*1		－0.087 **（－2.32）		－0.024（－0.71）		－0.012（－0.37）
CV	YES	YES	YES	YES	YES	YES
_cons	1.159 **（2.38）	－1.066（－1.15）	1.578 ***（4.24）	0.325（0.44）	1.820 ***（4.10）	1.149 *（1.69）
N	1515	1515	1635	1635	1140	1140
R²	0.008	0.010	0.003	0.028	0.019	0.021

注：* 、** 、*** 分别表示在10%、5%、1%的水平上显著，括号内为变量的 *t* 值。

从表6－16模型（2）和模型（4）的回归结果来看，东部和中部地区的环境规制综合指数滞后一期项前的系数均在5%的水平上显著为正，其中东部地区的系数为0.039，中部地区的系数为0.029。这表明在东部和中部地区，环境规制的实施能够起到促进区域生态效率的作用，但发挥作用具有时滞性。东部地区的财政支出分权前的系数为5.457，且在5%的水平上显著，可见在东部地区财政支出分权程度的上升有利于提高区域生态效率，说明东部地区的地方政府相对更加重视生态环境的保护。东部地区滞后一期的环境规制综合指数和财政支出分权指标交互项前的系数为－0.087，且在5%的水平上显著。这与全国层面的回归结果一致，说明在东部地区，财政支出分权程度的上升同样会削弱环境规制实施对于区域生态效率的促进作用。同时由于东部地区财政支出分权指标前的系数显著为正，说明财政支出分权和环境规制实施在区域生态效率上存在明显的替代关系，即东部地区的财政支出分权替代了环境规制实施对区域生态效率的正向影响。

6.4.2.2　各地区财政收入分权下环境规制对区域生态效率的影响

表 6 - 17 是以财政收入变量作为财政分权指标时，各地区环境规制与区域生态效率的回归结果。其中，模型（1）是加入了财政收入分权和滞后一期命令控制型环境规制交互项时，东部地区滞后一期命令控制型环境规制与区域生态效率的回归方程；模型（2）是加入了财政收入分权和滞后一期环境规制综合指数交互项时，东部地区滞后一期环境规制综合指数与区域生态效率的回归方程。模型（3）是加入了财政收入分权和滞后一期命令控制型环境规制交互项时，中部地区滞后一期命令控制型环境规制与区域生态效率的回归方程；模型（4）是加入了财政收入分权和滞后一期环境规制综合指数交互项时，中部地区滞后一期环境规制综合指数与区域生态效率的回归方程。模型（5）是加入了财政收入分权和滞后一期命令控制型环境规制交互项时，西部地区滞后一期命令控制型环境规制与区域生态效率的回归方程；模型（6）是加入了财政收入分权和滞后一期环境规制综合指数交互项时，西部地区滞后一期环境规制综合指数与区域生态效率的回归方程。

表 6 - 17　各地区财政收入分权下环境规制与区域生态效率的回归结果

变量	东部地区		中部地区		西部地区	
	模型（1）TFPCH	模型（2）TFPCH	模型（3）TFPCH	模型（4）TFPCH	模型（5）TFPCH	模型（6）TFPCH
L. ER_1	- 0.816 （ - 1.38）		- 0.350 （ - 1.07）		- 0.408 （ - 1.48）	
L. ER_2		0.028 *** （2.84）		0.028 *** （4.62）		0.002 （0.45）
FD_2	1.530 （1.21）	6.223 *** （2.97）	- 1.242 （ - 1.41）	1.448 （0.95）	- 1.473 （ - 1.46）	- 1.344 （ - 0.99）

变量	东部地区		中部地区		西部地区	
	模型（1） TFPCH	模型（2） TFPCH	模型（3） TFPCH	模型（4） TFPCH	模型（5） TFPCH	模型（6） TFPCH
$LER1 \times FD2$	1. 149 （0. 85）		0. 749 （0. 86）		1. 348 * （1. 69）	
$LER2 \times FD2$		− 0. 082 *** （− 2. 69）		− 0. 040 * （− 1. 68）		0. 013 （0. 56）
CV	YES	YES	YES	YES	YES	YES
_cons	1. 087 *** （3. 20）	− 0. 450 （− 0. 77）	1. 555 *** （7. 46）	0. 230 （0. 68）	1. 517 *** （6. 56）	1. 221 *** （3. 80）
N	1515	1515	1635	1635	1140	1140
R^2	0. 010	0. 013	0. 004	0. 029	0. 021	0. 021

注：*、**、***分别表示在10%、5%、1%的水平上显著，括号内为变量的 t 值。

从表6 - 17模型（2）和模型（4）的回归结果来看，东部和中部地区的环境规制综合指数滞后一期项前的系数均在1%的水平上显著为正，其中东部地区的系数为0. 028，中部地区的系数为0. 028。这表明在东部和中部地区，环境规制的实施能够起到促进区域生态效率的作用，但发挥作用具有时滞性。东部地区的财政收入分权前的系数为6. 223，且在1%的水平上显著，可见在东部地区财政收入分权程度的上升有利于提高区域生态效率，说明东部地区的地方政府相对更加重视生态环境的保护。东部地区滞后一期的环境规制综合指数和财政收入分权指标交互项前的系数为−0. 082，且在1%的水平上显著。中部地区滞后一期的环境规制综合指数和财政收入分权指标交互项前的系数为−0. 040，且在10%的水平上显著。这说明在东部和中部地区，财政收入分权程度的上升都会削弱环境规制实施对于区域生态效率的促进作用。同时由于东部和中部地区财政收入分权指标前的系数显著为正，说明财政收入分权和环境规制实施在区域生态效率上存在明显的替代关系，即东部和中部地区的财政收入分权替代了环境规制实施对区域生态效率的正向影响。

6.4.2.3 各地区财政不平衡下环境规制对区域生态效率的影响

表6-18是财政不平衡下各地区环境规制与区域生态效率的回归结果。其中，模型（1）是加入了财政不平衡和滞后一期命令控制型环境规制交互项时，东部地区滞后一期命令控制型环境规制与区域生态效率的回归方程；模型（2）是加入了财政不平衡和滞后一期环境规制综合指数交互项时，东部地区滞后一期环境规制综合指数与区域生态效率的回归方程。模型（3）是加入了财政不平衡和滞后一期命令控制型环境规制交互项时，中部地区滞后一期命令控制型环境规制与区域生态效率的回归方程；模型（4）是加入了财政不平衡和滞后一期环境规制综合指数交互项时，中部地区滞后一期环境规制综合指数与区域生态效率的回归方程。模型（5）是加入了财政不平衡和滞后一期命令控制型环境规制交互项时，西部地区滞后一期命令控制型环境规制与区域生态效率的回归方程；模型（6）是加入了财政不平衡和滞后一期环境规制综合指数交互项时，西部地区滞后一期环境规制综合指数与区域生态效率的回归方程。

表6-18 各地区财政不平衡下环境规制与区域生态效率的回归结果

变量	东部地区		中部地区		西部地区	
	模型（1）TFPCH	模型（2）TFPCH	模型（3）TFPCH	模型（4）TFPCH	模型（5）TFPCH	模型（6）TFPCH
$L.ER\_1$	-0.197 （-0.80）		-0.010 （-0.06）		-0.061 （-0.45）	
$L.ER\_2$		0.006 （0.96）		0.018*** （4.91）		0.005 （1.14）
VIF	-7.749* （-1.83）	-5.817 （-1.02）	0.600 （0.34）	0.588 （0.34）	-0.281 （-0.31）	-0.082 （-0.08）
$LER1 \times VIF$	-5.574 （-1.30）		-0.956 （-0.69）		0.202 （0.76）	

续表

变量	东部地区		中部地区		西部地区	
	模型（1）TFPCH	模型（2）TFPCH	模型（3）TFPCH	模型（4）TFPCH	模型（5）TFPCH	模型（6）TFPCH
$LER2 \times VIF$		-0.035 （-0.56）		0.013 （0.75）		0.001 （0.10）
CV	YES	YES	YES	YES	YES	YES
_cons	0.985*** （3.35）	0.787* （1.68）	1.370*** （8.64）	0.725*** （3.07）	1.279*** （6.60）	1.044*** （3.60）
N	1515	1515	1635	1635	1140	1140
R^2	0.012	0.009	0.003	0.028	0.018	0.020

注：*、**、*** 分别表示在 10%、5%、1% 的水平上显著，括号内为变量的 t 值。

从表 6 - 18 模型（1）的回归结果可以看出，东部地区的财政不平衡前的系数为 - 7.749，且在 10% 的水平上显著。这表明东部地区的财政不平衡会抑制区域生态效率，这可能是由于东部地区财政支出规模较大，导致地方政府债务问题较为严重，为了弥补财政收支的不平衡，地方政府倾向于放松环境规制以提高地区生产总值和增加财税收入，从而导致生态环境质量的下降。从模型（4）的回归结果可以看出，中部地区的环境规制综合指数滞后一期项前的系数为 0.018，且在 1% 的水平上显著。这表明在考虑财政不平衡因素时，中部地区环境规制的实施能够起到促进区域生态效率的作用，但发挥作用具有时滞性。

6.4.2.4　各地区 GDP 考核压力下环境规制对区域生态效率的影响

表 6 - 19 是 GDP 考核压力下各地区环境规制与区域生态效率的回归结果。其中，模型（1）是加入了 GDP 考核压力和滞后一期命令控制型环境规制交互项时，东部地区滞后一期命令控制型环境规制与区域生态效率的回归方程；模型（2）是加入了 GDP 考核压力和滞后一期环境规制综合指数交互项时，东部地区滞后一期环境规制综合指数与区域生态效率的回归方程。模型（3）是加入了 GDP 考核压力和滞后一期命令控制型环境规制交互项时，中部地区滞后一期命令控制型环境规制与区域生态效率的回

归方程；模型（4）是加入了 GDP 考核压力和滞后一期环境规制综合指数交互项时，中部地区滞后一期环境规制综合指数与区域生态效率的回归方程。模型（5）是加入了 GDP 考核压力和滞后一期命令控制型环境规制交互项时，西部地区滞后一期命令控制型环境规制与区域生态效率的回归方程；模型（6）是加入了 GDP 考核压力和滞后一期环境规制综合指数交互项时，西部地区滞后一期环境规制综合指数与区域生态效率的回归方程。

表 6 – 19　　各地区 GDP 考核压力下环境规制与区域生态效率的回归结果

变量	东部地区		中部地区		西部地区	
	模型（1）TFPCH	模型（2）TFPCH	模型（3）TFPCH	模型（4）TFPCH	模型（5）TFPCH	模型（6）TFPCH
L. ER_1	− 0. 334 (− 1. 58)		− 0. 087 (− 0. 57)		− 0. 113 (− 0. 88)	
L. ER_2		0. 005 (0. 85)		0. 022 *** (6. 68)		0. 006 (1. 63)
PRES	− 0. 111 (− 0. 45)	− 0. 204 (− 0. 28)	− 0. 125 (− 1. 14)	0. 184 (0. 75)	− 0. 328 * (− 1. 82)	0. 086 (0. 23)
LER1 × PRES	0. 092 (0. 35)		0. 077 (0. 40)		0. 648 ** (2. 54)	
LER2 × PRES		0. 002 (0. 19)		− 0. 005 (− 1. 32)		− 0. 002 (− 0. 30)
CV	YES	YES	YES	YES	YES	YES
_cons	1. 180 *** (4. 07)	0. 985 ** (2. 58)	1. 430 *** (8. 79)	0. 592 *** (2. 88)	1. 324 *** (6. 63)	1. 015 *** (4. 04)
N	1515	1515	1635	1635	1140	1140
R²	0. 008	0. 007	0. 004	0. 031	0. 023	0. 020

注：*、**、*** 分别表示在 10%、5%、1% 的水平上显著，括号内为变量的 t 值。

从表 6 – 19 模型（4）的回归结果可以看出，中部地区环境规制综合指数滞后一期项前的系数为 0. 022，且在 1% 的水平上显著。这表明在控制了 GDP 考核压力因素后，中部地区环境规制的实施能够促进区域生态效率提高，但是发挥作用具有时滞性。这也印证了前文中得出的结论，即中部地区近年来由于经济增速较快，相对更容易完成 GDP 考核指标，因此 GDP 考核压力对于中部地区政府环境政策的影响较小。从模型（5）的回归结果来看，西部地区 GDP 考核压力指标前的系数为 - 0.328，且在 10% 的水平上显著。可见西部地区的 GDP 考核压力对区域生态效率会起到抑制作用，说明西部地区面临的 GDP 考核压力较大，因此地方政府为了完成 GDP 考核目标可能会放松环境规制，从而导致生态环境质量下降。

6.4.2.5 各地区就业压力下环境规制对区域生态效率的影响

表 6 - 20 是就业压力下各地区环境规制与区域生态效率的回归结果。其中，模型（1）是加入了失业率和滞后一期命令控制型环境规制交互项时，东部地区滞后一期命令控制型环境规制与区域生态效率的回归方程；模型（2）是加入了失业率和滞后一期环境规制综合指数交互项时，东部地区滞后一期环境规制综合指数与区域生态效率的回归方程。模型（3）是加入了失业率和滞后一期命令控制型环境规制交互项时，中部地区滞后一期命令控制型环境规制与区域生态效率的回归方程；模型（4）是加入了失业率和滞后一期环境规制综合指数交互项时，中部地区滞后一期环境规制综合指数与区域生态效率的回归方程。模型（5）是加入了失业率和滞后一期命令控制型环境规制交互项时，西部地区滞后一期命令控制型环境规制与区域生态效率的回归方程；模型（6）是加入了失业率和滞后一期环境规制综合指数交互项时，西部地区滞后一期环境规制综合指数与区域生态效率的回归方程。

表 6 - 20　　各地区就业压力下环境规制与区域生态效率的回归结果

变量	东部地区		中部地区		西部地区	
	模型（1）TFPCH	模型（2）TFPCH	模型（3）TFPCH	模型（4）TFPCH	模型（5）TFPCH	模型（6）TFPCH
L. ER_1	- 0.164 （- 0.47）		- 0.118 （- 0.43）		0.220 （1.03）	
L. ER_2		0.006 （0.61）		0.014 ** （2.36）		- 0.003 （- 0.48）

变量	东部地区		中部地区		西部地区	
	模型（1）TFPCH	模型（2）TFPCH	模型（3）TFPCH	模型（4）TFPCH	模型（5）TFPCH	模型（6）TFPCH
UMP	-1.358 （-0.40）	-0.861 （-0.11）	0.914 （0.41）	-2.692 （-0.66）	3.069 （1.11）	-7.642 （-1.13）
LER1 × UMP	-3.448 （-0.54）		0.917 （0.21）		-4.007 （-1.35）	
LER2 × UMP		-0.021 （-0.15）		0.090 （1.15）		0.144 （1.33）
CV	YES	YES	YES	YES	YES	YES
_cons	1.241*** （3.31）	1.035* （1.71）	1.300*** （5.61）	0.773** （2.31）	1.079*** （4.13）	1.493*** （3.06）
N	1515	1515	1635	1635	1140	1140
R^2	0.008	0.007	0.003	0.029	0.019	0.021

注：*、**、*** 分别表示在 10%、5%、1% 的水平上显著，括号内为变量的 t 值。

从表 6-20 模型（4）的回归结果可以看出，环境规制综合指数滞后一期项前的系数为 0.014，且在 5% 的水平上显著。可见在考虑了失业率的因素后，中部地区环境规制的实施依然能够促进区域生态效率提高，且具有时滞性。

6.5　本章小结

本章在全书中起到一个承上启下的作用，因为本书的章节安排其实是一个层层递进的关系，先是抛开地方政府竞争因素，仅就一个地区而言，即不考虑地方政府的主观因素时，政府的环境规制如何影响地区产业结构升级，这里的产业结构升级既有产业间结构升级，也有产业内结构升级，或者说产业的绿色转型。然而，这种情况与现实当然是不符合的，因为现实中不可能只有一个地方政府，而地方政府在执行环境规制政策时也会存在不完全执行的现象，因此就需要放宽假设，把地方政府的主观因素考虑进来，那就是分权体制。

在中国现行体制下，中央政府作为委托者，委托地方政府进行环境治理，因此在环境治理上中央政府与地方政府形成了一种委托—代理关系。由于信息不对称，使得地方政府在环境规制上有采取机会主义行为的可能性。中央政府对地方政府下放经济管理权限，使地方政府具有了一定的经济权力；同时中央政府能够通过制定考核标准提拔地方官员，而 GDP 增长率是重要的考核标准之一，这意味着地方政府官员可能会为了追求地区生产总值的快速增长以获得政治上的晋升，以及为了增加财税收入而放松环境规制，从而对产业结构升级产生不利影响。

为了探讨财政分权体制下，环境规制如何影响产业结构升级，本章提出 4 个理论假说，并逐一进行验证，主要得出如下结论。

（1）财政分权程度的上升会削弱环境规制对产业结构升级的影响。无论是以财政支出变量还是财政收入变量作为财政分权指标，财政分权程度的上升都有利于地区的产业间结构升级，并且都会弱化命令控制型环境规制以及环境规制实施对于产业间结构升级的促进作用，说明财政分权在环境规制对产业间结构升级的影响关系上具有替代效应。同时，财政分权在环境规制实施对区域生态效率的影响关系上也具有替代效应。

（2）财政收支不平衡程度的上升会抑制地区的产业间结构升级，并且会削弱环境规制的实施对产业间结构升级的正向影响。这说明地方政府为了弥补财政收支不平衡，可能会放松环境规制，从而不利于地区的产业间结构升级。

（3）GDP 考核压力的增加会削弱命令控制型环境规制对产业间结构升级的促进作用，并且 GDP 考核压力的增加能够起到促进产业间结构升级的作用，说明 GDP 考核压力在命令控制型环境规制对产业间结构升级的影响关系上具有替代效应，地方政府可能会为了追求 GDP 增速目标而放松环境规制。

（4）失业率的上升不利于地区产业间结构升级，并会弱化环境规制实施对产业间结构升级的促进作用。这说明地方政府在就业压力下，为了降低失业率，维护社会稳定，会倾向于放松环境规制，从而对地区产业间结构升级产生不利影响。

（5）就各地区而言，相比于东部和西部地区，中部地区的财政分权对环境规制和产业间结构升级影响关系的负向调节效应更大，而东部地区财政分权对环境规制和区域生态效率影响关系的负向调节效应较为明显；东部和中部地区的财政不平衡对于环境规制实施与产业间结构升级的影响关系都具有显著的负向调节效应，且中部地区财政不平衡对产业间结构升级具有正向影响，说明中部地区政府债务规模整体可控；东部和西部地区GDP 考核压力的增大会削弱环境规制实施对产业间结构升级的促进作用，而中部地区的 GDP 考核压力对于环境规制实施与产业间结构升级的影响关系具有正向调节效应，说明中部地区的 GDP 增速较快，地方政府不必为了追求 GDP 增速而放松环境规制；东部和中部地区失业率的上升对产业间结构升级都具有显著的抑制作用，且东部地区失业率对产业间结构升级的抑制作用更加明显，而中部地区失业率对于环境规制实施与产业间结构升级的影响关系具有显著的负向调节效应，说明东部地区第二产业比重仍然较高，而中部地区承接部分来自东部的产业转移，第二产业是吸收劳动力最多的部门，因此政府的环境政策会对失业率更加敏感。

第 7 章

地方政府间的环境规制竞争机制

7.1 地方政府环境规制竞争的理论模型

分权体现的是纵向的府际关系，即中央政府和地方政府之间的关系，分权带来地方政府间的竞争，这是横向的府际关系，即地方政府间的关系。当我们说分权时，其实指的是中央政府和地方政府间的关系，是一种纵向的府际关系，由于存在分权，就不可避免地存在委托—代理问题，这也是本书第 6 章所试图阐述的结论，即在分权体制下，地方政府为了弥补财政不平衡以及在以 GDP 为主的政绩考核压力下，有放松环境规制的动机，即不完全执行环境规制的现象。而正是由于有了纵向的分权，才会产生横向的地方政府间的竞争，因为现实中只有一个中央政府，但却有若干个地方政府，且分为省市县等不同层级。

在中国，地方政府是环境规制的执行主体，那么在研究环境规制对产业结构升级的影响时，就不能忽略其背后的体制性因素，即地方政府之间的竞争。本书在进行文献梳理时，分别从财政分权与地方政府竞争两个维度来进行归纳。

当前中央政府在对地方政府进行考核时，既有经济绩效指标，也有环境绩效指标，而经济绩效主要依据的还是 GDP 指标，但是 GDP 增速指标并不是看绝对值，而是相对值，即本地区 GDP 增速相比于周边地区的情况如何，这更能体现出官员治理的经济绩效，从而导致地区间的竞争，不仅有招商引资、税收政策、人才政策等方面的竞争，也会产生环境政策的竞争。本书拓展到地级市这一层级来进行研究，考察不同地级市政府间的环境规制竞争策略。

因此，第 6 章论述了财政分权体制下地方政府的环境规制如何影响产业结构升级，而本章则是考察了地方政府间的环境规制竞争策略，以及在考虑空间因素和地方政府间环境规制竞争策略的情况下，地方政府环境规制是如何影响本地及邻地的产业结构升级的。

传统的经济理论总是将政府（中央政府或地方政府）视作单一的主体，假设其制定政策的环境是一个相对封闭的空间，但这显然是不符合实际情况的。一方面，一个地区的环境污染和环境政策都具有空间外溢性，比如该地区增加了对环境污染治理的投入，在改善本地区环境质量的同时，同样也会有利于周边地区环境质量的改善；另一方面，由于地区间政策差异的存在，资本和劳动力等生产要素通常会进行跨地区流动。

作为公共政策中最具外部性的政策之一，为了考察地区间环境规制政策的相互影响，本书设计了一个简单的模型来说明这一情况。假定一个地区 i 存在企业和居民两大部门，其中企业部门的利润函数为：

$$\pi_i = K_i^\alpha L_i^{1-\alpha} - r_i K_i - w_i L_i - p_i K_i \qquad (7-1)$$

其中，产品价格单位化为 1，π_i 代表当地企业的利润，K_i 代表当地的资本存量，L_i 代表当地就业的劳动力数量，r_i 代表当地的利率水平，w_i 代表当地的工资率，p_i 代表当地的环境政策，如污染治理投入、环境税或排污费等。

另外，假定居民的福利水平主要受收入水平和环境质量两个因素影响，即：

$$v_i = r_i K_i + w_i L_i + E_i, \quad E_i = E(p_i) \qquad (7-2)$$

其中，v_i 代表当地居民的福利水平，$w_i L_i$ 是居民的工资收入，$r_i K_i$ 是居民的资本收益。E_i 代表当地的环境质量，它是关于当地政府环境政策的函数，且 $E'(p_i) > 0$，即环境质量与政府环境政策呈正相关。

地方政府的目标函数 U_i 应当包括当地企业的利润函数和居民的福利函数，即：

$$U_i = \pi_i + v_i = K_i^\alpha L_i^{1-\alpha} - p_i K_i + E_i \qquad (7-3)$$

同理可得周边 j 地区政府的目标函数 U_j 为：

$$U_j = \pi_j + v_j = K_j^\beta L_j^{1-\beta} - p_j K_j + E_j \qquad (7-4)$$

其中，π_j 为 j 地区企业的利润函数，v_j 为 j 地区居民的福利函数。K_j 代表 j 地区的资本存量，L_j 代表 j 地区就业的劳动力数量，r_j 代表 j 地区的利率水平，w_j 代表 j 地区的工资率，p_j 代表 j 地区的环境政策，如污染治理投入、环境税或排污费等。

i 地区企业的利润最大化条件要求资本和劳动力的边际生产率必须等于其边际成本，即：

$$\pi_k^i = \alpha K_i^{\alpha-1} L_i^{1-\alpha} - r_i - p_i = 0 \qquad (7-5)$$

$$\pi_L^i = (1-\alpha) K_i^\alpha L_i^{-\alpha} - w_i = 0 \qquad (7-6)$$

考虑到资本的跨区域流动会使地区间资本的回报均等化，同时劳动力的跨区域迁移会缩小地区间居民福利水平的差距。因此，对于均衡情况而言，我们有：

$$r_i = r_j, i \neq j \qquad (7-7)$$

$$r_i K_i + w_i L_i + E_i = r_j K_j + w_j L_j + E_j, i \neq j \qquad (7-8)$$

由式（7-7）可得：

$$\alpha K_i^{\alpha-1} L_i^{1-\alpha} - p_i = \beta K_j^{\beta-1} L_j^{1-\beta} - p_j \qquad (7-9)$$

则：

$$K_i = ZL_i \qquad (7-10)$$

其中，$Z = (\beta K_j^{\beta-1} L_j^{1-\beta} - p_j + p_i)^{\frac{1}{\alpha-1}}$。

将式（7 - 10）代入式（7 - 8）可得：

$$L_i = \frac{r_j K_j + w_j L_j + E(p_j) - E(p_i)}{w_i + r_i z} \qquad (7-11)$$

将式（7 - 10）和式（7 - 11）代入式（7 - 3），可得 i 地区政府的目标函数为：

$$U_i = (Z^\alpha - p_i Z)[r_j K_j + w_j L_j + E(p_j) - E(p_i)]/(w_i + r_i z) + E(p_i) \qquad (7-12)$$

由式（7 - 12）可以发现，i 地区政府的目标函数不仅取决于本地区的利率 r_i、工资率 w_i 以及环境政策 p_i，而且取决于周边 j 地区的工资率 w_j、资本存量 K_j、劳动力数量 L_j 以及环境政策 p_j。政府的目标函数最大化，即：

$$\max_{p_i} U_i(K_j, L_j, p_i, p_j) \qquad (7-13)$$

通过解方程（7 - 13）可以得到地方政府间环境政策的反应函数：

$$p_i = p(K_j, L_j, p_j) \qquad (7-14)$$

上述反应函数表明，除周边地区的政策影响外，作为地方政府竞争重心的流动性生产要素 K_j 和 L_j 也是影响地方政府环境决策的重要考虑因素。

7.2　空间相关分析

产业间结构升级和区域生态效率通常呈现出空间集聚特征，这就意味着产业结构升级具有一定的空间相关性。为了证实这个假设，本书需要进行空间相关性的莫兰检验。

产业间结构升级的莫兰指数表达式为：

$$Moran's\ I = \frac{\sum_{i=1}^{286} \sum_{i=1}^{286} w_{ij}(IND_i - \overline{IND})(IND_j - \overline{IND})}{S^2 \sum_{i=1}^{286} \sum_{i=1}^{286} w_{ij}} \qquad (7-15)$$

区域生态效率的莫兰指数表达式为：

$$Moran's\ I = \frac{\sum_{i=1}^{286}\sum_{i=1}^{286}w_{ij}(TFP_i - \overline{TFP})(TFP_j - \overline{TFP})}{S^2\sum_{i=1}^{286}\sum_{i=1}^{286}w_{ij}} \qquad (7-16)$$

这里的S^2是样本方差，w_{ij}是全国地级行政区域相邻矩阵W的第i行和第j列的元素。$Moran's\ I$通常介于$-1 \sim 1$，正值说明变量呈正的空间自相关，即一般意义上的"高高聚集"和"低低聚集"；负值说明变量呈负的空间自相关，即"高低聚集"，高低值交错相邻；近似为0则说明空间分布随机，不具有空间相关性。

本书对2004~2018年15年间的286个地级市的产业间结构升级和区域生态效率进行了莫兰检验，结果如表7-1所示。

表7-1 产业结构升级的空间莫兰检验

年份	IND			TFP		
	I	Z	P	I	Z	P
2004	0.256	6.882	0	-0.027	-0.865	0.194
2005	0.172	4.677	0	-0.023	-0.573	0.283
2006	0.246	6.623	0	0.006	0.424	0.336
2007	0.250	6.728	0	0.001	0.120	0.452
2008	0.259	6.973	0	-0.029	-0.854	0.197
2009	0.290	7.796	0	-0.021	-0.669	0.252
2010	0.290	7.811	0	0	0.088	0.465
2011	0.306	8.222	0	0.170	4.636	0
2012	0.292	7.850	0	0.064	3.706	0
2013	0.302	8.113	0	-0.007	-0.231	0.409
2014	0.306	8.226	0	0.131	4.412	0
2015	0.308	8.273	0	0.004	1.047	0.148
2016	0.300	8.059	0	0.025	0.938	0.174
2017	0.278	7.491	0	0.061	1.740	0.041
2018	0.225	6.069	0	0.015	0.596	0.276

从表7-1中可以看出，产业间结构升级（IND）的莫兰I值全部为正，且都在1%的水平上显著。2004~2018年，15年产业间结构升级的莫

兰指数的平均值为0.272，表明产业间结构升级存在正的空间自相关关系。全国地级市区域生态效率（TFP）在大多数年份的莫兰 I 值为正，只有在2004年、2005年、2008年、2009年和2013年区域生态效率的莫兰 I 值为负，且都不显著。区域生态效率的莫兰 I 值只有2011年、2012年、2014年和2017年通过了显著性检验，说明区域生态效率的空间相关性较弱，在大多数年份并没有明显的空间相关关系。

为了显示各地区局部的空间关系，本书分别绘制了2018年产业间结构升级（IND）和2017年区域生态效率（TFP）的莫兰散点图，如图7-1和图7-2所示。

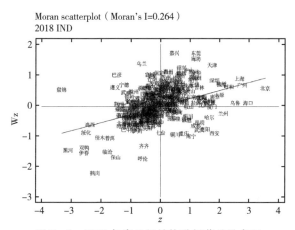

图7-1　2018年产业间结构升级莫兰散点图

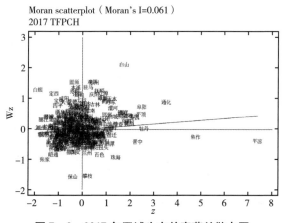

图7-2　2017年区域生态效率莫兰散点图

从图 7 - 1 可以看出，2018 年全国地级市的产业间结构升级呈现出正的空间自相关性。北京、上海、天津、东莞、深圳、广州等城市分布在第一象限，代表高值与高值相邻，说明这些城市及其周边地区的产业间结构升级程度较高；鸡西、黑河、绥化、鹤岗等城市分布在第三象限，代表低值与低值相邻，说明这些城市及其周边地区的产业间结构升级程度较低。

从图 7 - 2 可以看出，2017 年全国地级市的区域生态效率呈现出正的空间自相关性，但是拟合线相对较为平坦，且大多数城市的区域生态效率聚集在零点附近，说明我国地级市区域生态效率的空间相关性较弱，即区域生态效率的空间分布具有一定的随机性。通化、阜阳、平顶山、牡丹江、驻马店、抚顺等城市分布在第一象限，说明这些城市及其周边地区的区域生态效率较高；昭通、保山、邵阳、陇南、怀化等城市分布在第三象限，表明这些城市及其周边地区的区域生态效率较低。

7.3 实证分析框架设计

7.3.1 空间面板联立方程模型设定

在进行模型设定时，必须考虑以下两个制约因素：首先，环境规制与地区产业结构升级是同时相互决定的，即地方政府的环境规制行为必须考虑当地的经济发展水平和生态环境状况因而受到产业结构的制约；其次，环境规制行为状况又会影响当地的经济发展和环境状况，进而对产业结构升级产生"促进"或"制约"作用。因此需要建立环境规制和区域生态效率同时决定的联立方程模型（李胜兰等，2014）。

为了考察地方政府在环境规制上的策略互动，本书建立包含产业结构升级方程和环境规制方程的空间面板联立方程模型。在产业结构升级方程中，加入产业间结构升级和区域生态效率的空间加权项，以控制产业间结构升级和区域生态效率的空间集聚特征，同时加入环境规制的空间加权项，以探讨环境规制的空间溢出效应；在环境规制方程中，加入环境规制的空间加权项，以说明地方政府环境规制的策略互动状况，同时加入产业间结构升级和区域生态效率及其空间加权项作为解释变量，以探讨产业结构升级对地方政府环境规制的反向影响。

产业间结构升级和环境规制的空间面板联立方程模型设定如下：

$$IND_{it} = \alpha_1 + \lambda_1 WIND_{it} + \gamma_1 WER_{it} + \beta_1 ER_{it} + \delta_1 CV_{it} + \varepsilon_{1it} \qquad (7-17)$$

$$\varepsilon_{1it} = \rho_1 \sum_{j=1}^{n} w_{ij}\, \varepsilon_{1it} + \mu_{1it} \qquad (7-18)$$

$$ER_{it} = \alpha_2 + \lambda_2 WIND_{it} + \gamma_2 WER_{it} + \varphi_1 IND_{it} + \theta_1 X_{it} + \varepsilon_{2it} \qquad (7-19)$$

$$\varepsilon_{2it} = \rho_2 \sum_{j=1}^{n} w_{ij}\, \varepsilon_{2it} + \mu_{2it} \qquad (7-20)$$

$$\phi_1 = VAR\begin{pmatrix} \mu_{1it} \\ \mu_{2it} \end{pmatrix} = E\begin{pmatrix} \mu_{1it}^2 & \mu_{1it}\mu_{2it} \\ \mu_{1it}\mu_{2it} & \mu_{2it}^2 \end{pmatrix} = \begin{pmatrix} \sigma_{11} & \sigma_{12} \\ \sigma_{21} & \sigma_{22} \end{pmatrix} \qquad (7-21)$$

其中，IND_{it} 表示 i 地区第 t 年的产业间结构升级，ER_{it} 表示 i 地区第 t 年的环境规制水平；$WIND_{it} = \sum_{j=1}^{n} w_{ij}\, IND_{it}$，$WER_{it} = \sum_{j=1}^{n} w_{ij}\, ER_{it}$，$w_{ij}$ 为 $N \times N$ 维空间权重矩阵第 i 行第 j 列的元素，表示第 i 个空间个体与第 j 个空间个体的空间相关性，N 为空间个体样本总数，因此 $WIND_{it}$ 和 WER_{it} 分别表示周边地区产业间结构升级和环境规制的空间加权项。CV_{it} 表示产业间结构升级方程的控制变量，包含人均地区生产总值、对外开放、受教育水平等变量；X_{it} 表示环境规制方程的控制变量，包括财政分权（FD_{it}）、财政不平衡（VIF_{it}）和失业率（UMP_{it}）；ε 和 μ 分别为对应方程中的随机误差项，ϕ_1 为空间加权方程中误差项的方差矩阵。

区域生态效率和环境规制的空间面板联立方程模型设定如下：

$$TFP_{it} = \alpha_3 + \lambda_3 WTFP_{it} + \gamma_3 WER_{it} + \beta_2 ER_{it} + \delta_2 CV_{it} + \varepsilon_{3it} \qquad (7-22)$$

$$\varepsilon_{3it} = \rho_3 \sum_{j=1}^{n} w_{ij}\, \varepsilon_{3it} + \mu_{3it} \qquad (7-23)$$

$$ER_{it} = \alpha_4 + \lambda_4 WTFP_{it} + \gamma_4 WER_{it} + \varphi_2 TFP_{it} + \theta_2 X_{it} + \varepsilon_{4it} \qquad (7-24)$$

$$\varepsilon_{4it} = \rho_4 \sum_{j=1}^{n} w_{ij}\, \varepsilon_{4it} + \mu_{4it} \qquad (7-25)$$

$$\phi_2 = VAR \begin{pmatrix} \mu_{3it} \\ \mu_{4it} \end{pmatrix} = E \begin{pmatrix} \mu_{3it}^2 & \mu_{3it}\mu_{4it} \\ \mu_{3it}\mu_{4it} & \mu_{4it}^2 \end{pmatrix} = \begin{pmatrix} \varepsilon_{11} & \varepsilon_{12} \\ \varepsilon_{21} & \varepsilon_{22} \end{pmatrix} \qquad (7-26)$$

其中，TFP_{it} 表示 i 地区第 t 年的区域生态效率，ER_{it} 表示 i 地区第 t 年的环境规制水平；$WTFP_{it} = \sum_{j=1}^{n} w_{ij} TFP_{it}$，表示周边地区生态效率的空间加权项，$CV_{it}$ 表示产业间结构升级方程的控制变量，包含人均地区生产总值、对外开放、受教育水平等变量；X_{it} 表示环境规制方程的控制变量，包括财政分权（FD_{it}）、财政不平衡（VIF_{it}）和失业率（UMP_{it}）；ε 和 μ 分别为对应方程中的随机误差项，ϕ_2 为空间加权方程中误差项的方差矩阵。

本书借鉴邓慧慧和杨露鑫（2019）与李胜兰、初善兵等（2014）的研究，采用广义空间三阶段最小二乘法（GS3SLS）来进行估计。具体步骤为：第一步，考虑"联立内生性"问题，首先将所有解释变量及其空间滞后项作为工具变量，通过 2SLS 得到一致的估计系数，由于未考虑扰动项的空间自相关，估计结果并非是最有效率的，因此，计算得到残差，并进行第二步估计；第二步，利用 GMM 方法，对上一步所得残差进行空间自回归估得到空间自回归系数，并利用对方程进行"空间 Cochrane – Orcutt 变换"，以消除扰动项的空间自相关，即将回归方程两边同时乘以 $(I - \rho M)$，其中，I 为单位阵，M 为扰动项的空间权重矩阵；第三步，将经过"空间 Cochrane – Orcutt 变换"的方程重新进行 2SLS 估计，由此得到一致的、有效的估计系数。

对于估计结果，主要考察两个方面：一是地方政府在环境规制的策略互动上是否存在"模仿"或"差异化"的行为特征，如果周边地区提高或降低环境规制水平，本地区也采取同样的行为，那么就是在模仿周边地区的环境规制策略，反之即为"差异化"策略；二是在与周边地区环境规制的策略互动中，本地的环境规制水平是否能够促进产业结构升级，如果环境规制强度与产业结构升级之间存在正相关关系，说明环境规制促进了产业结构升级，反之则制约了产业结构升级。

通过考察 β_1、β_2、γ_2 和 γ_4 的正负与大小可以识别环境规制的竞争情况及其对产业结构优化升级的影响。根据 β 和 γ 的正负，两者组合可以得到九种作用形态，具体如表 7 – 2 所示。

表 7 – 2　　　　　　环境规制对产业结构升级影响的作用形态

项目	$\beta > 0$	$\beta < 0$	不显著
$\gamma > 0$	模仿促进	模仿制约	模仿无效
$\gamma < 0$	差异促进	差异制约	差异无效
γ 不显著	独立促进	独立制约	独立无效

本书借鉴李胜兰等（2014）和杨骞等（2019）的思路，认为如果各地区的环境规制行为呈现出"模仿"特征，并制约了产业结构升级，即环境规制对产业结构升级呈现出"模仿制约"的作用形态，则意味着存在环境规制的"逐底竞争"行为；如果各地区的环境规制行为呈现出"模仿"特征，并促进了产业结构升级，即环境规制对产业结构升级呈现出"模仿促进"的作用形态，则意味着存在环境规制的"逐顶竞争"行为，或者说是标尺竞争策略；如果各地区的环境规制行为呈现出"差异化"特征，环境规制对产业结构升级具有促进或制约作用，意味着存在环境规制的"差异化竞争"行为，此时地方政府采取"你强我弱"或"你弱我强"的策略，周边地区通过降低环境规制吸引环境规制水平较高地区的污染企业，承接来自发达地区的污染转移，这就验证了"污染避难所"假说。

7.3.2　空间权重矩阵设定

本书具有空间相关性的变量为环境规制和产业结构升级，空间加权矩阵的设定反映出地方政府对竞争对手的选择及其对自身影响程度的判断。本书采用空间反距离权重矩阵来考察各变量间的空间关联，即 $w_{ij} = 1/d_{ij}$，d_{ij} 为两地区间的欧式距离，表明地区间的空间距离越大，则相应的空间联系就越弱，空间权重就越小。同时，本书采用空间邻接矩阵来进行稳健性检验，即当两地区地理相邻时，$w_{ij} = 1$；若两地区地理不相邻，则 $w_{ij} = 0$。

7.4 实证结果分析

7.4.1 全国层面的估计结果

7.4.1.1 环境规制与产业间结构升级的关系

表7-3是环境规制与产业间结构升级空间面板联立方程模型的估计结果，其中，模型（1）是命令控制型环境规制与产业间结构升级的空间面板联立方程模型，模型（2）是环境规制综合指数与产业间结构升级的空间面板联立方程模型。

表7-3　　环境规制与产业间结构升级空间面板联立方程估计结果

变量	模型（1）		模型（2）	
	IND	ER_1	IND	ER_2
W. IND	1. 072 *** （26. 01）	− 0. 044 *** （− 18. 04）	1. 162 *** （20. 38）	− 0. 204 ** （− 2. 26）
W. ER_1	− 20. 821 *** （− 11. 99）	1. 444 *** （17. 45）	0. 562 *** （6. 87）	
W. ER_2				1. 009 *** （28. 9）
ER_1	12. 841 *** （15. 94）			
ER_2			− 0. 777 *** （− 9. 67）	
IND		0. 033 *** （28. 61）		0. 281 *** （7. 2）
PGDP	0. 000 *** （7. 11）		0. 000 *** （11. 09）	
SCA	− 1. 102 *** （− 4. 06）		− 0. 700 * （− 1. 79）	

续表

变量	模型（1）		模型（2）	
	IND	*ER_1*	*IND*	*ER_2*
CRE	0.000 *** (7.61)		0.000 *** (11.34)	
OPEN	24.204 *** (5.63)		30.358 *** (5)	
GOV	0.826 (0.97)		− 3.986 *** (− 3.24)	
EDU	0.014 *** (17.27)		0.029 *** (26.77)	
TECH	− 0.439 *** (− 5.01)		− 1.025 *** (− 8.75)	
PEO	0.002 *** (4.6)		0.007 *** (8.53)	
FD_1		− 0.136 (− 1.49)		− 10.275 *** (− 3.24)
VIF		0.023 (0.56)		− 5.319 *** (− 3.78)
UMP		− 0.281 (− 1.51)		− 13.599 ** (− 2.05)
_cons	− 18.207 ** (− 2.12)	2.318 *** (5.43)	− 37.270 *** (− 3.19)	− 13.115 (− 0.84)
N	4576	4576	4576	4576
R^2	0.5025	0.1951	0.2873	0.3775

注：*、**、*** 分别表示在 10%、5%、1% 的水平上显著，括号内为变量的 t 值。

　　根据模型（1）的回归结果，在产业间结构升级方程中，产业间结构升级空间滞后项前的系数为 1.072，且在 1% 的水平上显著。这说明产业间结构升级具有正的空间自相关性，这也符合前文中的空间相关性检验的结果。命令控制型环境规制的空间滞后项前的系数为 − 20.821，且在 1% 的水平上显著。这表明在控制了空间效应之后，命令控制型环境规制对产业间结构升级产生了负向的空间溢出效应，即本地区的命令控制型环境规制阻碍了邻近地区的产业间结构升级。而命令控制型环境规制前的系数为 12.841，且在 1% 的水平上显著。由此可见，命令控制型环境规制有利于本地产业间结构升级，但在一定程度上不利于周边地区的产业间结构升级。

在模型（1）的环境规制方程中，命令控制型环境规制空间滞后项前的系数为 1.444，且在 1% 的水平上显著。这表明，当地环境规制政策的制定具有模仿周边地区的行为特征，即当周边地区提高环境规制水平时，本地也会相应提高环境规制水平；当周边地区降低环境规制水平时，本地也会相应降低环境规制水平。因此，从回归结果来看，地方政府的命令控制型环境规制呈现出"模仿促进"的特点，即地方政府在环境规制上采取了标尺竞争的策略。近年来随着国家更加重视生态环境保护，树立"绿水青山就是金山银山"的理念，并且将环境绩效也逐渐纳入官员政绩考核范围，使得地方政府采取更加严厉的环境规制措施，以实现经济发展和生态环境的双赢，因此表现出"标尺竞争"的特征。

产业间结构升级前的系数为 0.033，而产业间结构升级空间滞后项前的系数为 -0.044，且都在 1% 的水平上显著。这表明，当地的产业间结构升级对于命令控制型环境规制具有反向的促进作用，而邻近地区的产业间结构升级却降低了本地的命令控制型环境规制强度。在地方竞争的背景下，各地方政府通过提高或降低环境规制水平，并模仿周边地区的环境规制政策，来争夺资本、劳动力等有限的流动性资源，从而不利于周边地区的产业间结构升级。换言之，本地通过环境规制促进产业间结构升级，是以牺牲周边地区的产业间结构升级为代价的。而当周边地区通过加强环境规制促进产业间结构升级的时候，当地政府环境规制的实施效果则被削弱了。

在模型（1）产业间结构升级方程的控制变量中，只有产业规模（SCA）和技术创新能力（TECH）前的系数在 1% 的水平上显著为负。在控制了空间效应之后，产业规模和技术创新能力对产业间结构升级产生负向影响。如前文中所说，产业规模指标衡量的是一个地区固定资产投资水平，由于我国当前大多数地区的固定资产投资依然集中在第二产业等传统产业领域，因此固定资产投资不利于产业间结构升级。技术创新能力是用一个地区获得的专利授权数来进行衡量的，第二产业尤其是制造业更容易申请发明专利，而第三产业相对较难申请专利。因此，一个地区的第三产业占比越高，发明专利可能会越少，这就导致技术创新指标与产业间结构升级指标之间呈现负相关关系。其余控制变量的回归结果与不考虑空间效应时的回归结果大致相似，故在此不一一说明。

根据模型（2）的回归结果，在产业间结构升级方程中，产业间结构升级空间滞后项前的系数为 1.162，在 1% 的水平上显著，这一结果与模型（1）的回归结果相似，说明产业间结构升级具有正向的空间相关性。环境规制综合指数前的系数为 -0.777，而环境规制综合指数空间滞后项前的系数为 0.562，且都在 1% 的水平上显著。由此可见，在控制了空间效应之后，环境规制对本地的产业间结构升级产生负向影响，而对周边地区的产业间结构升级产生正向的空间溢出。这一结果正好与模型（1）的回归结果相反，表明政府的命令控制型环境规制手段与综合的环境规制手段的效果截然相反，一个地区在实施环境规制的实际过程中，可能会产生"遵循成本"效应，从而阻碍当地的产业间结构升级。而本地在加强环境规制的过程中，可能会促使资本、劳动力等资源流入周边地区，从而有利于周边地区的产业间结构升级。

在模型（2）的环境规制方程中，环境规制综合指数空间滞后项前的系数为 1.009，在 1% 的水平上显著。可以看出，综合的环境规制也具有模仿周边地区的行为特征，但是模仿效应小于命令控制型环境规制。产业间结构升级空间滞后项前的系数在 5% 的水平上显著为负，产业间结构升级前的系数在 1% 的水平上显著为正，表明产业间结构升级能够反向促进本地提高环境规制水平，而周边地区的产业间结构升级会使本地的环境规制水平降低，这一结果与模型（1）的回归结果相似。结合产业结构升级方程的回归结果，可以看出综合的环境规制对于当地产业间结构升级具有"模仿制约"的作用，即环境规制呈现出"逐底竞争"的特征。这说明在具体实施环境规制的过程中，地方政府为了促进当地的经济发展，可能会竞相降低环境规制水平，以吸引劳动力、资本等流动性资源，从而阻碍本地的产业间结构升级。

在模型（2）的产业间结构升级方程中，政府作用强度（*GOV*）前的

系数为 -3.986, 且在 1% 的水平上显著。由此可见, 在控制了空间效应之后, 政府作用强度对产业间结构升级的影响由正转负。这表明, 在考虑地方政府竞争因素时, 政府干预对当地的产业间结构升级产生了抑制作用, 即地方政府为了追求 GDP 而干预市场, 会造成资源错配, 从而不利于本地的产业间结构升级。在环境规制方程中, 财政支出分权前的系数为 -10.275, 财政不平衡前的系数为 -5.319, 失业率前的系数为 -13.599, 且都在 1% 的水平上显著。这说明财政支出分权、财政不平衡和失业率与环境规制之间存在显著的负相关性, 即财政支出分权、财政不平衡和失业率的上升都会使当地政府降低环境规制水平。同时, 在财政分权体制下, 由于 "财权归中央、事权归地方", 为了弥补财政支出大于财政收入所造成的财政失衡, 以及地方政府为了维护当地社会稳定, 因此地方政府有弱化环境规制的动机, 以招商引资, 提高财政收入, 降低失业率。

7.4.1.2 环境规制与区域生态效率的关系

表 7-4 是环境规制与区域生态效率的空间面板联立方程模型的估计结果, 其中, 模型 (1) 是命令控制型环境规制与区域生态效率的空间面板联立方程模型, 模型 (2) 是环境规制综合指数与区域生态效率的空间面板联立方程模型。

表 7-4　　环境规制与区域生态效率空间面板联立方程估计结果

变量	模型 (1)		模型 (2)	
	TFPCH	*ER_1*	*TFPCH*	*ER_2*
W. TFPCH	1.030 *** (7.74)	-0.570 *** (-6.62)	1.046 *** (7.84)	-2.579 (-1.62)
W. ER_1	-2.198 *** (-6.53)	1.113 *** (6.78)		
W. ER_2			-0.034 (-1.64)	1.005 *** (40.88)
ER_1	1.921 *** (17.92)			

续表

变量	模型（1）		模型（2）	
	TFPCH	*ER_1*	*TFPCH*	*ER_2*
ER_2			0.030 （1.49）	
TFPCH		0.549 *** （10.18）		1.287 （0.97）
PGDP	0.000 ** （−2.38）		0.000 * （−1.89）	
SCA	−0.012 （−0.33）		−0.001 （−0.01）	
CRE	0.000 （−0.91）		0.000 * （1.92）	
OPEN	−0.487 （−0.75）		−0.637 （−0.38）	
GOV	0.435 ** （2.37）		0.231 （0.79）	
EDU	0.000 （−1.17）		0.000 （1.42）	
TECH	0.006 （0.43）		−0.050 * （−1.69）	
PEO	0.000 （0.81）		0.000 （−0.27）	
FD_1		0.524 *** （4.56）		9.142 *** （3.53）
VIF		−0.299 *** （−3.25）		−9.708 *** （−6.96）
UMP		−0.188 （−0.77）		−29.157 *** −3.61
_cons	0.153 （0.71）	−0.185 （−1.63）	0.224 （0.72）	−0.094 （−0.05）
N	4290	4290	4290	4290
R²	−0.0991	−6.243	−0.0023	0.3126

注：*、**、*** 分别表示在 10%、5%、1% 的水平上显著，括号内为变量的 *t* 值。

根据模型（1）的回归结果，在区域生态效率方程中，区域生态效率空间滞后项前的系数为 1.030，命令控制型环境规制空间滞后项前的系数为 −2.198，且都在 1% 的水平上显著，这一结果与产业间结构升级方程的回归结果相似。由此可见，各地区的区域生态效率也存在正的空间自相关性，由于环境污染具有负外部性，一个地区的生态环境总是与周边地区的环境质量息息相关。同时，命令控制型环境规制对于区域生态效率具有负向的空间溢出效应，即本地提高命令控制型环境规制水平，会导致周边地区的区域生态效率下降。而命令控制型环境规制前的系数为 1.921，也在 1% 的水平上显著。这说明，在控制了空间效应之后，命令控制型环境规制有利于本地的区域生态效率改善，但是会抑制周边地区的区域生态效率。这是因为地方政府在通过环境规制提升本地区域生态效率的时候，会使部分本地的污染产业迁出，实现本地的产业绿色转型。但是这部分污染产业有可能会迁入周边环境规制相对宽松的地区，从而破坏了周边地区的生态环境，降低了区域生态效率。

在模型（1）的环境规制方程中，命令控制型环境规制空间滞后项前的系数为 1.113，且在 1% 的水平上显著，说明地方政府的命令控制型环境规制具有"模仿"周边地区的行为特征，即当周边地区提高或降低环境规制水平时，当地政府也会相应提高或降低环境规制水平，这也符合前文中的回归结果。结合区域生态效率方程的回归结果，命令控制型环境对于区域生态效率的作用呈现出"模仿促进"的特征，即地方政府采取了"标尺竞争"的环境规制策略。这也说明随着生态文明体制的建设，各地方政府越来越重视生态环境的保护，加快了本地产业绿色转型步伐。

在模型（1）的环境规制方程中，区域生态效率空间滞后前的系数为 −0.570，区域生态效率前的系数为 0.549，且都在 1% 的水平上显著。这说明本地的区域生态效率对于命令控制型环境规制具有反向的促进作用，而周边地区的区域生态效率提高却会降低本地的命令控制型环境规制水平。这是因为在考虑地方竞争时，地方政府的环境规制可能会产生"污染避难所"效应，即污染产业可能会从环境规制相对较为严格的地区迁入环境规制较为宽松的地区，这就导致环境规制带来了一定的负外部性，即本地生态效率的改善是以牺牲周边地区的生态效率为代价的，因此周边地区生态效率的改善会削弱本地的环境规制效果。

在模型（1）区域生态效率方程的控制变量中，政府作用强度前的系数为0.435，且在5%的水平上显著。这说明在控制了空间效应之后，政府作用能够促进区域生态效率提高，这也间接证明了地方政府的环境规制具有"标尺竞争"的特征。在环境规制方程的控制变量中，财政支出分权前的系数为0.524，财政不平衡前的系数为 - 0.299，且都在1%的水平上显著。在当前的财政分权体制下，地方政府在环境治理上被赋予了一定的自主权，随着财政分权程度的提高，并且环境绩效被纳入官员政绩的考核范围，地方政府官员更有加强环境规制的动机。另外，由于财政分权而造成的财政不平衡，导致地方政府入不敷出，地方债务问题加剧，这可能会使地方政府为了增加财政收入、弥补财政失衡而有意放松环境规制。

根据模型（2）的回归结果，区域生态效率空间滞后项前的系数为1.046，且在1%的水平上显著，这也说明区域生态效率呈现出正的空间自相关性。环境规制综合指数及其空间滞后项前的系数并不显著。在环境规制方程中，环境规制综合指数空间滞后项前的系数为1.005，且在1%的水平上显著。这一结果与前文中的回归结果一致，表明各地区的环境规制具有模仿周边地区的行为特征。由于环境规制综合指数与区域生态效率的回归结果并不显著，因此，在模型（2）中环境规制对于区域生态效率的作用呈现出"模仿无效"的特征。

在模型（2）区域生态效率方程的控制变量中，技术创新能力前的系数为 - 0.050，且在10%的水平上显著，这也表明我国当前的技术创新更多集中于生产技术领域，而非绿色技术创新。在模型（2）环境规制方程的控制变量中，财政支出分权前的系数为9.142，财政不平衡前的系数为 - 9.708，失业率前的系数为 - 29.157，且都在1%的水平上显著。这一结果也说明财政分权程度的提高能够赋予地方政府一定的自主性，有助于地方政府提高环境规制水平，但是为了弥补财政收支的不平衡以及维护社会稳定，地方政府也不得不在一定程度上放松环境规制，以获得更多的财税收入，并创造更多就业岗位。

7.4.2　地区层面的估计结果

7.4.2.1　各地区环境规制与产业间结构升级的关系

表 7 – 5 是各地区命令控制型环境规制与产业间结构升级的空间面板联立方程模型的估计结果。其中，模型（1）是东部地区命令控制型环境规制与产业间结构升级的空间面板联立方程模型，模型（2）是中部地区命令控制型环境规制与产业间结构升级的空间面板联立方程模型，模型（3）是西部地区命令控制型环境规制与产业间结构升级的空间面板联立方程模型。

表 7 – 5　　　　各地区命令控制型环境规制与产业间结构升级
空间面板联立方程估计结果

| 变量 | 模型（1） | | 模型（2） | | 模型（3） | |
| | 东部地区 | | 中部地区 | | 西部地区 | |
	IND	*ER_1*	*IND*	*ER_1*	*IND*	*ER_1*
W. IND	0.903 *** （13.2）	– 0.027 *** （– 7.17）	1.118 *** （20.4）	– 0.051 *** （– 14.24）	0.826 *** （10.08）	– 0.033 *** （– 6.71）
W. ER_1	– 23.511 *** （– 8.23）	1.179 *** （9.1）	– 17.884 *** （– 8.73）	1.067 *** （11.84）	– 15.070 *** （– 5.82）	1.053 *** （6.89）
ER_1	20.952 *** （19.5）		15.854 *** （11.59）		12.235 *** （12.48）	
IND		0.025 *** （16.62）		0.044 *** （22.08）		0.038 *** （22.1）
FD_1		0.127 （1.28）		– 0.146 （– 0.91）		0.181 （0.96）
VIF		– 0.714 *** （– 5.11）		0.160 ** （2.31）		– 0.317 *** （– 4.84）
UMP		0.112 （0.5）		– 0.533 ** （– 2.23）		– 0.237 （– 0.55）
_cons	17.187 （1.18）	0.277 （0.39）	– 26.175 ** （– 2.26）	1.447 ** （2.5）	34.357 ** （2.03）	– 1.158 （– 1.21）
CV	YES	YES	YES	YES	YES	YES
N	1616	1616	1744	1744	1216	1216
R^2	0.3916	0.3269	0.3631	– 0.0833	0.5212	0.3227

注：*、**、*** 分别表示在 10%、5%、1% 的水平上显著，括号内为变量的 *t* 值。

根据表 7 - 5 的回归结果, 在产业间结构升级方程中, 东部、中部、西部地区的产业间结构升级空间滞后项前的系数都在 1% 的水平上显著为正, 说明各地区的产业间结构升级都呈现出正的空间自相关性。其中, 东部地区的系数为 0.903, 中部地区的系数为 1.118, 西部地区的系数为 0.826, 可见中部地区的产业间结构升级的空间溢出效应最强。东部、中部、西部地区命令控制型环境规制的空间滞后项前的系数都在 1% 的水平上显著为负, 说明各地区的环境规制对产业间结构升级都会产生负向的空间溢出效应。其中, 东部地区的系数为 - 23.511, 中部地区的系数为 - 17.884, 西部地区的系数为 - 15.070, 可见东部地区环境规制的负向空间溢出效应最大, 这也说明东部地区地方政府间的环境规制竞争更为激烈, 因此对于周边地区的负向影响会更大。东部、中部、西部地区的命令控制型环境规制前的系数都在 1% 的水平上显著为正。其中, 东部地区的系数为 20.952, 中部地区的系数为 15.854, 西部地区的系数为 12.235。可见东部地区命令控制型环境规制对于产业间结构升级的促进作用最强, 这是因为东部地区经济发展程度较高, 已经到达环境库兹涅茨曲线的右端, 此时通过环境规制更能够实现经济和生态环境的双赢。

在环境规制方程中, 东部、中部、西部地区的命令控制型环境规制空间滞后项前的系数均在 1% 的水平上显著为正。其中, 东部地区的系数为 1.179, 中部地区的系数为 1.067, 西部地区的系数为 1.053。这说明各地区的命令控制型环境规制都具有"模仿"周边地区的行为特征, 尤其是东部地区的模仿效应更强, 由此可见东部地区的环境规制竞争更为激烈。东部、中部、西部地区的产业间结构升级前的系数均在 1% 的水平上显著为正, 产业间结构升级空间滞后项前的系数均在 1% 的水平上显著为负。这一结果与全国层面的回归结果一致, 说明东部、中部、西部地区的产业间结构升级对于命令控制型环境规制都具有反向的促进作用, 而周边地区的产业间结构升级却会抑制本地的命令控制型环境规制水平。

在环境规制的各项控制变量中, 东部地区和西部地区财政不平衡前的系数为 - 0.714 和 - 0.317, 且都在 1% 的水平上显著, 中部地区的系数为 0.160, 在 5% 的水平上显著。可见东部和西部地区财政不平衡程度的上升会抑制本地命令控制型环境规制水平提高，而中部地区财政不平衡程度的上升会促进本地命令控制型环境规制水平提高。这一结果也间接说明，东部地区和西部地区的财政不平衡程度相对较高，地方政府债务问题更加严重，于是地方政府为了增加财税收入，缓解债务问题，不得不在一定程度上放松环境规制。中部地区失业率前的系数为 -0.533，且在5%的水平上显著，即中部地区的失业率上升会导致地方政府降低环境规制水平。这说明中部地区的地方政府为了维护社会稳定，降低失业率，不得不在一定程度上牺牲环境。

表7-6是各地区环境规制综合指数与产业间结构升级的空间面板联立方程模型的估计结果。其中，模型（1）是东部地区环境规制综合指数与产业间结构升级的空间面板联立方程模型，模型（2）是中部地区环境规制综合指数与产业间结构升级的空间面板联立方程模型，模型（3）是西部地区环境规制综合指数与产业间结构升级的空间面板联立方程模型。

表7-6　　　　　各地区环境规制综合指数与产业间结构升级

空间面板联立方程估计结果

| 变量 | 模型（1） | | 模型（2） | | 模型（3） | |
| | 东部地区 | | 中部地区 | | 西部地区 | |
	IND	*ER_2*	*IND*	*ER_2*	*IND*	*ER_2*
W. IND	0.922 *** (12.62)	-0.375 ** (-2.52)	1.244 *** (19.12)	-0.556 *** (-3.71)	0.943 *** (7.54)	0.162 (1.1)
W. ER_2	0.080 (0.98)	1.069 *** (16.22)	-0.512 *** (-7.22)	1.084 *** (23.87)	1.153 *** (7.74)	0.983 *** (15.18)
ER_2	-0.182 *** (-2.68)		0.352 *** (5.2)		-1.335 *** (-9.13)	
IND		0.308 *** (4.88)		0.382 *** (5.04)		-0.036 (-0.67)
FD_1		-9.246 * (-1.96)		-7.468 (-1.15)		-1.383 (-0.26)
VIF		-9.673 * (-1.82)		0.443 (0.19)		-7.250 *** (-3.56)

续表

| 变量 | 模型（1） | | 模型（2） | | 模型（3） | |
| | 东部地区 | | 中部地区 | | 西部地区 | |
	IND	ER_2	IND	ER_2	IND	ER_2
UMP		−24.467* (−2.06)		−9.568 (−0.87)		0.576 (0.05)
_cons	9.721 (0.65)	16.260 (0.59)	−49.283*** (−3.64)	36.351 (1.57)	12.607 (0.49)	−24.962 (−0.91)
CV	YES	YES	YES	YES	YES	YES
N	1616	1616	1744	1744	1216	1216
R²	0.6339	0.3978	0.3833	0.4144	−2.5159	0.2741

注：*、**、***分别表示在10%、5%、1%的水平上显著，括号内为变量的 t 值。

根据表7-6的回归结果，在产业间结构升级中，东部、中部、西部地区的产业间结构升级空间滞后项前的系数都在1%的水平上显著为正，说明各地区的产业间结构升级都呈现出正的空间自相关性，这一结果与表7-5的回归结果一致。其中，东部地区的系数为0.922，中部地区的系数为1.244，西部地区的系数为0.943，可见中部地区产业间结构升级的空间溢出效应最强。中部地区的环境规制综合指数空间滞后项前的系数为−0.512，西部地区的系数为1.153，且都在1%的水平上显著。这一结果表明，中部地区环境规制的实施对产业间结构升级产生了负向的空间溢出效应，而西部地区环境规制的实施对产业间结构升级产生了正向的空间溢出效应。这说明中部地区地方政府间的竞争较为激烈，围绕资本、劳动力等流动性资源的争夺成为地方政府竞争的焦点，因此这是一种恶性竞争行为，而西部地区地方政府间的竞争仍然是一种良性竞争。东部地区环境规制综合指数前的系数为−0.182，中部地区的系数为0.352，西部地区的系数为−1.335，且都在1%的水平上显著。由此可见，在控制了空间效应之后，东部和西部地区环境规制的实施会阻碍本地的产业间结构升级，而中部地区环境规制的实施会促进本地的产业间结构升级。这也符合前文中所说的，中部地区的产业结构依然有很大的升级空间。

在环境规制方程中，东部、中部、西部地区的环境规制综合指数空间滞后项前的系数均在 1% 的水平上显著为正。其中，东部地区的系数为 1.069，中部地区的系数为 1.084，西部地区的系数为 0.983，表明东部、中部、西部地区地方政府的环境规制都具有模仿周边地区的行为特征，且中部地区环境规制的模仿特征最强，也说明中部地区地方政府间的环境规制竞争较为激烈。结合产业间结构升级方程的回归结果，东部和西部地区的环境规制对产业间结构升级呈现出"模仿制约"的特征，中部地区则呈现出"模仿促进"的特征。由此可见，中部地区的环境规制具有"标尺竞争"的行为策略，东部和西部地区的环境规制具有"逐底竞争"的行为策略。东部地区和中部地区产业间结构升级前的系数均在 1% 的水平上显著为正，产业间结构升级空间滞后项前的系数均在 1% 的水平上显著为负。这说明东部和中部地区的产业间结构升级对于环境规制的实施具有反向的促进作用，而周边地区的产业间结构升级会使本地降低环境规制水平。

在环境规制方程的控制变量中，东部地区财政支出分权前的系数为 -9.246，且在 10% 的水平上显著，说明东部地区财政分权程度的上升会使地方政府降低环境规制水平，当地方政府被赋予更多的经济上的自主权，可能会将更多的资源用于经济建设上，而忽略了生态环境的保护。东部地区财政不平衡前的系数为 -9.673，在 10% 的水平上显著；西部地区财政不平衡前的系数为 -7.250，且在 1% 的水平上显著。这表明东部和西部地区的财政不平衡都对当地的环境规制水平起到了制约作用，当地政府为了缓解财政不平衡而有意放松了环境规制。东部地区的失业率前的系数为 -24.467，且在 10% 的水平上显著。这说明东部地区的失业率与环境规制之间存在显著的负相关关系，地方政府为了降低当地的失业率，有可能会降低环境规制水平，以增加就业。

7.4.2.2 各地区环境规制与区域生态效率的关系

表 7-7 是各地区命令控制型环境规制与区域生态效率的空间面板联立方程模型的估计结果。其中，模型（1）是东部地区命令控制型环境规制与区域生态效率的空间面板联立方程模型，模型（2）是中部地区命令

控制型环境规制与区域生态效率的空间面板联立方程模型，模型（3）是西部地区命令控制型环境规制与区域生态效率的空间面板联立方程模型。

表 7 – 7　　　　　各地区命令控制型环境规制与区域生态效率

空间面板联立方程估计结果

变量	模型（1）		模型（2）		模型（3）	
	东部地区		中部地区		西部地区	
	TFPCH	ER_1	TFPCH	ER_1	TFPCH	ER_1
W. TFPCH	1. 060 *** (5. 36)	0. 020 (0. 56)	1. 257 *** (7. 2)	0. 075 (0. 81)	1. 034 *** (6. 17)	– 0. 799 *** (– 5. 68)
W. ER_1	0. 677 (0. 69)	0. 993 *** (10. 84)	1. 337 ** (2. 53)	0. 895 ** (11. 42)	– 1. 487 *** (– 3. 58)	1. 132 *** (3. 88)
ER_1	– 1. 284 ** (– 2. 17)		– 1. 443 ** (– 3. 31)		1. 291 *** (13. 51)	
TFPCH		– 0. 032 (– 1. 36)		– 0. 082 (– 1. 23)		0. 773 *** (10. 88)
FD_1		1. 384 *** (14. 68)		1. 805 *** (13. 07)		0. 387 (1. 49)
VIF		– 1. 135 *** (– 8. 27)		– 0. 363 *** (– 6. 45)		– 0. 269 * (– 1. 84)
UMP		– 0. 130 (– 0. 36)		– 1. 168 *** (– 3. 34)		– 0. 169 (– 0. 34)
_cons	– 0. 184 (– 0. 38)	– 0. 475 *** (– 7. 34)	– 0. 465 (– 1. 3)	– 0. 506 *** (– 6. 55)	– 0. 015 (– 0. 05)	– 0. 089 (– 0. 37)
CV	YES	YES	YES	YES	YES	YES
N	1515	1515	1635	1635	1140	1140
R²	0. 0081	0. 2954	0. 0472	0. 147	– 0. 0741	– 5. 4473

注：*、**、***分别表示在10%、5%、1%的水平上显著，括号内为变量的 t 值。

根据表 7 – 7 的回归结果，在区域生态效率方程中，东部、中部、西部地区的区域生态效率空间滞后项前的系数均在1%的水平上显著为正。其中，东部地区的系数是1. 060，中部地区的系数是1. 257，西部地区的系数是1. 034。这表明我国各地区的区域生态效率呈现出正的空间自相关性，且中部地区区域生态效率的空间溢出效应更强，说明中部地区生态效率的提高能够带来更大的正外部性。中部地区命令控制型环境规制空间滞后项前的系数为 1.337，且在 5% 的水平上显著；西部地区命令控制型环境规制空间滞后项前的系数为 -1.487，且在 1% 的水平上显著。这表明中部地区的命令控制型环境规制产生了正向的空间溢出效应，而西部地区的命令控制型环境规制产生了负向的空间溢出效应，这说明西部地区的环境规制竞争较为激烈，因此对于周边地区生态效率会产生负外部性。东部和中部地区的命令控制型环境规制前的系数分别为 -1.284 和 -1.443，且都在 5% 的水平上显著，西部地区命令控制型环境规制前的系数为 1.291，且在 1% 的水平上显著。由此可见，在控制了空间效应之后，东部和中部地区的命令控制型环境规制对区域生态效率具有负向作用，而西部地区的命令控制型环境规制能够促进区域生态效率的提高。这也说明东部和中部地区的经济发展在一定程度上是以牺牲生态环境为代价的，因此环境规制水平的提高会产生"遵循成本"效应，导致区域生态效率降低。而西部地区的经济发展程度落后于东部和中部地区，第二产业在经济中所占比重相对较低，因此提高环境规制水平并不会对区域生态效率带来负向影响。

在表 7-7 的环境规制方程中，东部地区的命令控制型环境规制空间滞后项前的系数为 0.993，在 1% 的水平上显著；中部地区的系数为 0.895，在 5% 的水平上显著；西部地区的系数为 1.132，在 1% 的水平上显著。可见东部、中部、西部地区的命令控制型环境规制都呈现出"模仿"周边地区的行为特征。东部和中部地区的命令控制型环境规制对区域生态效率的作用形态为"模仿制约"，西部地区的命令控制型环境规制对区域生态效率的作用形态为"模仿促进"。这说明东部和中部地区的地方政府存在环境规制的"逐底竞争"行为，而西部地区的地方政府存在环境规制的"标尺竞争"行为。

西部地区的区域生态效率前的系数为 0.773，区域生态效率的空间滞后项前的系数为 -0.799，且都在 1% 的水平上显著。这表明西部地区的区域生态效率对于命令控制型环境规制具有反向的促进作用，但是周边地区的区域生态效率的提高会导致本地降低命令控制型环境规制水平。这也间接说明西部地区的环境规制竞争较为激烈，且这种竞争是一种"以邻为壑"的恶性竞争。

在表 7-7 环境规制方程的各项控制变量中，东部地区和中部地区财政支出分权前的系数分别为 1.384 和 1.805，且都在 1% 的水平上显著，由此可见财政分权程度的提高会促使东部和中部地区提高命令控制型环境规制水平，这也体现出东部和中部地区越来越重视生态环境的保护。东部和中部地区财政不平衡前的系数分别为 -1.135 和 -0.363，且都在 1% 的水平上显著；西部地区的财政不平衡前的系数为 -0.269，且在 10% 的水平上显著。这说明东部、中部、西部地区的财政不平衡程度的上升都会抑制本地命令控制型环境规制水平的提高，这是因为在财政分权体制下，由于财权和事权不匹配而造成地方政府的财政收支不平衡，出于提高财税收入和创造 GDP 的动机，地方政府可能会降低环境规制水平。中部地区的失业率前的系数为 -1.168，且在 1% 的水平上显著。与前文中的回归结果一致，这也再次说明中部地区失业率的上升会促使政府有意降低环境规制水平，以保住当地的就业率。

表 7-8 是各地区环境规制综合指数与区域生态效率的空间面板联立方程模型的估计结果。其中，模型（1）是东部地区环境规制综合指数与区域生态效率的空间面板联立方程模型，模型（2）是中部地区环境规制综合指数与区域生态效率的空间面板联立方程模型，模型（3）是西部地区命令环境规制综合指数与区域生态效率的空间面板联立方程模型。

表 7-8　　　　各地区环境规制综合指数与区域生态效率

空间面板联立方程估计结果

变量	模型（1）		模型（2）		模型（3）	
	东部地区		中部地区		西部地区	
	TFPCH	ER_2	TFPCH	ER_2	TFPCH	ER_2
W.TFPCH	1.037 *** (5.52)	-2.633 ** (-2.13)	1.304 *** (7.3)	-6.016 * (-1.81)	1.081 *** (6.23)	-5.605 ** (-2.56)
W.ER_2	-0.116 *** (-3.75)	1.035 *** (24.47)	-0.054 *** (-3.15)	1.021 *** (28.96)	-0.072 *** (-3.23)	1.012 *** (16.98)
ER_2	0.106 *** (3.88)		0.053 *** (3.2)		0.065 *** (2.95)	

变量	模型（1）		模型（2）		模型（3）	
	东部地区		中部地区		西部地区	
	TFPCH	ER_2	TFPCH	ER_2	TFPCH	ER_2
TFPCH		2.204 ***		4.116 *		4.757 ***
		(2.62)		(1.73)		(3.13)
FD_1		7.332 **		7.683		3.631
		(2.17)		(1.5)		(0.55)
VIF		− 20.308 ***		− 3.761 *		− 9.232 ***
		(− 4)		(− 1.78)		(− 3.74)
UMP		− 20.064		− 10.226		− 14.150
		(− 1.57)		(− 0.81)		(− 0.83)
_cons	0.761	− 2.934	− 0.057	− 1.689	0.199	1.388
	(1.04)	(− 0.9)	(− 0.16)	(− 0.58)	(0.42)	(0.29)
CV	YES	YES	YES	YES	YES	YES
N	1515	1515	1635	1635	1140	1140
R²	− 0.1998	0.2177	− 0.071	0.2007	− 0.2635	0.0249

注：*、**、***分别表示在10%、5%、1%的水平上显著，括号内为变量的 t 值。

根据表7 – 8的回归结果，在区域生态效率方程中，东部、中部、西部地区的区域生态效率空间滞后项前的系数均在1%的水平上显著为正。其中，东部地区的系数是1.037，中部地区的系数是1.304，西部地区的系数是1.081。这一结果与表7 – 6的回归结果相似，表明我国各地区的区域生态效率呈现出正的空间自相关性，且中部地区的区域生态效率的空间溢出效应更强，说明中部地区的生态效率的提高能够带来更大的正外部性。东部、中部、西部地区环境规制综合指数空间滞后项前的系数均在1%的水平上显著为负，其中东部地区的系数为 − 0.116，中部地区的系数为 − 0.054，西部地区的系数为 − 0.072；东部、中部、西部地区环境规制综合指数前的系数均在1%的水平上显著为正，其中东部地区的系数为0.106，中部地区的系数为0.053，西部地区的系数为0.065。这说明东部、中部、西部地区环境规制的实施都能够促进本地区域生态效率提高，但却会对周边地区的生态效率产生负向的空间溢出效应。由此可见，地方政府通过环境规制实现了本地的产业绿色转型，但是却可能使污染企业迁入周边环境规制较为宽松的地区，从而不利于周边地区的产业绿色转型。

在表 7 - 8 的环境规制方程中，东部、中部、西部地区环境规制综合指数空间滞后项前的系数均在 1% 的水平上显著为正，其中东部地区的系数为 1.035，中部地区的系数为 1.021，西部地区的系数为 1.012。由此可见，各地区的地方政府在环境规制实施中都具有模仿周边地区的行为特征，即当周边地区提高或降低环境规制水平时，本地也会相应提高或降低环境规制水平，并且东部地区环境规制的模仿效应最强，这也反映出东部地区的环境规制竞争较为激烈。结合区域生态效率方程的回归结果，可以看出东部、中部、西部地区的环境规制综合指数对于区域生态效率都呈现出"模仿促进"的作用形态，即都在环境规制上存在"标尺竞争"的行为。东部和西部地区的区域生态效率空间滞后项前的系数分别为 - 2.633 和 - 5.605，且都在 5% 的水平上显著；中部地区的系数为 - 6.016，且在 10% 的水平上显著。东部地区和西部地区的区域生态效率前的系数为 2.204 和 4.757，且在 1% 的水平上显著；中部地区的系数为 4.116，且在 10% 的水平上显著。由此可见，东部、中部、西部地区的区域生态效率对于环境规制的实施具有反向的促进作用，而周边地区生态效率的提高却会导致本地的环境规制水平降低。这说明我国各地区的政府在实施环境规制时虽然采取了"标尺竞争"的策略，但是这种环境规制竞争却会对周边地区带来一定的负外部性，即"以邻为壑"的负向空间溢出效应。

在表 7 - 8 环境规制方程的各项控制变量中，东部地区财政支出分权前的系数为 7.332，且在 5% 的水平上显著，这表明东部地区的财政分权程度的上升有利于当地政府加强环境规制，体现出东部地区对于生态环境质量越来越重视。东部地区和西部地区财政不平衡前的系数分别为 - 20.308 和 - 9.232，且都在 1% 的水平上显著；中部地区财政不平衡前的系数为 - 3.761，且在 10% 的水平上显著。这说明对于东部、中部、西部地区而言，财政不平衡程度的上升都会导致当地政府降低环境规制水平，以增加财税收入，弥补财政赤字。

7.5 稳健性检验

7.5.1 以财政收入变量作为财政分权指标

7.5.1.1 环境规制与产业间结构升级的关系

表7-9是以财政收入变量作为财政分权指标时，环境规制与产业间结构升级空间面板联立方程模型的估计结果。其中，模型（1）是命令控制型环境规制与产业间结构升级的空间面板联立方程模型的估计结果，模型（2）是环境规制综合指数与产业间结构升级的空间面板联立方程模型的估计结果。

表7-9　　　　　环境规制与产业间结构升级空间面板联立
方程回归结果（财政收入分权）

变量	模型（1）		模型（2）	
	IND	*ER_1*	*IND*	*ER_2*
W. IND	1.180 *** (27.13)	−0.039 *** (−16.78)	1.105 *** (20.31)	−0.146 (−1.61)
W. ER_1	−29.135 *** (−15.3)	1.421 *** (17.23)		
W. ER_2			0.601 *** (7.28)	0.999 *** (29.83)
ER_1	19.966 *** (27.22)			
ER_2			−0.783 *** (−9.72)	
IND		0.027 *** (21.06)		0.244 *** (4.88)
FD_2		0.465 *** (5.95)		−8.535 *** (−2.7)

续表

变量	模型 (1)		模型 (2)	
	IND	ER_1	IND	ER_2
VIF		0.035 (0.92)		−7.119*** (−5.17)
UMP		0.012 (0.08)		−16.387** (−2.48)
_cons	−39.190*** (−4.33)	2.429*** (5.98)	−26.121** (−2.34)	−18.442 (−1.22)
CV	YES	YES	YES	YES
N	4576	4576	4576	4576
R²	0.3063	0.2593	−0.3	0.3756

注：*、**、***分别表示在10%、5%、1%的水平上显著，括号内为变量的t值。

表7-9模型（1）的估计结果与基准模型相比，命令控制型环境规制对产业间结构升级的回归系数依然在1%的水平上显著为正，命令控制型环境规制空间滞后项对命令控制型环境规制的回归系数在1%的水平上显著为正，说明命令控制型环境规制对产业间结构升级呈现出"模仿促进"的作用形态，即地方政府在命令控制型环境规制上采取了"标尺竞争"的策略。命令控制型环境规制空间滞后项与产业间结构升级的系数在1%的水平上显著为负，表明地方政府的命令控制型环境规制对周边地区产生负向的空间溢出效应。这证明了基准模型估计结果的稳健性。当采用财政收入分权指标时，财政收入分权与命令控制型环境规制的回归系数在1%的水平上显著为正，这表明财政收入分权程度的上升有利于提高地方政府的命令控制型环境规制水平。因此，要提高地方政府命令控制型环境规制的强度和意愿，需要赋予地方政府更多的财权。

表7-9模型（2）的估计结果与基准模型相比，环境规制综合指数与产业间结构升级的回归系数依然在1%的水平上显著为负，环境规制综合指数空间滞后项与环境规制的回归系数依然在1%的水平上显著为正。这说明环境规制的实施对产业间结构升级呈现出"模仿抑制"的作用形态，即地方政府在环境规制的实施上采取了"逐底竞争"的策略，并且环境规

制综合指数与产业间结构升级的回归指数在1%的水平上显著为负，说明地方政府实施环境规制对周边地区产生了正外部性。当采用财政收入分权指标时，财政收入分权、财政不平衡、失业率前的系数依然在1%或5%的水平上显著为负，表明财政收入分权、财政不平衡和失业率这些指标的上升，会抑制地方政府实施环境规制的强度。这也证明了基准模型估计结果的稳健性。同时，财政收入分权与环境规制综合指数的系数为 - 8.535，财政支出分权与环境规制综合指数的系数为 - 10.275 （见表 7 - 3），可见财政支出分权程度的上升更加不利于地方政府环境规制的实施。

7.5.1.2 环境规制与区域生态效率的关系

表 7 - 10 是以财政收入变量作为财政分权指标时，环境规制与区域生态效率空间面板联立方程模型的估计结果。其中，模型（1）是命令控制型环境规制与区域生态效率的空间面板联立方程模型的估计结果，模型（2）是环境规制综合指数与区域生态效率的空间面板联立方程模型的估计结果。

表 7 - 10　　　　环境规制与区域生态效率空间面板联立

方程回归结果 （财政收入分权）

变量	模型 （1）		模型 （2）	
	TFPCH	ER_1	TFPCH	ER_2
W. TFPCH	1.013 *** (7.73)	- 0.422 *** (- 6.11)	0.985 *** (7.42)	0.209 (0.13)
W. ER_1	- 2.214 *** (- 6.47)	1.096 *** (9.37)		
W. ER_2			0.034 (1.56)	1.002 *** (41.67)
ER_1	1.830 *** (13.19)			
ER_2			- 0.037 * (- 1.71)	
TFPCH		0.406 *** (8.43)		- 1.613 (- 1.24)

变量	模型 (1)		模型 (2)	
	TFPCH	ER_1	TFPCH	ER_2
FD_2		1.022 ***		12.920 ***
		(12.2)		(6.72)
VIF		− 0.159 **		− 7.228 ***
		(− 2.14)		(− 5)
UMP		− 0.129		− 21.661 ***
		(− 0.55)		(− 2.67)
_cons	0.356	− 0.258 ***	0.084	− 0.236
	(1.5)	(− 2.88)	(0.27)	(− 0.12)
CV	YES	YES	YES	YES
N	4290	4290	4290	4290
R²	− 0.0826	− 3.2288	− 0.0144	0.3059

注：* 、 ** 、 *** 分别表示在 10% 、5% 、1% 的水平上显著，括号内为变量的 t 值。

表 7 - 10 模型 (1) 的回归结果与基准模型相比，命令控制型环境规制与区域生态效率的回归系数依然在 1% 的水平上显著为正，命令控制型环境规制空间滞后项与命令控制型环境规制的回归系数也在 1% 的水平上显著为正，这表明命令控制型环境规制对区域生态效率具有 "模仿促进" 的作用形态，即地方政府在命令控制型环境规制上采取了 "标尺竞争" 的策略，并且命令控制型环境规制空间滞后项与区域生态效率的回归系数依然在 1% 的水平上显著为负，说明地方政府的命令控制型环境规制对周边地区的生态效率产生负向的空间溢出效应。这也证明了基准模型回归的稳健性。相较于财政支出分权，财政收入分权与命令控制型环境规制的回归系数依然在 1% 的水平上显著为正，且系数变得更大了，这一结果表明财政收入分权的上升更有利于地方政府提高命令控制型环境规制强度。

表 7 - 10 模型 (2) 的回归结果与基准模型相比，环境规制综合指数空间滞后项与环境规制综合指数的回归系数在 1% 的水平上显著为正，说明地方政府在环境规制的实施上存在 "模仿" 周边地区的行为特征。财政收入分权与区域生态效率的回归系数在 1% 的水平上显著为正，财政不平

衡和失业率与区域生态效率的回归系数依然在 1% 的水平上显著为负，说明财政分权程度的上升有利于地方政府提高环境规制水平，而财政不平衡和失业率的加剧会抑制地方政府的环境规制水平。这一结果也证明了基准模型回归的稳健性。相较于财政支出分权，财政收入分权与环境规制综合指数的回归系数变大了，这说明财政收入分权程度的上升更加有利于地方政府环境规制的实施，要提高地方政府环境规制的积极性，需要赋予地方政府更大的财权。

7.5.2 以空间邻接矩阵作为空间权重矩阵

7.5.2.1 环境规制与产业间结构升级的关系

地方政府之间的环境规制竞争基于地理上相邻这一事实展开，而邻接空间权重完全是根据地理位置上是否相邻来设计空间单元之间的空间相关性，因此本书采用空间邻接矩阵来进行稳健性检验。

表 7 - 11 是空间邻接矩阵下环境规制与产业间结构升级的空间面板联立方程模型的回归结果。其中，模型（1）是命令控制型环境规制与产业间结构升级的空间面板联立方程，模型（2）是环境规制综合指数与产业间结构升级的空间面板联立方程。

表 7 - 11　　　　　环境规制与产业间结构升级空间面板联立
方程回归结果（空间邻接矩阵）

变量	模型（1）		模型（2）	
	IND	*ER_1*	*IND*	*ER_2*
W. IND	- 0. 020 *** (- 2. 99)	- 0. 002 *** (- 8. 95)	- 0. 023 (- 1. 38)	- 0. 210 *** (- 15. 48)
W. ER_1	9. 206 *** (9. 18)	0. 157 *** (3. 56)		
W. ER_2			0. 017 (0. 26)	0. 909 *** (27. 75)
ER_1	8. 958 *** (7. 62)			

续表

变量	模型（1）		模型（2）	
	IND	*ER_1*	*IND*	*ER_2*
ER_2			0. 201 ***	
			（3. 1）	
IND		0. 024 ***		0. 380 ***
		（25. 27）		（10. 12）
PGDP	0. 000 ***		0. 000 ***	
	（6. 41）		（10. 33）	
SCA	0. 567 *		0. 218	
	（1. 72）		（0. 59）	
CRE	0. 000 ***		0. 000 ***	
	（8. 5）		（12）	
OPEN	28. 052 ***		40. 690 ***	
	（5. 21）		（7. 05）	
GOV	2. 294 **		1. 810 *	
	（2. 29）		（1. 75）	
EDU	0. 018 ***		0. 021 ***	
	（16. 09）		（22. 05）	
TECH	− 0. 364 ***		− 0. 558 ***	
	（ − 3. 2）		（ − 4. 84）	
PEO	0. 004 ***		0. 001 *	
	（7. 93）		（1. 9）	
FD_1		0. 027		− 7. 720 **
		（0. 29）		（ − 2. 24）
VIF		− 0. 145 ***		− 1. 973
		（ − 3. 77）		（ − 1. 4）
UMP		− 0. 281		− 10. 495
		（ − 1. 41）		（ − 1. 34）
_cons	209. 599 ***	− 4. 512 ***	206. 121 ***	− 28. 906 ***
	（155. 05）	（ − 21）	（60. 61）	（ − 3. 49）
N	4576	4576	4576	4576
R²	0. 4465	0. 2408	0. 4939	0. 3306

注：*、**、***分别表示在10%、5%、1%的水平上显著，括号内为变量的 *t* 值。

表7-11模型（2）的回归结果与基准模型相比，环境规制综合指数与产业间结构升级的回归系数在1%的水平上显著为正，环境规制综合指数的空间滞后项与环境规制综合指数的回归系数也在1%的水平上显著为正，表明环境规制的实施对于产业间结构升级具有"模仿促进"的作用形态，即地方政府采取了"标尺竞争"的环境规制策略。这与基准模型的回归结果正好相反，说明在考虑地区的空间相邻关系时，地方政府可能会改变环境规制的竞争策略。产业间结构升级与环境规制综合指数的回归系数在1%的水平上显著为正，产业间结构升级空间滞后项与环境规制综合指数的回归系数在1%的水平上显著为负，表明产业间结构升级能够反向促进当地环境规制水平的提高，但是邻近地区的产业间结构升级会抑制本地的环境规制水平。这与基准模型估计结果一致，证明了基准模型回归的稳健性。

7.5.2.2　环境规制与区域生态效率的关系

表7-12是空间邻接矩阵下环境规制与区域生态效率的空间面板联立方程模型的回归结果。其中，模型（1）是命令控制型环境规制与产业间结构升级的空间面板联立方程，模型（2）是环境规制综合指数与产业间结构升级的空间面板联立方程。

表7-12　　　　　　　环境规制与区域生态效率空间面板联立
方程回归结果（空间邻接矩阵）

变量	模型（1）		模型（2）	
	TFPCH	*ER_1*	*TFPCH*	*ER_2*
W. TFPCH	0.847 *** (3.74)	-0.411 *** (-5.03)	1.178 *** (3.81)	-23.566 *** (-7.12)
W. ER_1	-1.129 *** (-5.23)	0.435 *** (5.36)		
W. ER_2			-0.047 *** (-7.04)	0.835 *** (15.18)
ER_1	2.261 *** (-10.45)			

续表

变量	模型（1）		模型（2）	
	TFPCH	*ER_1*	*TFPCH*	*ER_2*
ER_2			0.049 ***	
			(5.87)	
TFPCH		0.393 ***		12.926 ***
		(8.54)		(5.86)
PGDP	0.000 ***		0.000	
	(−3.09)		(−1.47)	
SCA	−0.021		0.016	
	(−0.31)		(0.2)	
CRE	0.000		0.000	
	(−0.5)		(0.96)	
OPEN	−0.706		−0.501	
	(−0.61)		(−0.38)	
GOV	0.328		0.049	
	(1.38)		(0.2)	
EDU	0.000		0.000	
	(−1.21)		(0.37)	
TECH	0.000		−0.019	
	(−0.02)		(−0.8)	
PEO	0.000		0.000	
	(0.72)		(0.31)	
FD_1		0.929 ***		6.094
		(6.89)		(1.11)
VIF		−0.256 ***		−3.296
		(−3.16)		(−1.06)
UMP		−0.540 *		−22.604
		(−1.66)		(−1.56)
_cons	−0.170	0.006	−0.375	22.033 ***
	(−0.58)	(0.04)	(−0.83)	(3.35)
N	4290	4290	4290	4290
R^2	−0.191	−3.4177	−0.2318	−3.7084

注：*、**、***分别表示在10%、5%、1%的水平上显著，括号内为变量的 *t* 值。

根据表 7-12 模型（1）的回归结果，在区域生态效率方程中，区域生态效率空间滞后项前的系数在 1% 的水平上依然显著为正，说明区域生态效率具有正的空间自相关性，这与基准模型的回归结果一致。命令控制型环境规制前的系数在 1% 的水平上显著为正，命令控制型环境规制空间滞后项前的系数在 1% 的水平上显著为负，表明命令控制型环境规制能够促进本地的区域生态效率提高，但是会抑制邻近地区的区域生态效率，这与基准模型的回归结果一致。在环境规制方程中，命令控制型环境规制空间滞后项前的系数在 1% 的水平上显著为正，说明命令控制型环境规制对区域生态效率呈现"模仿促进"的作用形态，因此可以认为地方政府的命令控制型环境规制策略为"标尺竞争"。同时，区域生态效率前的系数在 1% 的水平上显著为正，区域生态效率空间滞后项前的系数在 1% 的水平上显著为负，这表明区域生态效率对本地的命令控制型环境规制具有反向的促进作用，而邻近地区的生态效率提高会导致本地的命令控制型环境规制强度降低。这与基准模型的估计结果一致，证明了基准模型回归的稳健性。

根据表 7-12 模型（2）的回归结果，在区域生态效率方程中，区域生态效率空间滞后项前的系数在 1% 的水平上依然显著为正，说明区域生态效率具有正的空间自相关性，这与基准模型的回归结果一致。环境规制综合指数前的系数在 1% 的水平上显著为正，环境规制综合指数空间滞后项前的系数在 1% 的水平上显著为负，表明环境规制的实施能够促进本地的区域生态效率提高，但是会抑制邻近地区的区域生态效率，这与基准模型的回归结果一致。在环境规制方程中，环境规制综合指数空间滞后项前的系数在 1% 的水平上显著为正，说明环境规制的实施对区域生态效率呈现"模仿促进"的作用形态，因此可以认为地方政府采取了"标尺竞争"的环境规制策略。同时，区域生态效率前的系数在 1% 的水平上显著为正，区域生态效率空间滞后项前的系数在 1% 的水平上显著为负，这表明区域生态效率对本地的环境规制实施具有反向的促进作用，而邻近地区的生态效率提高会降低本地的环境规制强度。这与基准模型的估计结果一致，证明了基准模型回归的稳健性。

7.6　本章小结

本章把地方政府间的环境规制竞争策略考虑进来，通过简单的理论模型，推导出地方政府并不是独立地制定环境政策，而是在与周边地区进行着博弈。因为地方政府在环境规制上会采取互动策略，所以地方政府间的环境规制政策是相互影响的，这里存在学习效应和空间溢出效应，因此一个地区的环境政策往往受周边地区环境政策的影响，而不是相互独立的，这是本章的理论模型所试图推导的结论。因此，在研究地方政府环境规制对产业结构升级影响的时候，还需要将空间因素考虑进来。此外，本章通过计算产业间结构升级和区域生态效率的莫兰指数，进行空间自相关分析。通过空间自相关分析，得出全国地级市的产业间结构升级和区域生态效率存在正的空间自相关关系。同时，根据前文的理论模型，产业结构升级与环境规制之间存在双向因果关系。基于此，本章构建了产业结构升级与环境规制的空间面板联立方程模型，以地理反距离矩阵作为空间权重矩阵，并以空间邻接矩阵进行稳健性检验，采用广义空间三阶段最小二乘法（GS3SLS）进行估计，主要得出如下结论。

（1）命令控制型环境规制有利于本地产业间结构升级，但在一定程度上不利于周边地区的产业间结构升级。并且，地方政府的命令控制型环境规制呈现出"标尺竞争"的行为特征，说明地方政府对于生态环境保护的重视。同时由于地方保护主义的存在，地方政府的命令控制型环境规制往往存在"以邻为壑"的负外部性。就环境规制的实施效果而言，地方政府的环境规制能够促进周边地区的产业间结构升级，但是却会抑制本地的产业间结构升级，并呈现出"逐底竞争"的行为策略。这说明在实施环境规制的过程中，对于本地的企业会产生"遵循成本"效应，但是却有利于周边地区的产业间结构升级，产生正外部性。这也说明环境规制的制定和实施效果是不同的。

（2）命令控制型环境规制有利于本地的区域生态效率改善，但是由于

"污染避难所"效应，会导致周边地区生态环境的破坏，抑制周边地区的生态效率。并且命令控制型环境规制对区域生态效率呈现出"模仿促进"的作用形态，即地方政府采取了"标尺竞争"的环境规制策略。这说明环境规制能够实现经济和生态的双赢。

（3）在现行体制下，政绩考核指标为地方政府竞争提供了目标，这会对环境规制产生一定影响。财政分权对于地方政府的环境规制会产生两个方面的影响：一方面，地方政府的事权增加，拥有更多的独立性和自主决策权，会使地方政府环境规制的能力和意愿更强；另一方面，当地方政府迫于政绩考核的压力、财权事权不匹配而造成的财政不平衡以及为了维护社会稳定而保住就业率，地方政府又会有放松环境规制的动机。

（4）财政分权为地方政府竞争提供了事权和财权两个重要条件，分税制改革使地方政府事权增加而财权减少。相比于财政支出分权，财政收入分权程度的上升更有利于提高地方政府的环境规制水平。因此，要提高地方政府命令控制型环境规制的强度和意愿，需要赋予地方政府更多的财权。

（5）就各地区的环境规制效果而言，对于产业间结构升级，在命令控制型环境规制上东部、中部、西部地区都采取了"标尺竞争"的行为策略，且都产生负向的空间溢出效应，其中东部地区的环境规制竞争更为激烈；在环境规制的实施上，中部地区的环境规制具有"标尺竞争"的行为策略，东部和西部地区的环境规制具有"逐底竞争"的行为策略。对于区域生态效率，在命令控制型环境规制上，东部和中部地区的地方政府存在环境规制的"逐底竞争"行为，而西部地区的地方政府存在环境规制的"标尺竞争"行为；在环境规制的实施上，东部、中部、西部地区都采取了"标尺竞争"的环境规制策略。可以说中部地区的产业结构依然有很大的升级空间，而西部地区由于第二产业尤其是重工业在经济中所占比重较小，生态环境质量较高，所以环境规制竞争并不会对当地的生态效率造成负向影响。

第 8 章

主要结论与政策建议

8.1 主要研究结论

首先，本书在系统梳理了环境规制与产业结构升级的相关研究基础上，对环境规制和产业结构升级的概念进行了定义，将环境规制按照工具的不同进行分类，区分为命令控制型环境规制、市场激励型环境规制以及自愿型环境规制，并将产业结构升级的含义概括为产业间结构升级与产业内结构升级。其次，本书阐述了环境规制与产业结构升级的相关理论基础，并以此为依据构建了一个包含清洁生产部门和污染生产部门的企业与政府的两阶段动态博弈模型，通过对模型的求解，发现政府在追求政绩最大化的目标下，会在经济增长和环境保护之间进行权衡，使得政府的环境规制强度与产业结构升级之间存在不确定性关系，政府的环境规制强度不仅会对产业结构产生影响，产业结构作为地方政府环境决策时的重要考量因素，也会反向影响政府的环境规制强度。同时本书构建了一个单部门生产模型，从理论上分析了环境规制与企业绿色技术创新的关系，得出了环境规制会促进企业进行绿色技术创新的结论。

在推导理论模型的基础上，本书选取了 2003～2018 年 286 个地级及以上城市的面板数据作为样本,通过实证分析来进行检验。在实证分析中,本书基于对环境规制和产业结构概念的定义,构建了命令控制型环境规制的测度指标和环境规制综合指数,将其作为解释变量,以探讨环境规制的工具异质性。并将产业结构升级区分为产业间结构升级和产业内的绿色转型,以区域生态效率作为产业绿色转型的衡量指标。通过构建实证模型,本书分别检验了环境规制对产业间结构升级的影响,以及对于产业绿色转型的影响。

通过实证分析,得出的主要研究结论如下所述。

第一,无论是命令控制型环境规制还是环境规制综合指数,对于产业间结构升级都具有显著的正向作用,且命令控制型环境规制对于产业间结构升级的作用要大于环境规制综合指数的作用,说明政府的命令控制型环境规制是当前最有效的环境规制手段。在加入环境规制的二次项之后,发现环境规制与产业间结构升级之间存在非线性关系,命令控制型环境规制与产业间结构升级存在明显的倒"U"型曲线关系,而环境规制综合指数与产业间结构升级存在微弱的"U"型曲线关系,说明环境规制强度一旦达到某个拐点之后,可能会阻碍产业间结构升级,而中国大多数城市的环境规制强度依然还未到达拐点。并且环境规制对于产业间结构升级的影响具有时滞效应,上一期的环境规制比当期的环境规制更能促进产业间结构升级。

第二,环境规制对于产业间结构升级的影响具有门槛效应。实证结果表明,当某地区的资源禀赋和第二产业比重超过某一阈值时,环境规制对于产业间结构升级的正向作用会下降,甚至变为负向作用。这也验证了理论模型中提出的假设,即地方政府出于政绩最大化的目标,会在经济增长和环境保护之间进行权衡,因此地区的资源禀赋和产业结构状况会影响到环境规制的执行效果。

第三,命令控制型环境规制不能促进区域生态效率的提高,而当期的环境规制综合指数对于区域生态效率的作用也不明显,滞后一期的环境规制综合指数能够促进区域生态效率的改善。这表明,其他的环境规制手段能够起到促进提高区域生态效率的作用,但是具有一定的滞后性。

第四,就环境规制影响区域生态效率的机制而言,将 Malmquist 区域生态效率指数进行分解，发现命令控制型环境规制能够促进纯技术效率的提高，但是会降低规模效率，其他的环境规制手段可能会导致技术变化率的降低，说明环境规制对区域生态效率的影响机制是较为复杂的。

第五，环境规制对于产业结构升级的影响具有区域异质性。由于各个地区发展程度以及产业结构状况的差异，不同地区实施环境规制对产业结构升级的作用也是不同的。本书在对东部、中部、西部地区进行分区域检验之后，发现就命令控制型环境规制而言，中部地区的作用最明显，东部地区其次，西部地区最小；就环境规制综合指数而言，东部地区的作用最明显，中部地区其次，西部地区最小。环境规制影响生态效率也呈现出区域特征，实证研究发现，只有在中部地区滞后一期的环境规制综合指数能够提高区域生态效率。这表明由于各个地区的发展阶段不同，环境规制对于产业间结构升级所发挥的作用也不同，在制定环境规制政策时还需考虑当地实际情况，因地制宜，而不能用"一刀切"的办法。

第六，在财政分权视角下，财政分权程度的上升会削弱环境规制对产业结构升级的影响。无论是命令控制型环境规制还是环境规制实施，财政分权在它们对产业间结构升级的影响关系上都具有替代效应；财政收支不平衡程度的上升会抑制地区的产业间结构升级，并且会削弱环境规制的实施对产业间结构升级的影响；GDP 考核压力的增加会削弱命令控制型环境规制对产业间结构升级的促进作用，并且 GDP 考核压力的增加能够起到促进产业间结构升级的作用；失业率的上升不利于地区产业间结构升级，并会弱化环境规制实施对产业间结构升级的促进作用；中部地区的 GDP 考核压力对于环境规制实施与产业间结构升级的影响关系具有正向调节效应，说明中部地区的 GDP 增速较快，地方政府不必为了追求 GDP 增速而放松环境规制。

第七，考虑环境规制的溢出效应以及地方政府间环境规制的互动策略时，地方政府的命令控制型环境规制呈现出"标尺竞争"的行为特征，在促进本地产业间结构升级的同时，不利于周边地区的产业间结构升级；就环境规制的实施效果而言，地方政府的环境规制能够促进周边地区的产业间结构升级，但是却会抑制本地的产业间结构升级，并呈现出"逐底竞争"的行为策略；命令控制型环境规制有利于本地的区域生态效率改善，但是由于"污染避难所"效应，会导致周边地区生态环境的破坏，抑制周边地区的生态效率；财政分权增强了地方政府环境规制的能力和自主性，但迫于政绩考核的压力、财权事权不匹配而造成的财政不平衡以及为了维护社会稳定而保住就业率，地方政府又会有放松环境规制的动机；相比于财政支出分权，财政收入分权程度的上升更有利于提高地方政府的环境规制水平，要提高地方政府命令控制型环境规制的强度和意愿，需要赋予地方政府更多的财权；各个地区由于发展阶段和地理位置的不同，东部、中部、西部地区在命令控制型环境规制以及环境规制实施上，各自采取了不同的环境规制竞争策略，并对产业结构升级产生了不同的作用。

8.2 通过环境规制推动产业结构升级的政策建议

8.2.1 加强环境法律规制

环境规制的首要前提是规范环境立法，确保有法可依。与一些发达国家相比，我国相对滞后的环境立法已无法适应生态环境保护和经济高质量发展的要求。应坚持完善与环境保护相关的法律法规体系，加强环境法制建设，以保障环境规制措施能够落实，提高环境规制政策与经济发展和产业结构优化调整的协同性，从而实现经济发展与环境保护的双赢。同时，在制定环境规制政策的时候，还要考虑政策出台时机是否合适，根据当前产能的承受范围来制定政策，而不能过于超前。

除了要完善环境规制立法，加强环境执法也是十分必要的，环境规制立法与环境执法相辅相成，二者缺一不可。只是单纯地进行环保立法而不去落实，就不能起到减轻环境污染的效果（包群，2013）。要完善环境规制，就要通过提高制度的执行效果来体现，也就是增强政策的执行力，在"有法可依"的前提下确保"执法必严"。

8.2.2　降低环境规制政策时滞

根据前文实证分析得出的结论，环境规制要发挥对于产业结构升级的促进作用具有一定的时滞性。因此，需要找到环境规制政策产生时滞的原因，并有针对性地采取措施降低时滞，这样才能更好地发挥环境规制对产业结构升级的促进作用。

环境规制政策时滞大致可以分为两类：内部时滞和外部时滞。所谓内部时滞，其实就是由于政府环保部门的认知滞后于环境和经济的发展形势，从而造成决策和行动的时滞，导致制定环境规制政策行动缓慢、效率低下。所谓外部时滞，就是当环保当局意识到形势发展并采取行动，出台实施一系列环境规制政策到实现规制目标的时间差。环保当局对于经济和环境发展形势的预判以及采取规制措施的效率和决心，决定了内部时滞的长短。而要缩短外部时滞，就需要市场主体对于环境规制政策能够做出更快的反应和更好的配合。当然，要缩短环境规制外部时滞，必然会受到环境问题的外部性和累积性等不可控因素的影响。

要针对性地缩短环境规制政策时滞，可以从以下三个方面着手：第一，地方政府以及环保部门在统筹协调地区经济发展和环境保护上要提高战略决策能力，并能够提前预判地区的资源环境和经济发展形势，不能一味为了经济发展而牺牲资源和环境，竭泽而渔；第二，地方政府以及环保部门要提高行政效率，增强执行力，根据地区经济和环境的发展变化，及时制定政策并付诸行动；第三，保障公众对于环境规制政策内容和违规单位信息的知情权，借助网络、媒体等多元化的渠道来提高信息的透明度，通过公众的监督和参与来保证环境规制政策的贯彻和落实。

8.2.3　改革环境管理体制

完善中国的环境管理体制，是完善环境规制政策的根本。概括而言，中国的环境管理体制目前存在两大问题：第一，在横向上，环保职能部门之间存在职能交叉和权责不清的问题；第二，在纵向上，环保部门无法独立于行政部门，从而降低了环境规制的有效性。因此，需要从横向和纵向两个方面来改革环境管理体制。

首先，要从横向上打通部门之间的壁垒，以系统思维推进环保部门大部制改革，将山水林田湖纳入一个部门进行统一保护和综合修复治理。环保大部制改革在实践中遇到一些困难，因为与各职能部门的利益有所抵触，这就需要从顶层加强设计，以突破各职能部门间的利益藩篱。

其次，要从纵向上强化中央对环境保护的垂直管理体制，减少地方政府对环保部门的行政干预，保障环保部门的独立性。地方政府"一把手"能够在很大程度上影响环境规制政策的制定和执行。在改革开放过程中，由于地方官员的政绩考核往往与 GDP 挂钩，因此地方政府更加偏重于经济发展而忽略了生态环境的保护，地方环保部门作为地方政府的依附，不得不为了经济发展而放松环境管制。并且由于信息的不对称，中央政府很难及时准确地对地方的环境保护进行监管和约束。这就需要改革现行的环境管理体制，在区域范围内建立环保机构，加强对环保机构的监察、执法和监测的垂直管理，保证环保部门的独立性。同时要打破在生态环境上的地方保护主义，弱化经济绩效在官员政绩考核中的权重，强化环境绩效在地方官员政绩考核中的作用。要真正改变地方政府在环境规制上的"逐底竞争"行为，就要转变发展观念和政府职能，让市场在资源配置中起决定性作用。而在市场失灵的领域，比如生态环境保护和社会民生领域，则应该由政府来承担相应的职能，政府的主要任务在于生态文明建设和社会民生的保障，因此以后地方政府的政绩考核也应该更多围绕其生态环境绩效和社会民生绩效。

8.2.4　促进环境规制的区域协调

生态与环境资源作为一种公共品，具有外部性特征，环境污染物具有空间外溢性，因此邻近地区的生态环境质量存在空间相关性。环境规制对产业结构升级的作用也不仅局限于本地，还会对周边地区产生空间溢出效应。因此，要在跨区域和流域的范围内建立一个综合的环境管理机构，以协调和促进区域间的环境治理合作，通过跨区域的合作解决环境的跨境污染问题，从而提升中国整体的生态环境质量。

各地区的环境规制政策需要统筹兼顾本地的自然资源和生态情况。具体而言，可以先在一些生态效率较高的地区建立先进示范区，以发挥其正向空间溢出效应，并将其环保理念、环保技术以及环境治理经验向周边地区进行传播，同时鼓励清洁生产资本和专业环保人才的跨区域流动，尤其是要兼顾生态效率较落后的地区，以高生态效率城市为核心向周边辐射人才、资金和技术等关键要素，从而在局部普遍提高区域生态效率。低生态效率地区需要主动去承接清洁产业转移，提高甄别产业项目的能力，将清洁产业和循环经济产业作为首选，淘汰部分高污染产业项目，通过学习和借鉴高生态效率地区的环境治理经验，充分发挥后发优势。

由于我国的区域发展不平衡，地区之间的产业结构布局不尽相同，各地资源禀赋和发展程度的差异巨大。根据实证研究的结果，环境规制与产业结构升级之间存在倒"U"形曲线关系，也就是二者之间存在拐点，当环境规制强度超过拐点值之后，就有可能阻碍一个地区的产业结构升级。由于各个地区所处的发展阶段不同，有的地区还在拐点左侧，有的地区可能已经到达拐点右侧。因此在制定环境规制标准时要因地制宜，分类施策，充分考虑当地的实际情况和发展阶段，切忌采取"一刀切"的政策。在推进生态建设的过程中，政府要积极为生态建设提供公共产品服务，"一刀切"的政策往往不利于地区的可持续发展。

同时考虑到生态环境资源的公共品属性，环境污染的负外部性以及环境规制的正外部性，各地方政府在执行环境规制时存在"搭便车"的动机，即"你多投我就少投""你减排我就多排"的机会主义行为。因此，在制定环境规制政策时，既要避免"一刀切"，同时又要防止地方政府的"搭便车"行为。建立生态建设与经济建设相循环的关键是引入利益补偿机制，采取"谁受益谁补偿"的原则，由中央政府通过转移支付的方式对执行环境规制较为严格且经济发展相对落后的地区进行补偿，而那些从环境规制中受益且经济发展相对发达的地区对落后地区支付补偿。"谁污染谁治理"的策略虽然具有一定的合理性，但是这种污染治理方式往往发生于污染产生之后，其对生态环境造成的破坏往往是不可逆的，所以治标不治本。只有大大降低污染治理的机会成本，并将其转化为机会收益，才能充分调动市场主体治理污染的主动性和积极性。因此，"十四五"时期，应该把污染预警机制的建立作为重要举措，探索出一种系统性策略能够将污染防患于未然，并采取更加市场化的手段来进行环境治理。

一方面，需要完善碳排放权交易机制并扩大碳排放交易市场。虽然碳排放交易市场已经在一些省市开展试点工作，但是实际运行效果不佳，主要是因为碳排放权在初始分配环节做不到合理公平。因此还需进一步加强全国碳排放市场建设，保证碳交易配额分配环节的公正合理。另一方面，要在资源使用上下游之间建立健全合理的生态补偿机制。由于我国的资源输出地往往承担繁重的生态建设任务，但经济实力难以支撑，而资源输入地虽然经济实力雄厚，但是生态建设任务较轻。所以要推进贫困的资源输出地的生态文明建设，仅靠中央政府的财政转移支付和发达地区的结对帮扶等措施是不够的，还需要在资源输入地和资源输出地之间建立一套成本分摊、收益共享的利益补偿机制。可以尝试一些多元化的创新机制，比如雾霾治理补偿、水资源治理有偿使用等机制，在发达地区和贫困地区之间探索建立互惠互利的可持续发展路径（刘瑞，2021）。

8.2.5 完善环境规制监督体系

由于中央政府很难及时和完全掌握排污企业的信息，追求利益最大化的企业出于投机心理，可能会向地方政府进行寻租，二者结成合谋关系，使地方政府放松环境监管，从而导致企业的违规排放和地区生态环境恶化。因此，在环境规制监督机制中需要引入多主体参与，对环境规制政策的实施过程进行监督，从而顺利实现地区生态效率目标。

完善的环境规制监督体系，应该包含社会公众参与的监督机制。这是因为地方政府及其环保部门在对各类排污单位的排污情况进行监督检查的时候，在地区经济增长和财税收入的经济利益及以 GDP 为主的晋升考核标准的双重约束下，地方政府有放松环境规制的倾向，对环境规制不完全执行，甚至被企业利益俘获，滋生腐败，这些都会使环境规制的执行效果大打折扣。

因此，将环保一票否决制纳入官员晋升标准，从而杜绝地方政府在环境规制上的不完全执行现象。由于中央政府的权威性和公正性，需要定期和不定期地对排污企业进行直接督查，建立垂直型环境监管体制，这样规制效果会更加明显。同时要认识到环境问题是一个复杂的社会性问题，需要社会和公众的广泛参与。社会组织和公众在督促企业履行环保责任上可以发挥重要作用，约束地方政府在环境规制中的失职行为，迫使地方政府对违规排污企业采取有效措施。

8.2.6　大力发展绿色环保技术

通过大力发展绿色环保的先进技术，用以取代传统工业的生产工艺，并对设备进行改造升级，以高新技术产业和绿色环保产业取代传统的高耗能重污染企业，是促进产业结构优化升级，实现经济发展和环境保护双赢的根本途径。

当前中国的技术正在飞速进步，然而技术的进步并未起到改善区域生态效率的作用。之所以会这样，主要是因为企业的技术创新是有偏向性的，即偏重于生产技术创新，这种技术创新能够带来生产效率和经济效益的增加，而往往较少投资于绿色技术创新，忽略了环境保护型和生态友好型的技术创新。这种创新模式单纯以经济增长为目标，其结果是生态破坏和资源枯竭，不利于经济的可持续发展。然而科技既有可能破坏生态环境，也可能用于解决环境问题。只有将技术创新与生态环境保护相结合，进行绿色技术创新，才能实现经济发展和生态保护的良性循环。因此，政府的环境规制政策的重点在于促进企业的绿色技术创新，提高企业的绿色生产技术水平。具体而言，可以从如下四个方面着手。

第一，建立一个激励绿色技术创新的制度体系。根据有关行业的环保标准，建立一个绿色技术创新评价体系，对重污染和高耗能的生产技术以及工艺设备加快改造，限期淘汰，加大对污染型和高耗能型企业的处罚与整改力度，促使其采用绿色生产技术，实现产业绿色转型。

第二，严格把关引进的新技术。环保部门要明确企业引进技术的方向和重点，杜绝引进重复性、不环保和低水平的技术。政府应成立相关机构，全面改进和完善技术创新过程，将一些绿色环保的关键共性技术作为重点引进，并通过一系列政策措施鼓励企业吸收和消化先进绿色技术，比如绿色税收、绿色采购、绿色信贷以及政府对绿色产业的补贴等优惠政策。

第三，加强和完善与绿色技术创新相关的平台建设和基础设施建设。要建立一批以绿色技术创新为主体的研发平台、科研机构和科研项目，包括建设相关的科学工程、科研实验室和研究中心，以支撑绿色技术创新的研究；通过数据中心和共享网络建设，建立以绿色技术创新为主体的基础共享平台，为绿色技术创新提供保障。加快绿色技术专利和成果转化，建设成果转化基地，使绿色技术创新成果能够更快落地。

第四，要采用差异化的手段鼓励企业进行绿色技术创新。一些竞争力较强的大型企业，且拥有自主知识产权的，应该作为绿色技术创新和研发的重点支持对象，使其发挥先进示范作用；而一些竞争力较弱的中小企业，本身也不具有自主知识产权，可以鼓励中小企业与大型企业进行联合绿色技术创新和研发。通过培养一批以绿色技术创新为特色的企业群体，打造相互合作、协调发展的绿色产业集群，从而使大中小企业都能发挥自身的独特优势。在对传统工业企业的生产工艺和生产设备进行改造升级时，要重点围绕绿色、安全和环保等要求开展工作。

附　　录

286 个城市的生态效率指数及其分解

城市	技术效率变化 （EFFCH）	技术进步变化 （TECHCH）	纯技术效率变化 （PECH）	规模效率变化 （SECH）	Malmquist 生态 效率指数
北京市	0.824	0.980	0.882	0.934	0.807
天津市	0.975	0.938	0.912	1.069	0.914
石家庄市	0.993	0.863	0.936	1.061	0.856
唐山市	1.026	0.864	1.005	1.021	0.887
秦皇岛市	1.017	0.864	1.018	0.998	0.879
邯郸市	1.021	0.880	0.989	1.032	0.899
邢台市	0.955	0.875	0.964	0.992	0.836
保定市	0.939	0.905	0.983	0.954	0.850
张家口市	0.936	0.873	0.915	1.023	0.817
承德市	1.035	0.872	1.032	1.003	0.903
沧州市	1.004	0.928	0.994	1.010	0.932
廊坊市	1.013	0.899	1.011	1.002	0.910
衡水市	0.991	0.913	1.021	0.970	0.905
太原市	1.012	0.929	0.995	1.018	0.940
大同市	1.052	0.848	1.052	1.001	0.892
阳泉市	0.916	0.901	0.941	0.974	0.826
长治市	0.934	0.875	0.959	0.974	0.817
晋城市	0.961	0.884	0.978	0.982	0.849
朔州市	1.051	0.843	1.037	1.014	0.886
晋中市	0.938	0.891	0.966	0.971	0.836
运城市	0.958	0.882	0.964	0.994	0.845
忻州市	0.990	0.821	0.985	1.006	0.813

城市	技术效率变化（EFFCH）	技术进步变化（TECHCH）	纯技术效率变化（PECH）	规模效率变化（SECH）	Malmquist 生态效率指数
临汾市	1.025	0.861	1.032	0.993	0.882
吕梁市	1	0.849	1	1	0.849
呼和浩特市	0.995	0.902	0.986	1.009	0.897
包头市	1.016	0.921	1.012	1.004	0.935
乌海市	0.951	0.943	0.976	0.975	0.897
赤峰市	0.984	0.893	0.976	1.008	0.879
通辽市	1.218	0.939	1.075	1.132	1.144
鄂尔多斯市	0.936	0.858	0.937	0.999	0.803
呼伦贝尔市	1.074	0.848	1.064	1.009	0.910
巴彦淖尔市	0.941	0.870	0.956	0.984	0.818
乌兰察布市	0.962	0.928	0.983	0.978	0.892
沈阳市	1.070	0.919	1.085	0.986	0.984
大连市	0.979	0.937	0.978	1.001	0.917
鞍山市	1.076	0.898	1.069	1.006	0.966
抚顺市	0.974	0.875	1.019	0.956	0.853
本溪市	1	0.884	1.015	0.985	0.884
丹东市	1.048	0.893	1.040	1.007	0.936
锦州市	1.009	0.853	1.028	0.981	0.861
营口市	1.074	0.888	1.040	1.032	0.953
阜新市	1.058	0.903	1.039	1.018	0.956
辽阳市	1.007	0.878	1.031	0.977	0.885
盘锦市	1.041	0.974	1.033	1.008	1.015
铁岭市	0.957	0.905	1.005	0.952	0.866
朝阳市	1.015	0.848	0.989	1.026	0.860
葫芦岛市	1.002	0.906	1.035	0.968	0.908
长春市	1.039	0.928	1.031	1.008	0.964
吉林市	1.104	0.879	1.069	1.033	0.970
四平市	0.981	0.877	0.999	0.982	0.861
辽源市	0.979	0.906	0.993	0.986	0.887
通化市	1.073	0.892	1.052	1.020	0.957

续表

城市	技术效率变化 （EFFCH）	技术进步变化 （TECHCH）	纯技术效率变化 （PECH）	规模效率变化 （SECH）	Malmquist 生态 效率指数
白山市	0.992	0.846	1.041	0.953	0.839
松原市	0.955	0.904	0.992	0.963	0.864
白城市	1.104	0.864	1.063	1.038	0.954
哈尔滨市	1.096	0.920	1.088	1.007	1.009
齐齐哈尔市	1.014	0.876	1.040	0.975	0.888
鸡西市	1.040	0.879	1.055	0.986	0.914
鹤岗市	1.084	0.871	1.055	1.028	0.944
双鸭山市	0.999	0.943	1.020	0.980	0.942
大庆市	1.062	0.935	1.062	1	0.993
伊春市	1.143	0.844	1.065	1.074	0.965
佳木斯市	1.085	0.837	1.082	1.003	0.908
七台河市	1.063	0.865	1.047	1.015	0.919
牡丹江市	1.086	0.898	1.074	1.011	0.975
黑河市	0.963	0.966	1.025	0.939	0.930
绥化市	1.153	0.917	1.079	1.069	1.057
上海市	0.843	1.001	0.792	1.064	0.844
南京市	0.920	0.928	0.883	1.041	0.853
无锡市	0.952	0.932	0.939	1.014	0.888
徐州市	0.989	0.908	0.937	1.055	0.898
常州市	0.968	0.928	0.970	0.999	0.898
苏州市	0.938	0.961	0.926	1.013	0.901
南通市	0.947	0.977	0.929	1.020	0.925
连云港市	0.976	0.882	0.984	0.993	0.861
淮安市	1.052	0.936	1.025	1.027	0.985
盐城市	1.004	0.924	0.999	1.005	0.928
扬州市	0.957	0.947	0.940	1.018	0.907
镇江市	0.953	0.959	0.943	1.011	0.913
泰州市	0.987	0.948	0.989	0.999	0.936
宿迁市	0.955	0.946	0.928	1.029	0.904
杭州市	0.938	0.992	0.941	0.997	0.931

续表

城市	技术效率变化（EFFCH）	技术进步变化（TECHCH）	纯技术效率变化（PECH）	规模效率变化（SECH）	Malmquist 生态效率指数
宁波市	0.877	0.976	0.839	1.045	0.856
温州市	0.920	1.002	0.929	0.990	0.921
嘉兴市	0.992	0.938	1.027	0.966	0.930
湖州市	0.966	0.914	0.967	0.998	0.882
绍兴市	0.940	0.975	0.924	1.017	0.916
金华市	0.968	0.910	0.973	0.994	0.880
衢州市	0.988	0.903	0.994	0.995	0.893
舟山市	1.080	0.950	1.073	1.006	1.025
台州市	0.919	0.957	0.926	0.992	0.879
丽水市	1.073	0.897	1.020	1.052	0.962
合肥市	1.032	0.926	1.028	1.004	0.956
芜湖市	0.995	0.869	0.984	1.010	0.865
蚌埠市	1.153	0.912	1.097	1.051	1.052
淮南市	1.015	0.875	1.012	1.003	0.888
马鞍山市	0.980	0.901	0.974	1.007	0.884
淮北市	1.016	0.870	1.016	1	0.884
铜陵市	0.919	0.868	0.951	0.966	0.797
安庆市	1.032	0.904	1.026	1.006	0.932
黄山市	1.106	0.927	1.049	1.055	1.026
滁州市	1.052	0.864	0.986	1.067	0.908
阜阳市	1.076	0.918	1.039	1.035	0.987
宿州市	1.141	0.910	1.066	1.069	1.037
六安市	1.044	0.902	1.038	1.005	0.942
亳州市	1.107	0.923	1.070	1.034	1.022
池州市	1.038	0.859	0.993	1.045	0.891
宣城市	1.056	0.865	1.011	1.045	0.914
福州市	1.031	0.893	1.032	1	0.921
厦门市	0.815	1.094	0.959	0.850	0.892
莆田市	0.860	1.021	0.928	0.927	0.878
三明市	1.005	0.891	1.017	0.988	0.895

城市	技术效率变化（EFFCH）	技术进步变化（TECHCH）	纯技术效率变化（PECH）	规模效率变化（SECH）	Malmquist 生态效率指数
泉州市	1.039	0.899	0.988	1.051	0.934
漳州市	0.940	0.948	0.937	1.003	0.891
南平市	0.944	0.934	0.984	0.959	0.882
龙岩市	0.950	0.882	0.982	0.968	0.838
宁德市	1.127	0.891	1	1.127	1.004
南昌市	0.996	0.903	1.010	0.986	0.900
景德镇市	1.012	0.862	1.037	0.976	0.872
萍乡市	1.091	0.865	1.036	1.052	0.943
九江市	0.984	0.876	0.982	1.002	0.862
新余市	1.033	0.888	0.999	1.034	0.917
鹰潭市	0.968	0.894	0.977	0.990	0.865
赣州市	1.101	0.834	1.035	1.064	0.919
吉安市	1.022	0.870	1.001	1.020	0.889
宜春市	0.964	0.862	0.956	1.009	0.831
抚州市	1.024	0.832	1.002	1.022	0.852
上饶市	0.964	0.864	0.955	1.009	0.833
济南市	1.066	0.904	1.072	0.994	0.963
青岛市	0.891	0.976	0.900	0.990	0.870
淄博市	0.975	0.916	0.930	1.049	0.893
枣庄市	1.022	0.907	1.081	0.945	0.927
东营市	0.962	1.001	1.014	0.948	0.963
烟台市	0.935	0.946	0.903	1.035	0.884
潍坊市	1.006	0.918	0.964	1.044	0.924
济宁市	1.029	0.887	0.986	1.044	0.913
泰安市	1.040	0.937	1.037	1.003	0.975
威海市	0.953	0.940	0.962	0.991	0.897
日照市	0.933	0.923	0.961	0.971	0.861
莱芜市	1.003	0.914	1.015	0.988	0.917
临沂市	1.052	0.915	1.056	0.996	0.962
德州市	0.998	0.907	0.957	1.043	0.905

城市	技术效率变化 （EFFCH）	技术进步变化 （TECHCH）	纯技术效率变化 （PECH）	规模效率变化 （SECH）	Malmquist 生态 效率指数
聊城市	1.033	0.927	1.064	0.972	0.958
滨州市	1.005	0.934	1.014	0.992	0.939
菏泽市	1.011	0.910	0.992	1.019	0.921
郑州市	1.027	0.940	1.020	1.007	0.965
开封市	0.970	0.958	1.043	0.931	0.930
洛阳市	0.967	0.950	0.954	1.014	0.919
平顶山市	1	0.882	1.002	0.998	0.882
安阳市	0.995	0.899	1.014	0.982	0.895
鹤壁市	0.898	0.898	0.994	0.903	0.807
新乡市	0.933	0.907	0.987	0.945	0.847
焦作市	0.979	0.916	1.008	0.971	0.897
濮阳市	0.928	0.981	1.027	0.904	0.910
许昌市	1.003	0.921	1.004	0.998	0.923
漯河市	0.996	0.977	1.054	0.945	0.973
三门峡市	0.943	0.902	0.982	0.960	0.850
南阳市	0.977	0.907	1.025	0.953	0.887
商丘市	0.979	0.943	0.992	0.987	0.923
信阳市	1.040	0.889	1.060	0.980	0.924
周口市	1.060	0.942	1.093	0.970	0.998
驻马店市	0.968	0.935	1.023	0.946	0.906
武汉市	1.018	0.927	0.987	1.031	0.943
黄石市	0.974	0.881	0.992	0.982	0.858
十堰市	1.009	0.932	1.032	0.977	0.940
宜昌市	1.021	0.922	1.009	1.012	0.941
襄阳市	0.964	0.942	0.989	0.974	0.907
鄂州市	1.082	0.895	1.034	1.046	0.969
荆门市	0.991	0.885	1.007	0.984	0.877
孝感市	1.012	0.903	1.008	1.003	0.914
荆州市	1.018	0.915	1.021	0.998	0.932
黄冈市	1.019	0.900	1.020	0.999	0.917

城市	技术效率变化（EFFCH）	技术进步变化（TECHCH）	纯技术效率变化（PECH）	规模效率变化（SECH）	Malmquist 生态效率指数
咸宁市	1.085	0.892	1.018	1.065	0.968
随州市	0.949	0.977	1.088	0.873	0.928
长沙市	0.926	0.950	0.984	0.941	0.879
株洲市	1.027	0.900	1.036	0.992	0.925
湘潭市	1.048	0.851	1.034	1.014	0.892
衡阳市	1.036	0.886	1.034	1.002	0.918
邵阳市	1.066	0.863	1.038	1.026	0.920
岳阳市	1.089	0.912	1.080	1.009	0.994
常德市	0.956	0.901	1.020	0.937	0.861
张家界市	1.049	0.903	1.039	1.010	0.947
益阳市	0.956	0.862	1.001	0.955	0.824
郴州市	1.017	0.870	1.004	1.013	0.885
永州市	1.072	0.815	1.040	1.031	0.874
怀化市	0.962	0.860	0.999	0.963	0.826
娄底市	1.098	0.905	1.071	1.025	0.994
广州市	0.809	1.011	0.812	0.996	0.818
韶关市	0.955	0.902	0.993	0.962	0.862
深圳市	0.789	1.082	0.912	0.865	0.853
珠海市	0.879	0.964	0.926	0.950	0.848
汕头市	0.949	1.001	0.953	0.996	0.949
佛山市	0.871	0.959	0.851	1.023	0.835
江门市	1.071	0.940	1.090	0.983	1.008
湛江市	0.980	0.940	0.984	0.996	0.921
茂名市	0.937	0.921	0.990	0.946	0.863
肇庆市	1	0.889	1.011	0.989	0.889
惠州市	0.892	0.952	0.901	0.991	0.850
梅州市	0.857	0.898	0.995	0.862	0.770
汕尾市	0.908	0.958	0.980	0.926	0.870
河源市	1.070	0.907	1.031	1.038	0.971
阳江市	1.063	0.900	1.029	1.032	0.957

城市	技术效率变化（EFFCH）	技术进步变化（TECHCH）	纯技术效率变化（PECH）	规模效率变化（SECH）	Malmquist 生态效率指数
清远市	0.896	0.923	0.990	0.905	0.827
东莞市	0.847	0.951	0.876	0.967	0.806
中山市	0.839	1.005	0.904	0.927	0.842
潮州市	0.900	0.868	0.996	0.904	0.781
揭阳市	0.942	1.046	0.996	0.946	0.985
云浮市	0.990	0.887	1.017	0.974	0.878
南宁市	1.004	0.910	1.010	0.995	0.914
柳州市	0.954	0.850	0.969	0.984	0.811
桂林市	1.034	0.910	1.038	0.996	0.941
梧州市	0.982	0.899	1.013	0.969	0.883
北海市	0.969	0.891	0.987	0.982	0.863
防城港市	1.061	0.857	0.977	1.085	0.909
钦州市	0.957	0.939	0.985	0.972	0.899
贵港市	0.936	0.844	0.982	0.954	0.790
玉林市	0.900	0.856	0.992	0.908	0.771
百色市	1.034	0.913	1.009	1.025	0.944
贺州市	0.975	0.883	1.026	0.951	0.861
河池市	0.971	0.877	1.003	0.968	0.851
来宾市	0.919	0.880	0.956	0.961	0.808
崇左市	0.987	0.820	0.999	0.988	0.809
海口市	0.958	1.049	1.068	0.898	1.005
三亚市	1.010	0.895	1	1.010	0.904
重庆市	0.990	0.903	0.993	0.997	0.893
成都市	0.974	1.008	0.952	1.023	0.982
自贡市	0.982	0.939	1.061	0.925	0.922
攀枝花市	1.041	0.887	1.041	1	0.924
泸州市	1.054	0.921	1.021	1.033	0.970
德阳市	1.014	0.908	1.033	0.982	0.922
绵阳市	0.986	0.895	1.010	0.976	0.882
广元市	0.964	0.864	1.006	0.958	0.833

续表

城市	技术效率变化（EFFCH）	技术进步变化（TECHCH）	纯技术效率变化（PECH）	规模效率变化（SECH）	Malmquist 生态效率指数
遂宁市	0.993	0.959	1.059	0.938	0.953
内江市	1.019	0.863	0.998	1.021	0.879
乐山市	0.995	0.878	0.997	0.999	0.874
南充市	0.974	0.907	1.060	0.919	0.883
眉山市	1.144	0.872	1.089	1.051	0.998
宜宾市	0.959	0.884	0.942	1.019	0.848
广安市	0.934	0.887	0.961	0.972	0.829
达州市	0.981	0.901	0.985	0.996	0.884
雅安市	1.106	0.923	1.038	1.065	1.021
巴中市	1.197	0.838	1.025	1.168	1.003
资阳市	1.027	0.841	1.083	0.948	0.863
贵阳市	0.930	0.930	0.895	1.039	0.865
六盘水市	1.058	0.848	1.038	1.020	0.897
遵义市	1.066	0.950	1.065	1.001	1.013
安顺市	1	0.944	1	1	0.944
昆明市	1.001	0.873	0.988	1.013	0.874
曲靖市	1.083	0.887	1.065	1.017	0.961
玉溪市	1.113	0.909	1.024	1.087	1.012
保山市	0.998	0.905	0.953	1.047	0.903
昭通市	1.112	0.926	1.019	1.091	1.030
丽江市	1.101	0.790	1	1.101	0.871
普洱市	0.956	0.904	0.979	0.977	0.864
临沧市	0.934	0.836	0.985	0.949	0.781
拉萨市	1.052	1.031	1.028	1.023	1.085
西安市	0.951	0.997	0.991	0.960	0.949
铜川市	1.016	0.899	1	1.016	0.913
宝鸡市	0.911	0.882	0.982	0.929	0.804
咸阳市	0.855	0.948	0.922	0.927	0.810
渭南市	1	0.788	1	1	0.788
延安市	1.056	0.925	0.985	1.072	0.977

城市	技术效率变化 （EFFCH）	技术进步变化 （TECHCH）	纯技术效率变化 （PECH）	规模效率变化 （SECH）	Malmquist 生态 效率指数
汉中市	0.997	0.847	0.995	1.002	0.845
榆林市	0.972	0.892	0.964	1.008	0.866
安康市	1.080	0.889	1.062	1.017	0.960
商洛市	1.058	0.880	1.002	1.057	0.932
兰州市	1.009	0.904	1.008	1.001	0.912
嘉峪关市	1.054	0.913	0.990	1.064	0.962
金昌市	1	0.879	1	1	0.879
白银市	0.943	0.919	0.974	0.968	0.866
天水市	1.090	0.910	1.054	1.034	0.991
武威市	1.112	0.864	1.014	1.097	0.961
张掖市	1.098	0.846	1.033	1.063	0.929
平凉市	1.099	1.033	1.036	1.061	1.135
酒泉市	1.050	0.889	1.033	1.016	0.934
庆阳市	1.134	0.916	1.003	1.131	1.039
定西市	1.161	0.842	1	1.161	0.978
陇南市	1.096	0.880	1	1.096	0.964
西宁市	0.968	0.878	0.976	0.992	0.850
银川市	0.977	0.901	0.963	1.015	0.880
石嘴山市	1.016	0.870	1.015	1.001	0.884
吴忠市	0.947	0.863	0.968	0.978	0.817
固原市	1.058	0.920	1	1.058	0.973
中卫市	1.210	0.912	1.024	1.182	1.104
乌鲁木齐市	0.989	0.879	0.991	0.998	0.870
克拉玛依市	0.993	0.986	1.029	0.965	0.980

参考文献

[1] 安孟, 张诚, 朱冠平. 环境规制强度提升了中国经济增长质量吗 [J]. 统计与信息论坛, 2021, 36 (7): 87 - 96.

[2] 白雪洁, 宋莹. 环境规制、技术创新与中国火电行业的效率提升 [J]. 中国工业经济, 2009 (8): 68 - 77.

[3] 包群, 邵敏, 杨大利. 环境管制抑制了污染排放吗? [J]. 经济研究, 2013, 48 (12): 42 - 54.

[4] 毕睿罡, 王钦云. 政企合谋视角下的环境治理——基于官员考核标准变化的准自然实验 [J]. 当代经济科学, 2019, 41 (4): 62 - 75.

[5] 边明英, 俞会新, 张迎新. 环境规制与交通运输业绿色创新——高管环保意识的中介作用 [J]. 华东经济管理, 2021, 35 (8): 11 - 20.

[6] 卞晨, 初钊鹏, 孙正林. 环境规制促进企业绿色技术创新的政策仿真研究 [J]. 工业技术经济, 2021, 40 (7): 12 - 22.

[7] 蔡海静, 谢乔昕, 章慧敏. 权变抑或逐利: 环境规制视角下实体企业金融化的制度逻辑 [J]. 会计研究, 2021 (4): 78 - 88.

[8] 蔡乌赶, 周小亮. 中国环境规制对绿色全要素生产率的双重效应 [J]. 经济学家, 2017 (9): 27 - 35.

[9] 曹霞, 于娟. 绿色低碳视角下中国区域创新效率研究 [J]. 中国人口·资源与环境, 2015, 25 (5): 10 - 19.

[10] 曾昉, 李大胜, 谭莹. 环境规制背景下生猪产业转移对农业结构调整的影响 [J]. 中国人口·资源与环境, 2021, 31 (6): 158 - 166.

[11] 陈傲. 中国区域生态效率评价及影响因素实证分析——以 2000 ~ 2006 年省际数据为例 [J]. 中国管理科学, 2008, 16 (S1): 566 - 570.

［12］陈超凡．中国工业绿色全要素生产率及其影响因素——基于 ML 生产率指数及动态面板模型的实证研究［J］．统计研究，2016，33（3）：53－62．

［13］陈德敏，张瑞．环境规制对中国全要素能源效率的影响——基于省际面板数据的实证检验［J］．经济科学，2012（4）：49－65．

［14］陈红蕾，陈秋锋．"污染避难所"假说及其在中国的检验［J］．暨南学报（哲学社会科学版），2006（4）：51－55，150．

［15］陈林，肖倩冰，蓝淑菁．基于产业结构门槛效应模型的环境政策治污效益评估——以《大气污染防治行动计划》为例［J］．资源科学，2021，43（2）：341－356．

［16］陈诗一，陈登科．雾霾污染、政府治理与经济高质量发展［J］．经济研究，2018，53（2）：20－34．

［17］陈诗一．边际减排成本与中国环境税改革［J］．中国社会科学，2011（3）：85－100，222．

［18］陈诗一．节能减排与中国工业的双赢发展：2009～2049［J］．经济研究，2010，45（3）：129－143．

［19］陈晓，张壮壮，李美玲．环境规制、产业结构变迁与技术创新能力［J］．系统工程，2019，37（3）：59－68．

［20］陈晓红，王钰，李喜华．环境规制下区域间企业绿色技术转型策略演化稳定性研究［J］．系统工程理论与实践，2021，41（7）：1732－1749．

［21］陈晓艳，肖华，张国清．环境处罚促进企业环境治理了吗？——基于过程和结果双重维度的分析［J］．经济管理，2021，43（6）：136－155．

［22］陈屹立，邓雨薇．环境规制、市场势力与企业创新［J］．贵州财经大学学报，2021（1）：30－43．

［23］程中华，徐晴霏，李廉水．环境政策与环境偏向型技术进步［J］．研究与发展管理，2021：1－14．

［24］邓慧慧，桑百川．财政分权、环境规制与地方政府 FDI 竞争［J］．上海财经大学学报，2015，17（3）：79－88．

［25］邓慧慧, 杨露鑫. 雾霾治理、地方竞争与工业绿色转型［J］. 中国工业经济, 2019（10）：118 – 136.

［26］邓玉萍, 王伦, 周文杰. 环境规制促进了绿色创新能力吗？——来自中国的经验证据［J］. 统计研究, 2021：1 – 11.

［27］董会忠, 刘鹏振. 创新价值链视角下环境规制对技术创新效率的影响——以黄河流域为例［J］. 科技进步与对策, 2021, 38（16）：37 – 45.

［28］董会忠, 辛佼, 韩沅刚. 环境规制、技术创新与工业煤耗强度的互动效应［J］. 华东经济管理, 2021, 35（7）：37 – 45.

［29］董景荣, 张文卿, 陈宇科. 环境规制工具、政府支持对绿色技术创新的影响研究［J］. 产业经济研究, 2021（3）：1 – 16.

［30］董敏杰, 李钢, 梁泳梅. 中国工业环境全要素生产率的来源分解——基于要素投入与污染治理的分析［J］. 数量经济技术经济研究, 2012, 29（2）：3 – 20.

［31］董敏杰, 梁泳梅, 李钢. 环境规制对中国出口竞争力的影响——基于投入产出表的分析［J］. 中国工业经济, 2011（3）：57 – 67.

［32］范庆泉, 储成君, 高佳宁. 环境规制、产业结构升级对经济高质量发展的影响［J］. 中国人口·资源与环境, 2020, 30（6）：84 – 94.

［33］方齐云, 刘东. 环境规制、外商直接投资与城市技能溢价——基于我国 282 个地级市数据的实证研究［J］. 城市问题, 2020（12）：78 – 87.

［34］冯斐, 冯学钢, 侯经川, 霍殿明, 唐睿. 经济增长、区域环境污染与环境规制有效性——基于京津冀地区的实证分析［J］. 资源科学, 2020, 42（12）：2341 – 2353.

［35］冯宗宪, 贾楠亭. 环境规制与异质性企业技术创新——基于工业行业上市公司的研究［J］. 经济与管理研究, 2021, 42（3）：20 – 34.

［36］傅京燕, 李丽莎. FDI、环境规制与污染避难所效应——基于中国省级数据的经验分析［J］. 公共管理学报, 2010, 7（3）：65 – 74, 125 – 126.

［37］傅京燕, 李丽莎. 环境规制、要素禀赋与产业国际竞争力的实证研究——基于中国制造业的面板数据［J］. 管理世界, 2010（10）：

87 – 98，187．

［38］干春晖，郑若谷，余典范．中国产业结构变迁对经济增长和波动的影响［J］．经济研究，2011，46（5）：4 – 16，31．

［39］高明，陈巧辉．不同类型环境规制对产业升级的影响［J］．工业技术经济，2019，38（1）：91 – 99．

［40］高志刚，李明蕊．异质性环境规制、能源效率与新疆经济高质量发展［J］．新疆社会科学，2021（4）：62 – 74，168 – 169．

［41］郭炳南，林基，刘堂发．环境规制对长三角地区城市生态福利绩效的影响［J］．统计与决策，2021，37（4）：15 – 18．

［42］郭炳南，唐利，张浩．环境规制与长江经济带生态福利绩效的空间效应研究［J］．经济体制改革，2021（3）：73 – 79．

［43］郭红燕，韩立岩．外商直接投资、环境管制与环境污染［J］．国际贸易问题，2008（8）：111 – 118．

［44］郭涛，孙玉阳．环境规制对企业高质量发展作用之谜——基于异质性企业与全要素生产率分解视角［J］．暨南学报（哲学社会科学版），2021，43（3）：102 – 118．

［45］郭晓蓓．环境规制对制造业结构升级的影响研究——基于路径分析与面板数据模型检验［J］．经济问题探索，2019（8）：148 – 158．

［46］韩超，陈震，王震．节能目标约束下企业污染减排效应的机制研究［J］．中国工业经济，2020（10）：43 – 61．

［47］韩超，胡浩然．节能减排、环境规制与技术进步融合路径选择［J］．财经问题研究，2015（7）：22 – 29．

［48］韩超，胡浩然．清洁生产标准规制如何动态影响全要素生产率——剔除其他政策干扰的准自然实验分析［J］．中国工业经济，2015（5）：70 – 82．

［49］韩超，桑瑞聪．环境规制约束下的企业产品转换与产品质量提升［J］．中国工业经济，2018（2）：43 – 62．

［50］韩晶．中国区域绿色创新效率研究［J］．财经问题研究，2012（11）：130 – 137．

［51］韩永辉，黄亮雄，王贤彬．产业结构优化升级改进生态效率了吗？［J］．数量经济技术经济研究，2016，33（4）：40 - 59.

［52］何爱平，安梦天．地方政府竞争、环境规制与绿色发展效率［J］．中国人口·资源与环境，2019，29（3）：21 - 30.

［53］何春，刘荣增，陈灿．环境规制、空间溢出与城镇贫困［J］．统计与决策，2021，37（6）：20 - 23.

［54］何文海，张永姣．环境规制、产业结构调整与经济高质量发展——基于长江经济带11省市PVAR模型的分析［J］．统计与信息论坛，2021，36（4）：21 - 29.

［55］和军，靳永辉．企业所有制性质与环境规制效果——基于上市企业数据的实证分析［J］．经济问题探索，2021（3）：43 - 52.

［56］侯林岐，张杰．多维政绩考核、地方政府竞争与城市生产效率损失［J］．现代经济探讨，2020（1）：19 - 28.

［57］侯伟丽，方浪，刘硕．"污染避难所"在中国是否存在？——环境管制与污染密集型产业区际转移的实证研究［J］．经济评论，2013（4）：65 - 72.

［58］胡德顺，潘紫燕，张玉玲．异质性环境规制、技术创新与经济高质量发展［J］．统计与决策，2021，37（13）：96 - 99.

［59］胡佳．区域环境治理中的地方政府协作研究［M］．北京：人民出版社，2015.

［60］胡艳，张丽．FDI、环境规制与产业结构升级——来自长三角的经验证据［J］．华东经济管理，2021：1 - 8.

［61］黄德春，刘志彪．环境规制与企业自主创新——基于波特假设的企业竞争优势构建［J］．中国工业经济，2006（3）：100 - 106.

［62］黄菁，陈霜华．环境污染治理与经济增长：模型与中国的经验研究［J］．南开经济研究，2011（1）：142 - 152.

［63］黄磊，吴传清．外商投资、环境规制与长江经济带城市绿色发展效率［J］．改革，2021（3）：94 - 110.

［64］黄平，胡日东．环境规制与企业技术创新相互促进的机理与实

证研究 [J]. 财经理论与实践, 2010, 31 (1): 99 – 103.

[65] 黄清煌, 高明. 环境规制对经济增长的数量和质量效应——基于联立方程的检验 [J]. 经济学家, 2016 (4): 53 – 62.

[66] 黄伟华, 祁春节, 方国柱, 雷权勇. 农业环境规制促进了小麦绿色全要素生产率的提升吗? [J]. 长江流域资源与环境, 2021, 30 (2): 459 – 471.

[67] 黄滢, 刘庆, 王敏. 地方政府的环境治理决策: 基于 SO_2 减排的面板数据分析 [J]. 世界经济, 2016, 39 (12): 166 – 188.

[68] 纪建悦, 许瑶, 张懿. 民间投资视角下环境规制对绿色全要素生产率的影响研究 [J]. 中国管理科学, 2021: 1 – 13.

[69] 江珂, 卢现祥. 环境规制与技术创新——基于中国 1997 ~ 2007 年省际面板数据分析 [J]. 科研管理, 2011, 32 (7): 60 – 66.

[70] 江珂. 环境规制对中国技术创新能力影响及区域差异分析——基于中国 1995 ~ 2007 年省际面板数据分析 [J]. 中国科技论坛, 2009 (10): 28 – 33.

[71] 姜启波, 谭清美. 高技术产业集聚、环境规制对生态效率的影响——来自中国区域发展的经验证据 [J]. 华东经济管理, 2021, 35 (3): 86 – 92.

[72] 蒋为. 环境规制是否影响了中国制造业企业研发创新? ——基于微观数据的实证研究 [J]. 财经研究, 2015, 41 (2): 76 – 87.

[73] 蒋樟生, 周洁, 赵馨子, 王飞飞. 双重环境规制、创新开放度与制造企业创新投入 [J]. 中国环境管理, 2021, 13 (1): 128 – 135.

[74] 颉茂华, 王瑾, 刘冬梅. 环境规制、技术创新与企业经营绩效 [J]. 南开管理评论, 2014, 17 (6): 106 – 113.

[75] 解垩. 环境规制与中国工业生产率增长 [J]. 产业经济研究, 2008 (1): 19 – 25, 69.

[76] 景维民, 张璐. 环境管制、对外开放与中国工业的绿色技术进步 [J]. 经济研究, 2014, 49 (9): 34 – 47.

[77] 雷淑珍, 高煜, 王艳. 异质性环境规制与 FDI 质量升级 [J].

软科学，2021，35（4）：14-19.

[78] 雷玉桃，孙菁靖，黄征学．城市群经济、环境规制与减霾效应——基于中国三大城市群的实证研究 [J]．宏观经济研究，2021（1）：131-149.

[79] 李达，王春晓．我国经济增长与大气污染物排放的关系——基于分省面板数据的经验研究 [J]．财经科学，2007（2）：43-50.

[80] 李钢，马岩，姚磊磊．中国工业环境管制强度与提升路线——基于中国工业环境保护成本与效益的实证研究 [J]．中国工业经济，2010（3）：31-41.

[81] 李谷成，陈宁陆，闵锐．环境规制条件下中国农业全要素生产率增长与分解 [J]．中国人口·资源与环境，2011，21（11）：153-160.

[82] 李国柱．外商直接投资与环境污染的因果关系检验 [J]．国际贸易问题，2007（6）：105-109.

[83] 李虹，邹庆．环境规制、资源禀赋与城市产业转型研究——基于资源型城市与非资源型城市的对比分析 [J]．经济研究，2018，53（11）：182-198.

[84] 李静．中国区域环境效率的差异与影响因素研究 [J]．南方经济，2009（12）：24-35.

[85] 李凯杰，王怀民．FDI、环境规制和我国城市技术进步偏向性 [J]．上海经济研究，2021（5）：36-49.

[86] 李锴，齐绍洲．贸易开放、经济增长与中国二氧化碳排放 [J]．经济研究，2011，46（11）：60-72，102.

[87] 李玲，陶锋．中国制造业最优环境规制强度的选择——基于绿色全要素生产率的视角 [J]．中国工业经济，2012（5）：70-82.

[88] 李楠，史贝贝，白东北．环境治理、政府绿色投入与贸易高质量增长——基于制造业出口国内附加值率视角 [J]．现代财经（天津财经大学学报），2021，41（7）：93-113.

[89] 李楠博，高晨磊，臧云特．绿色技术创新、环境规制与绿色金融的耦合协调机制研究 [J]．科学管理研究，2021，39（2）：100-108.

[90] 李平, 慕绣如. 波特假说的滞后性和最优环境规制强度分析——基于系统 GMM 及门槛效果的检验 [J]. 产业经济研究, 2013 (4): 21 - 29.

[91] 李强, 丁春林. 环境规制、空间溢出与产业升级——来自长江经济带的例证 [J]. 重庆大学学报 (社会科学版), 2019, 25 (1): 17 - 28.

[92] 李强, 聂锐. 环境规制与区域技术创新——基于中国省际面板数据的实证分析 [J]. 中南财经政法大学学报, 2009 (4): 18 - 23, 143.

[93] 李强. 环境规制与产业结构调整——基于 Baumol 模型的理论分析与实证研究 [J]. 经济评论, 2013 (5): 100 - 107, 146.

[94] 李珊珊, 罗良文. 地方政府竞争下环境规制对区域碳生产率的非线性影响——基于门槛特征与空间溢出视角 [J]. 商业研究, 2019 (1): 88 - 97.

[95] 李胜兰, 初善冰, 申晨. 地方政府竞争、环境规制与区域生态效率 [J]. 世界经济, 2014, 37 (4): 88 - 110.

[96] 李胜文, 李新春, 杨学儒. 中国的环境效率与环境管制——基于 1986 ~ 2007 年省级水平的估算 [J]. 财经研究, 2010, 36 (2): 59 - 68.

[97] 李婉红, 毕克新, 孙冰. 环境规制强度对污染密集行业绿色技术创新的影响研究——基于 2003 ~ 2010 年面板数据的实证检验 [J]. 研究与发展管理, 2013, 25 (6): 72 - 81.

[98] 李小平, 卢现祥, 陶小琴. 环境规制强度是否影响了中国工业行业的贸易比较优势 [J]. 世界经济, 2012, 35 (4): 62 - 78.

[99] 李新安. 环境规制、政府补贴与区域绿色技术创新 [J]. 经济经纬, 2021, 38 (3): 14 - 23.

[100] 李阳, 党兴华, 韩先锋, 宋文飞. 环境规制对技术创新长短期影响的异质性效应——基于价值链视角的两阶段分析 [J]. 科学学研究, 2014, 32 (6): 937 - 949.

[101] 李颖. 环境规制对制造业技术创新影响的实证研究 [J]. 湖北社会科学, 2021 (5): 93 - 99.

[102] 李永友, 沈坤荣. 我国污染控制政策的减排效果——基于省际

工业污染数据的实证分析 [J]. 管理世界, 2008 (7): 7-17.

[103] 李子豪, 毛军. 地方政府税收竞争、产业结构调整与中国区域绿色发展 [J]. 财贸经济, 2018, 39 (12): 142-157.

[104] 梁劲锐, 史耀疆, 席小瑾. 清洁生产技术创新、治污技术创新与环境规制 [J]. 中国经济问题, 2018 (6): 76-85.

[105] 林伯强, 李江龙. 环境治理约束下的中国能源结构转变——基于煤炭和二氧化碳峰值的分析 [J]. 中国社会科学, 2015 (9): 84-107, 205.

[106] 林伯强, 王喜枝, 杜之利. 环境规制对中国工业能源效率的影响——基于微观企业数据的实证研究 [J]. 厦门大学学报 (哲学社会科学版), 2021 (4): 30-42.

[107] 林伯强, 邹楚沅. 发展阶段变迁与中国环境政策选择 [J]. 中国社会科学, 2014 (5): 81-95, 205-206.

[108] 林诗贤, 祁毓. 区位导向型生态环境政策的激励效应及策略选择 [J]. 财政研究, 2021 (6): 85-103.

[109] 林婷, 谌仁俊. "促增长"与"保环境"双目标下的地区环境规制水平 [J]. 经济问题探索, 2021 (5): 1-16.

[110] 刘传明, 刘一丁, 马青山. 环境规制与经济高质量发展的双向反馈效应研究 [J]. 经济与管理评论, 2021, 37 (3): 111-122.

[111] 刘满凤, 陈华脉, 徐野. 环境规制对工业污染空间溢出的效应研究——来自全国 285 个城市的经验证据 [J]. 经济地理, 2021, 41 (2): 194-202.

[112] 刘瑞. 畅通国民经济循环的逻辑、重点与主攻方向 [J]. 人民论坛·学术前沿, 2021 (5): 15-27.

[113] 刘帅, 杨丹辉, 金殿臣. 环境规制对产能利用率的影响——基于技术创新中介调节效应的分析 [J]. 改革, 2021 (8): 77-89.

[114] 刘伟明, 周正清. 中国的环境政策对经济高质量发展的影响研究——来自"双控区"试验的证据 [J]. 城市问题, 2020 (12): 88-99.

[115] 刘学之, 段朵朵, 张勃, 孙祥栋. 环境规制、技术创新与企业

绩效——基于石化行业 VOCs 排污收费政策的准自然实验 [J]. 中国环境管理, 2021, 13 (2): 94 - 101, 133.

[116] 刘贻玲, 郑明贵. 基于供给侧结构性改革的黑色和有色金属矿业产业结构升级效果评价 [J]. 中国矿业, 2021, 30 (3): 52 - 60.

[117] 陆旸. 环境规制影响了污染密集型商品的贸易比较优势吗? [J]. 经济研究, 2009, 44 (4): 28 - 40.

[118] 陆旸. 中国的绿色政策与就业: 存在双重红利吗? [J]. 经济研究, 2011, 46 (7): 42 - 54.

[119] 罗斌, 凌鸿程. 环境分权与地区经济增长的内在作用机制——基于央地关系的调节作用 [J]. 云南财经大学学报, 2020, 36 (2): 32 - 48.

[120] 罗知, 齐博成. 环境规制的产业转移升级效应与银行协同发展效应——来自长江流域水污染治理的证据 [J]. 经济研究, 2021, 56 (2): 174 - 189.

[121] 吕靖烨, 张林辉. 技术创新视角下环境规制与经营绩效研究 [J]. 经济与管理, 2021, 35 (2): 40 - 46.

[122] 吕鹏, 黄送钦. 环境规制压力会促进企业转型升级吗 [J]. 南开管理评论, 2021: 1 - 20.

[123] 马国群, 谭砚文. 环境规制对农业绿色全要素生产率的影响研究——基于面板门槛模型的分析 [J]. 农业技术经济, 2021 (5): 77 - 92.

[124] 毛建辉, 管超. 环境规制抑制产业结构升级吗? ——基于政府行为的非线性门槛模型分析 [J]. 财贸研究, 2020, 31 (3): 29 - 42.

[125] 梅国平, 龚海林. 环境规制对产业结构变迁的影响机制研究 [J]. 经济经纬, 2013 (2): 72 - 76.

[126] 牛美晨, 刘晔. 提高排污费能促进企业创新吗? ——兼论对我国环保税开征的启示 [J]. 统计研究, 2021: 1 - 13.

[127] 裴潇, 胡晓双. 城镇化、环境规制对产业结构升级影响的实证 [J]. 统计与决策, 2021 (16): 102 - 105.

[128] 彭星, 李斌. 不同类型环境规制下中国工业绿色转型问题研究 [J]. 财经研究, 2016, 42 (7): 134 - 144.

［129］齐绍洲，林屾，崔静波．环境权益交易市场能否诱发绿色创新？——基于我国上市公司绿色专利数据的证据［J］．经济研究，2018，53（12）：129–143.

［130］秦昌波，王金南，葛察忠，高树婷，刘倩倩．征收环境税对经济和污染排放的影响［J］．中国人口·资源与环境，2015，25（1）：17–23.

［131］阮敏，肖风．自愿参与型环境规制与企业技术创新——公众关注度和市场进程的调节作用［J］．科技进步与对策，2021：1–11.

［132］商波，杜星宇，黄涛珍．基于市场激励型的环境规制与企业绿色技术创新模式选择［J］．软科学，2021，35（5）：78–84，92.

［133］沈春苗，郑江淮．环境规制、企业更替与制造业生产率——基于工业企业污染排放数据的实证检验［J］．南京社会科学，2021（3）：10–18，29.

［134］沈坤荣，周力．地方政府竞争、垂直型环境规制与污染回流效应［J］．经济研究，2020，55（3）：35–49.

［135］沈坤荣，金刚，方娴．环境规制引起了污染就近转移吗？［J］．经济研究，2017，52（5）：44–59.

［136］沈能，刘凤朝．高强度的环境规制真能促进技术创新吗？——基于"波特假说"的再检验［J］．中国软科学，2012（4）：49–59.

［137］沈能．环境效率、行业异质性与最优规制强度——中国工业行业面板数据的非线性检验［J］．中国工业经济，2012（3）：56–68.

［138］沈悦，任一鑫．环境规制、省际产业转移对污染迁移的空间溢出效应［J］．中国人口·资源与环境，2021，31（2）：52–60.

［139］石敏俊，袁永娜，周晟吕，李娜．碳减排政策：碳税、碳交易还是两者兼之？［J］．管理科学学报，2013，16（9）：9–19.

［140］史敦友．异质性环境规制、技术创新与中国工业绿色化［J］．贵州财经大学学报，2021（3）：83–93.

［141］宋德勇，杨秋月．环境规制与人力资本在破解资源诅咒中的作用［J］．城市问题，2019（9）：62–73.

［142］宋德勇，杨秋月．环境规制与跨越"中等收入陷阱"——基

于跨国面板数据的实证研究 [J]. 国际贸易问题, 2021 (7): 159 – 174.

[143] 宋丽颖, 崔帆. 环境规制如何影响就业——基于中国省级数据的现实验证 [J]. 湘潭大学学报 (哲学社会科学版), 2021, 45 (1): 87 – 92.

[144] 宋丽颖, 李亚冬. 环境规制约束视角下企业投资偏好对碳生产率的影响研究 [J]. 国际商务 (对外经济贸易大学学报), 2021 (2): 111 – 125.

[145] 宋马林, 王舒鸿. 环境规制、技术进步与经济增长 [J]. 经济研究, 2013, 48 (3): 122 – 134.

[146] 宋雯彦, 韩卫辉. 环境规制、对外直接投资和产业结构升级——兼论异质性环境规制的门槛效应 [J]. 当代经济科学, 2021, 43 (2): 109 – 122.

[147] 孙冰, 丛桂宇, 田胜男. 环境规制对企业绿色创新的影响机理研究——战略柔性与区域差异性的双调节作用 [J]. 科技进步与对策, 2021: 1 – 8.

[148] 孙冰, 徐杨, 康敏. 环境规制工具对环境友好型技术创新的区域性影响——以氢燃料电池技术为例 [J]. 科技进步与对策, 2021, 38 (9): 43 – 51.

[149] 孙慧, 扎恩哈尔·杜曼. 异质性环境规制对城市环境污染的影响——基于静态和动态空间杜宾模型的研究 [J]. 华东经济管理, 2021, 35 (7): 75 – 82.

[150] 孙学涛, 王振华. 农业生产效率提升对产业结构的影响——基于技术进步偏向的视角 [J]. 财贸研究, 2021, 32 (6): 46 – 58.

[151] 孙玉阳, 穆怀中, 范洪敏, 等. 环境规制对产业结构升级异质联动效应研究 [J]. 工业技术经济, 2020, 39 (4): 89 – 95.

[152] 孙振清, 成晓斐, 谷文姗. 异质性环境规制对工业绿色发展绩效的影响 [J]. 华东经济管理, 2021, 35 (8): 1 – 10.

[153] 谭莹, 胡洪涛. 环境规制、生猪生产与区域转移效应 [J]. 农业技术经济, 2021 (1): 93 – 104.

［154］汤旖璆. 财税视角下环境规制相关问题研究［M］. 北京：中国社会科学出版社，2019.

［155］陶锋，赵锦瑜，周浩. 环境规制实现了绿色技术创新的"增量提质"吗——来自环保目标责任制的证据［J］. 中国工业经济，2021（2）：136－154.

［156］陶静. 要素生产率视角下环境规制对经济增长质量的影响路径［J］. 统计与决策，2021，37（5）：120－123.

［157］田露露，韩超. 环境规制提高了企业市场势力吗？——兼论非公平竞争的存在［J］. 中国地质大学学报（社会科学版），2021，21（4）：73－89.

［158］田雪航，何爱平. 环境规制对经济增长影响的实证分析［J］. 统计与决策，2020，36（24）：115－118.

［159］童健，刘伟，薛景. 环境规制、要素投入结构与工业行业转型升级［J］. 经济研究，2016，51（7）：43－57.

［160］涂正革，谌仁俊. 排污权交易机制在中国能否实现波特效应？［J］. 经济研究，2015，50（7）：160－173.

［161］涂正革，肖耿. 环境约束下的中国工业增长模式研究［J］. 世界经济，2009，32（11）：41－54.

［162］汪平，周行. 重污染企业环境规制的权益资本成本效应——基于 PSM-DID 与空间杜宾模型的研究［J］. 广东社会科学，2021（4）：46－56，254－255.

［163］汪晓文，陈明月，陈南旭. 环境规制、引致创新与黄河流域经济增长［J］. 经济问题，2021（5）：16－23.

［164］王兵，王丽. 环境约束下中国区域工业技术效率与生产率及其影响因素实证研究［J］. 南方经济，2010（11）：3－19.

［165］王兵，吴延瑞，颜鹏飞. 环境管制与全要素生产率增长：APEC 的实证研究［J］. 经济研究，2008（5）：19－32.

［166］王超，李真真，蒋萍. 环境规制政策对中国重污染工业行业技术创新的影响机制研究［J］. 科研管理，2021，42（2）：88－99.

［167］王德春，罗章. 环境政策影响下产业结构升级与生态福利绩效互动研究［J］. 预测，2021，40（3）：83－89.

［168］王芳. 我国环境规制强度测度及其对就业规模的影响——基于省际动态面板数据的实证分析［J］. 中国环境管理，2021，13（1）：75，121－127.

［169］王光艳. 金融集聚、信息扩散强度与产业结构升级——基于我国31个省份面板数据的实证研究［J］. 现代金融，2021（3）：14－19.

［170］王国印，王动. 波特假说、环境规制与企业技术创新——对中东部地区的比较分析［J］. 中国软科学，2011（1）：100－112.

［171］王红梅. 中国环境规制政策工具的比较与选择——基于贝叶斯模型平均（BMA）方法的实证研究［J］. 中国人口·资源与环境，2016，26（9）：132－138.

［172］王慧，孙慧，肖涵月，辛龙. "谨小慎微"抑或"险中求胜"？——环境政策不确定性与污染密集型企业绿色创新［J］. 产业经济研究，2021（2）：30－41，127.

［173］王杰，刘斌. 环境规制与企业全要素生产率——基于中国工业企业数据的经验分析［J］. 中国工业经济，2014（3）：44－56.

［174］王丽颖. 中国碳交易试点政策的减排效果分析［J］. 社会科学战线，2021（4）：251－255.

［175］王鹏，郭淑芬. 正式环境规制、人力资本与绿色全要素生产率［J］. 宏观经济研究，2021（5）：155－169.

［176］王鹏，谢丽文. 污染治理投资、企业技术创新与污染治理效率［J］. 中国人口·资源与环境，2014，24（9）：51－58.

［177］王书斌，徐盈之. 环境规制与雾霾脱钩效应——基于企业投资偏好的视角［J］. 中国工业经济，2015（4）：18－30.

［178］王文普. 环境规制、空间溢出与地区产业竞争力［J］. 中国人口·资源与环境，2013，23（8）：123－130.

［179］王文寅，刘佳. 环境规制与全要素生产率之间的门槛效应分析——基于HDI分区和ACF法［J］. 经济问题，2021（2）：53－60.

［180］ 王文哲, 孔庆洋, 郭斌. 中部地区环境规制的产业结构调整效应分析 ［J］. 地域研究与开发, 2020, 39 (1): 19 – 23.

［181］ 王彦皓. 政企合谋、环境规制与企业全要素生产率 ［J］. 经济理论与经济管理, 2017 (11): 58 – 71.

［182］ 魏玮, 毕超. 环境规制、区际产业转移与污染避难所效应——基于省级面板 Poisson 模型的实证分析 ［J］. 山西财经大学学报, 2011, 33 (8): 69 – 75.

［183］ 文雁兵. 我国农业科技自主创新能力研究——基于产业关联效应和 FDI 技术溢出视角 ［J］. 科学学研究, 2015, 33 (7): 1017 – 1025, 1034.

［184］ 吴力波, 任飞州, 徐少丹. 环境规制执行对企业绿色创新的影响 ［J］. 中国人口·资源与环境, 2021, 31 (1): 90 – 99.

［185］ 吴学花, 刘亚丽, 田洪刚, 鲁婧颉. 环境规制驱动经济增长的路径——一个链式多重中介模型的检验 ［J］. 济南大学学报 (社会科学版), 2021, 31 (1): 118 – 135, 159 – 160.

［186］ 吴玉鸣. 外商直接投资对环境规制的影响 ［J］. 国际贸易问题, 2006 (4): 111 – 116.

［187］ 吴玉鸣. 外商直接投资与环境规制关联机制的面板数据分析 ［J］. 经济地理, 2007 (1): 11 – 14.

［188］ 肖兴志, 李少林. 环境规制对产业升级路径的动态影响研究 ［J］. 经济理论与经济管理, 2013 (6): 102 – 112.

［189］ 肖雁飞, 尹慧, 廖双红. 环境规制对产业链区际分工影响的本地与邻地效应——基于长江经济带化工行业实证分析 ［J］. 经济地理, 2021, 41 (6): 116 – 125.

［190］ 谢乔昕. 环境规制、绿色金融发展与企业技术创新 ［J］. 科研管理, 2021, 42 (6): 65 – 72.

［191］ 熊艳. 基于省际数据的环境规制与经济增长关系 ［J］. 中国人口·资源与环境, 2011, 21 (5): 126 – 131.

［192］ 徐佳, 崔静波. 低碳城市和企业绿色技术创新 ［J］. 中国工业

经济，2020（12）：178－196

[193] 徐乐，马永刚，王小飞．基于演化博弈的绿色技术创新环境政策选择研究：政府行为 VS. 公众参与 [J]．中国管理科学，2021：1－13.

[194] 徐敏，姜勇．中国产业结构升级能缩小城乡消费差距吗？[J]．数量经济技术经济研究，2015，32（3）：3－21.

[195] 徐敏燕，左和平．集聚效应下环境规制与产业竞争力关系研究——基于"波特假说"的再检验 [J]．中国工业经济，2013（3）：72－84.

[196] 许士春，何正霞，龙如银．环境规制对企业绿色技术创新的影响 [J]．科研管理，2012，33（6）：67－74.

[197] 许士春．环境管制与企业竞争力——基于"波特假说"的质疑 [J]．国际贸易问题，2007（5）：78－83.

[198] 薛飞，周民良．中国碳交易市场规模的减排效应研究 [J]．华东经济管理，2021，35（6）：11－21.

[199] 薛莲，黄永明．环境规制能否助推区域经济高质量发展——来自长江经济带的经验证据 [J]．江汉论坛，2021（3）：37－44.

[200] 闫文娟，郭树龙，史亚东．环境规制、产业结构升级与就业效应：线性还是非线性？[J]．经济科学，2012（6）：23－32.

[201] 杨海生，陈少凌，周永章．地方政府竞争与环境政策——来自中国省份数据的证据 [J]．南方经济，2008（6）：15－30.

[202] 杨林，温馨．环境规制促进海洋产业结构转型升级了吗？——基于海洋环境规制工具的选择 [J]．经济与管理评论，2021，37（1）：38－49.

[203] 杨骞，秦文晋，刘华军．环境规制促进产业结构优化升级吗？[J]．上海经济研究，2019（6）：83－95.

[204] 杨蓉，彭安祺．环境规制、技术创新与重污染企业绩效 [J]．华东师范大学学报（哲学社会科学版），2021，53（1）：129－141，173－174.

[205] 杨世迪，韩先锋．双向 FDI 与国内绿色创新的异质动态关联研究——基于环境规制的调节分析 [J]．软科学，2021，35（4）：8－13.

[206] 杨涛. 环境规制对中国 FDI 影响的实证分析 [J]. 世界经济研究, 2003 (5): 65 – 68.

[207] 杨秀汪, 李江龙, 郭小叶. 中国碳交易试点政策的碳减排效应如何? ——基于合成控制法的实证研究 [J]. 西安交通大学学报 (社会科学版), 2021, 41 (3): 93 – 104, 122.

[208] 叶娟惠. 环境规制与中国经济高质量发展的非线性关系检验 [J]. 统计与决策, 2021, 37 (7): 102 – 108.

[209] 叶青, 郭欣欣. 政府环境治理投入与绿色经济增长 [J]. 统计与决策, 2021, 37 (9): 55 – 58.

[210] 叶祥松, 彭良燕. 我国环境规制下的规制效率与全要素生产率研究: 1999 – 2008 [J]. 财贸经济, 2011 (2): 102 – 109, 137.

[211] 殷宝庆. 环境规制与我国制造业绿色全要素生产率——基于国际垂直专业化视角的实证 [J]. 中国人口·资源与环境, 2012, 22 (12): 60 – 66.

[212] 殷宇飞, 杨雪锋. 环境规制、技术创新与城市产业结构升级——基于 113 个城市样本数据 [J]. 江汉论坛, 2020 (4): 48 – 55.

[213] 游达明, 张杨, 袁宝龙. 财政分权与晋升激励下环境规制对产业结构升级的影响 [J]. 吉首大学学报 (社会科学版), 2019, 40 (2): 21 – 32.

[214] 于向宇, 陈会英, 李跃. 基于合成控制法的碳交易机制对碳绩效的影响 [J]. 中国人口·资源与环境, 2021, 31 (4): 51 – 61.

[215] 余东华, 胡亚男. 环境规制趋紧阻碍中国制造业创新能力提升吗? ——基于"波特假说"的再检验 [J]. 产业经济研究, 2016 (2): 11 – 20.

[216] 余东华, 孙婷. 环境规制、技能溢价与制造业国际竞争力 [J]. 中国工业经济, 2017 (5): 35 – 53.

[217] 余伟, 陈强, 陈华. 环境规制、技术创新与经营绩效——基于 37 个工业行业的实证分析 [J]. 科研管理, 2017, 38 (2): 18 – 25.

[218] 余长林, 高宏建. 环境管制对中国环境污染的影响——基于隐

性经济的视角 [J]. 中国工业经济, 2015 (7): 21 – 35.

[219] 俞毛毛, 马妍妍. 环境规制抑制了企业金融化行为么?——基于新《环保法》出台的准自然实验 [J]. 北京理工大学学报 (社会科学版), 2021, 23 (2): 30 – 43.

[220] 原毅军, 耿殿贺. 环境政策传导机制与中国环保产业发展——基于政府、排污企业与环保企业的博弈研究 [J]. 中国工业经济, 2010 (10): 65 – 74.

[221] 原毅军, 谢荣辉. FDI、环境规制与中国工业绿色全要素生产率增长——基于 Luenberger 指数的实证研究 [J]. 国际贸易问题, 2015 (8): 84 – 93.

[222] 原毅军, 谢荣辉. 产业集聚、技术创新与环境污染的内在联系 [J]. 科学学研究, 2015, 33 (9): 1340 – 1347.

[223] 原毅军, 谢荣辉. 环境规制的产业结构调整效应研究——基于中国省际面板数据的实证检验 [J]. 中国工业经济, 2014 (8): 57 – 69.

[224] 原毅军, 谢荣辉. 环境规制与工业绿色生产率增长——对"强波特假说"的再检验 [J]. 中国软科学, 2016 (7): 144 – 154.

[225] 曾倩, 曾先峰, 岳婧霞. 产业结构、环境规制与环境质量——基于中国省际视角的理论与实证分析 [J]. 管理评论, 2020, 32 (5): 65 – 75.

[226] 曾贤刚. 环境规制、外商直接投资与"污染避难所"假说——基于中国 30 个省份面板数据的实证研究 [J]. 经济理论与经济管理, 2010 (11): 65 – 71.

[227] 张彩云, 陈岑. 地方政府竞争对环境规制影响的动态研究——基于中国式分权视角 [J]. 南开经济研究, 2018 (4): 137 – 157.

[228] 张彩云. 中国环境规制与污染转移研究 [M]. 北京: 经济科学出版社, 2018.

[229] 张成, 陆旸, 郭路, 于同申. 环境规制强度和生产技术进步 [J]. 经济研究, 2011, 46 (2): 113 – 124.

[230] 张成, 于同申, 郭路. 环境规制影响了中国工业的生产率

吗——基于 DEA 与协整分析的实证检验 [J]. 经济理论与经济管理, 2010 (3): 11 –17.

[231] 张成, 朱乾龙, 同申. 环境污染和经济增长的关系 [J]. 统计研究, 2011, 28 (1): 59 –67.

[232] 张丹, 李玉双. 异质性环境规制、外商直接投资与经济波动——基于动态空间面板模型的实证研究 [J]. 财经理论与实践, 2021, 42 (3): 65 –70.

[233] 张东敏, 杨佳, 刘座铭. 异质性环境政策对企业技术创新能力影响实证分析——基于双向固定效应模型 [J]. 商业研究, 2021 (4): 68 –74.

[234] 张国兴, 冯祎琛, 王爱玲. 不同类型环境规制对工业企业技术创新的异质性作用研究 [J]. 管理评论, 2021, 33 (1): 92 –102.

[235] 张红凤, 周峰, 杨慧, 郭庆. 环境保护与经济发展双赢的规制绩效实证分析 [J]. 经济研究, 2009, 44 (3): 14 –26, 67.

[236] 张华, 魏晓平. 绿色悖论抑或倒逼减排——环境规制对碳排放影响的双重效应 [J]. 中国人口·资源与环境, 2014, 24 (9): 21 –29.

[237] 张家峰, 毕苗. 长江经济带环境规制的产业结构效应研究 [J]. 南京工业大学学报 (社会科学版), 2021, 20 (4): 87 –98.

[238] 张江雪, 蔡宁, 杨陈. 环境规制对中国工业绿色增长指数的影响 [J]. 中国人口·资源与环境, 2015, 25 (1): 24 –31.

[239] 张可, 汪东芳, 周海燕. 地区间环保投入与污染排放的内生策略互动 [J]. 中国工业经济, 2016 (2): 68 –82.

[240] 张平, 张鹏鹏, 蔡国庆. 不同类型环境规制对企业技术创新影响比较研究 [J]. 中国人口·资源与环境, 2016, 26 (4): 8 –13.

[241] 张瑞, 陈雪, 孙夏令. 环境规制、经济多样性与能源强度——基于省际面板数据的实证分析 [J]. 商业研究, 2021 (1): 24 –31.

[242] 张三峰, 卜茂亮. 环境规制、环保投入与中国企业生产率——基于中国企业问卷数据的实证研究 [J]. 南开经济研究, 2011 (2): 129 –146.

[243] 张文彬，张理芃，张可云. 中国环境规制强度省际竞争形态及其演变——基于两区制空间 Durbin 固定效应模型的分析 [J]. 管理世界，2010 (12)：34 - 44.

[244] 张学刚，钟茂初. 政府环境监管与企业污染的博弈分析及对策研究 [J]. 中国人口·资源与环境，2011，21 (2)：31 - 35.

[245] 张毅，严星. 经济环境、环境规制类型与省域节能减排技术创新——基于异质性科研主体的实证分析 [J]. 科技进步与对策，2021，38 (8)：41 - 49.

[246] 张宇，蒋殿春. FDI、政府监管与中国水污染——基于产业结构与技术进步分解指标的实证检验 [J]. 经济学（季刊），2014，13 (2)：491 - 514.

[247] 张中元，赵国庆. FDI、环境规制与技术进步——基于中国省级数据的实证分析 [J]. 数量经济技术经济研究，2012，29 (4)：19 - 32.

[248] 赵红. 环境规制对中国产业技术创新的影响 [J]. 经济管理，2007 (21)：57 - 61.

[249] 赵军，张如梦，李琛. 金融发展对环境规制提升工业绿色全要素生产率的创新补偿效应 [J]. 首都经济贸易大学学报，2021，23 (1)：38 - 49.

[250] 赵路，高红贵，肖权. 环境规制对绿色技术创新效率影响的实证 [J]. 统计与决策，2021，37 (3)：125 - 129.

[251] 赵帅，何爱平，彭硕毅. 黄河流域环境规制、区域污染转移与技术创新的空间效应 [J]. 经济经纬，2021：1 - 12.

[252] 赵霄伟. 地方政府间环境规制竞争策略及其地区增长效应——来自地级市以上城市面板的经验数据 [J]. 财贸经济，2014 (10)：105 - 113.

[253] 赵晓梦，陈璐瑶，刘传江. 非正式环境规制能够诱发绿色创新吗？——基于 ENGOs 视角的验证 [J]. 中国人口·资源与环境，2021，31 (3)：87 - 95.

[254] 郑晓舟，郭晗，卢山冰，胡先功. 中国十大城市群环境规制与

产业结构升级的耦合协调发展研究 [J]. 经济问题探索, 2021 (6)：93 –
111.

[255] 郑晓舟, 郭晗, 卢山冰. 环境规制协同、技术创新与城市群产
业结构升级——基于中国十大城市群的实证分析 [J]. 广东财经大学学
报, 2021, 36 (3)：46 – 60.

[256] 钟茂初, 李梦洁, 杜威剑. 环境规制能否倒逼产业结构调
整——基于中国省际面板数据的实证检验 [J]. 中国人口·资源与环境,
2015, 25 (8)：107 – 115.

[257] 周杰琦, 刘生龙. 环境管制对雾霾污染的作用机制与治理效
果——基于技能溢价视角的考察 [J]. 研究与发展管理, 2021：1 – 14.

[258] 周黎安. 中国地方官员的晋升锦标赛模式研究 [J]. 经济研
究, 2007 (7)：36 – 50.

[259] 周茜, 葛扬. 环境规制约束能倒逼我国产业技术创新吗——基
于 Lagrange 函数模型的分析与讨论 [J]. 贵州财经大学学报, 2019 (6)：
36 – 43.

[260] 周清香, 何爱平. 环境规制对长江经济带高质量发展的影响研
究 [J]. 经济问题探索, 2021 (1)：13 – 24.

[261] 朱凡, 李天琦. 中国碳交易市场减排绩效的实证研究 [J]. 税
务与经济, 2021 (3)：54 – 62.

[262] 祝思凝, 李文兴. 环境规制推动了工业部门的要素错配修正
吗——来自中国工业企业微观数据的经验证据 [J]. 宏观经济研究, 2021
(2)：149 – 161.

[263] AI H, ZHOU Z, LI K, et al. Impacts of the desulfurization price
subsidy policy on SO_2 reduction：Evidence from China's coal-fired power plants
[J]. Energy Policy, 2021, 157：112477.

[264] BARTIK T J. The effects of environmental regulation on business
location in the United States [J]. Growth and Change, 1988, 19 (3)：22 –
44.

[265] BECKER R A. Local environmental regulation and plant-level pro-

ductivity [J]. Ecological Economics, 2011, 70 (12): 2516 –2522.

[266] BERMAN E, BUI L T M. Environmental regulation and productivity: Evidence from oilrefineries [J]. The Review of Economics and Statistics, 2001, 83 (3): 498 –510.

[267] BORSATTO J M L S, AMUI L B L. Green innovation: Unfolding the relation with environmental regulations and competitiveness [J]. Resources, Conservation and Recycling, 2019, 149: 445 –454.

[268] CHANG K, WANG D, LU Y, et al. Environmental regulation, promotion pressure of officials, and enterprise environmental protection investment [J]. Frontiers in Public Health, 2021, 9: 724351.

[269] CHUNG S. Environmental regulation and foreign direct investment: Evidence from South Korea [J]. Journal of Development Economics, 2014, 108: 222 –236.

[270] DASGUPTA S, MODY A, ROY S, et al. Environmental regulation and development: A cross-country empirical analysis [J]. Oxford Development Studies, 2001, 29 (2): 173 –187.

[271] DU W, LI M. Assessing the impact of environmental regulation on pollution abatement and collaborative emissions reduction: Micro-evidence from Chinese industrial enterprises [J]. Environmental Impact Assessment Review, 2020, 82: 106382.

[272] FAN Q, QIAO Y, ZHANG T, et al. Environmental regulation policy, corporate pollution control and economic growth effect: Evidence from China [J]. Environmental Challenges, 2021, 5: 100244.

[273] FENG L, WANG L, ZHOU W. Research on the impact of environmental regulation on enterprise innovation from the perspective of official communication. [J]. Discrete Dynamics in Nature & Society, 2021: 1 –16.

[274] FU S, MA Z, NI B, et al. Research on the spatial differences of pollution-intensive industry transfer under the environmental regulation in China [J]. Ecological Indicators, 2021, 129: 107921.

［275］GRAY W B, SHADBEGIAN R J. Plant vintage, technology, and environmental regulation ［J］. Journal of Environmental Economics and Management, 2003, 46 （3）: 384 – 402.

［276］HAMAMOTO M. Environmental regulation and the productivity of Japanese manufacturing industries ［J］. Resource and Energy Economics, 2006, 28 （4）: 299 – 312.

［277］HANCEVIC P I. Environmental regulation and productivity: The case of electricity generation under the CAAA-1990 ［J］. Energy Economics, 2016, 60: 131 – 143.

［278］HAO Y, DENG Y, LU Z, et al. Is environmental regulation effective in China? Evidence from city-level panel data ［J］. Journal of Cleaner Production, 2018, 188: 966 – 976.

［279］HEYES A. Is environmental regulation bad for competition? A survey ［J］. Journal of Regulatory Economics, 2009, 36 （1）: 1 – 28.

［280］HINTERBERGER F, BAMBERGER C, MANSTEIN P, et al. Eco-efficiency of Regions: How to Improve Competitiveness and Create Jobs by Reducing Environmental Pressure, Government of Carinthia, Austrian Ministry of Agriculture ［J］. Forestry, Environment and Water, SERI, Vienna, 2000.

［281］HOU H, ZHU Y. Analysis of spillover effects of regional environmental pollution: An interprovincial study in China based on spatiotemporal lag model ［J］. Environmental Science and Pollution Research, 2021.

［282］HUANG Y, XU Q, ZHAO Y. Short-run pain, long-run gain: Desulfurization investment and productivity ［J］. Energy Economics, 2021, 102: 105520.

［283］IRALDO F, TESTA F, MELIS M, et al. A literature review on the links between environmental regulation and competitiveness ［J］. Environmental Policy and Governance, 2011, 21 （3）: 210 – 222.

［284］JAFFE A B, PALMER K. Environmental regulation and innovation: A panel data study ［J］. The Review of Economics and Statistics, 1997,

79 (4): 610 - 619.

[285] JAFFE A B, PETERSON S R, PORTNEY P R, et al. Environmental regulation and the competitiveness of U. S. manufacturing: What does the evidence tell us? [J]. Journal of Economic Literature, 1995, 33 (1): 132 - 163.

[286] JAVEED S A, LATIEF R, LEFEN L. An analysis of relationship between environmental regulations and firm performance with moderating effects of product market competition: Empirical evidence from Pakistan [J]. Journal of Cleaner Production, 2020, 254: 120197.

[287] JORGENSON D W, WILCOXEN P J. Environmental regulation and U. S. economic growth [J]. The RAND Journal of Economics, 1990, 21 (2): 314 - 340.

[288] JOSHI S, KRISHNAN R, LAVE L. Estimating the hidden costs of environmental regulation [J]. The Accounting Review, 2001, 76 (2): 171 - 198.

[289] KAHN M E. Demographic change and the demand for environmental regulation [J]. Journal of Policy Analysis and Management, 2002, 21 (1): 45 - 62.

[290] KEMP R, SMITH K, BECHER G. How should we study the relationship between environmental regulation and innovation? [R]. Heidelberg: Physica-Verlag HD, 2000.

[291] LANOIE P, PATRY M, LAJEUNESSE R. Environmental regulation and productivity: Testing the porter hypothesis [J]. Journal of Productivity Analysis, 2008, 30 (2): 121 - 128.

[292] LEITER A M, PAROLINI A, WINNER H. Environmental regulation and investment: Evidence from European industry data [J]. Ecological Economics, 2011, 70 (4): 759 - 770.

[293] LI B, WU S. Effects of local and civil environmental regulation on green total factor productivity in China: A spatial Durbin econometric analysis [J]. Journal of Cleaner Production, 2017, 153: 342 - 353.

［294］LI C, CHANDIO A A, HE G. Dual performance of environmental regulation on economic and environmental development: Evidence from China [J]. Environmental Science and Pollution Research, 2021.

［295］LI X, HU Z, CAO J. The impact of carbon market pilots on air pollution: Evidence from China [J]. Environmental Science and Pollution Research, 2021.

［296］LI X, TIAN Y, LI Y, et al. Modeling the impact of innovation on economic quality and environmental pollution change under consideration of environmental regulation [J]. Discrete Dynamics in Nature and Society, 2021, 2021: 3800678.

［297］LIU W, SHEN J, WEI Y D, et al. Environmental justice perspective on the distribution and determinants of polluting enterprises in Guangdong, China [J]. Journal of Cleaner Production, 2021, 317: 128334.

［298］LÓPEZ-GAMERO M D, MOLINA-AZORÍN J F, CLAVER-CORTÉS E. The potential of environmental regulation to change managerial perception, environmental management, competitiveness and financial performance [J]. Journal of Cleaner Production, 2010, 18 (10): 963 – 974.

［299］MA H, LI L. Could environmental regulation promote the technological innovation of China's emerging marine enterprises? Based on the moderating effect of government grants [J]. Environmental Research, 2021, 202: 111682.

［300］MULATU A, FLORAX R J G M, WITHAGEN C A. Environmental regulation and competitiveness: An exploratory meta-analysis [M]. United States, North America: Physica-Verlag HD, 2003.

［301］MULATU A, GERLAGH R, RIGBY D, et al. Environmental regulation and industry location in Europe [J]. Environmental and Resource Economics, 2010, 45 (4): 459 – 479.

［302］NGO T Q. How do environmental regulations affect carbon emission and energy efficiency patterns? A provincial-level analysis of Chinese energy-intensive industries [J]. Environmental Science and Pollution Research, 2021.

［303］ NIE X, WU J, ZHANG W, et al. Can environmental regulation promote urban innovation in the underdeveloped coastal regions of western China? ［J］. Marine Policy, 2021, 133: 104709.

［304］ PANG R, SHI M, ZHENG D. Who comply better? The moderating role of firm heterogeneity on the performance of environmental regulation in China ［J］. Environment, Development and Sustainability, 2021.

［305］ PANG R, ZHENG D, SHI M. Agglomeration externalities and the non-linear performance of environmental regulation: Evidence from China ［J］. Growth and Change, 2021, 52 (3): 1701 – 1731.

［306］ QIN M, SUN M, LI J. Impact of environmental regulation policy on ecological efficiency in four major urban agglomerations in eastern China ［J］. Ecological Indicators, 2021, 130: 108002.

［307］ ROTHWELL R. Industrial innovation and government environmental regulation: Some lessons from the past ［J］. Technovation, 1992, 12 (7): 447 – 458.

［308］ RYAN S P. The costs of environmental regulation in a concentrated industry ［J］. Econometrica, 2012, 80 (3): 1019 – 1061.

［309］ SHEN N, LIAO H, DENG R, et al. Different types of environmental regulations and the heterogeneous influence on the environmental total factor productivity: Empirical analysis of China'sindustry ［J］. Journal of Cleaner Production, 2019, 211: 171 – 184.

［310］ SIMPSON R D, BRADFORD I R L. Taxing variable cost: Environmental regulation as industrial policy ［J］. Journal of Environmental Economics and Management, 1996, 30 (3): 282 – 300.

［311］ SINCLAIR-DESGAGNE B, DAVID M. Environmental regulation and the eco-industry ［J］. SSRN Electronic Journal, 2005.

［312］ SONG Y, WEI Y, ZHU J, et al. Environmental regulation and economic growth: A new perspective based on technical level and healthy human capital ［J］. Journal of Cleaner Production, 2021, 318: 128520.

[313] VOGEL D. Environmental regulation and economic integration [J]. Journal of International Economic Law, 2000, 3 (2): 265 – 279.

[314] WALTER I, UGELOW J L. Environmental policies in developing countries [J]. Ambio, 1979: 102 – 109.

[315] WANG M, CHEN Y, ZHOU Z. Assessing environmental efficiency of China's industry system using two-stage range-adjusted measure model [J]. Management of Environmental Quality: An International Journal, 2021, ahead-of-print (ahead-of-print).

[316] WANG X. Study on the effect of income distribution on NOx emission reduction in China's industry: Based on threshold regression [J]. IOP Conference Series: Earth and Environmental Science, 2021, 831 (1): 12006.

[317] WANG Y, SHEN N. Environmental regulation and environmental productivity: The case of China [J]. Renewable and Sustainable Energy Reviews, 2016, 62: 758 – 766.

[318] WEI C. Economic loss and environmental gain from regulation: Examining the two-fold effect using data from Chinese cities [J]. Letters in Spatial and Resource Sciences, 2021.

[319] WU Q. Research on the impact of environmental regulation and technology innovation on the quality of economic growth [Z]. MDPI AG, 2021.

[320] WU X, DENG H, LI H, et al. Impact of energy structure adjustment and environmental regulation on air pollution in China: Simulation and measurement research by the dynamic general equilibrium model [J]. Technological Forecasting and Social Change, 2021, 172: 121010.

[321] XIE R. Green technology progress, positive externality and environmental pollution control ofChina [J]. Management Review, 2021, 33 (6): 111 – 121.

[322] XU C. The fundamental institutions of China's reforms and development [J]. Journal of Economic Literature, 2011, 49 (4): 1076 – 1151.

[323] YANG C, TSENG Y, CHEN C. Environmental regulations, in-

duced R&D, and productivity: Evidence from Taiwan's manufacturing industries [J]. Resource and Energy Economics, 2012, 34 (4): 514 –532.

[324] YANG Q, GAO D, SONG D, et al. Environmental regulation, pollution reduction and green innovation: The case of the Chinese Water Ecological Civilization City Pilot policy [J]. Economic Systems, 2021: 100911.

[325] YU H, LIAO L, QU S, et al. Environmental regulation and corporate tax avoidance: A quasi-natural experiments study based on China's new environmental protection law [J]. Journal of Environmental Management, 2021, 296: 113160.

[326] ZHANG D. Marketization, environmental regulation, and eco-friendly productivity: A Malmquist – Luenberger index for pollution emissions of large Chinese firms [J]. Journal of Asian Economics, 2021, 76: 101342.

[327] ZHANG L, WU M, BAI W, et al. Measuring coupling coordination between urban economic development and air quality based on the Fuzzy BWM and improved CCD model [J]. Sustainable Cities and Society, 2021, 75: 103283.

[328] ZHANG R. Air pollution, environmental regulation and social equity [Z]. Ann Arbor: State University of New York at Binghamton, 2021220.

[329] ZHANG Y, ZHANG H, FU Y, et al. Effects of industrial agglomeration and environmental regulation on urban ecological efficiency: Evidence from 269 cities in China [J]. Environmental Science and Pollution Research, 2021.

[330] ZHAO X, SUN B. The influence of Chinese environmental regulation on corporation innovation andcompetitiveness [J]. Journal of Cleaner Production, 2016, 112: 1528 –1536.

[331] ZHAO X, ZHAO Y, ZENG S, et al. Corporate behavior and competitiveness: Impact of environmental regulation on Chinese firms [J]. Journal of Cleaner Production, 2015, 86: 311 –322.

[332] ZHOU D, QIU Y, WANG M. Does environmental regulation promote enterprise profitability? Evidence from the implementation of China's newly

revised Environmental Protection Law [J]. Economic Modelling, 2021, 102: 105585.

[333] ZHOU L, TANG L. Environmental regulation and the growth of the total-factor carbon productivity of China's industries: Evidence from the implementation of action plan of air pollution prevention and control [J]. Journal of Environmental Management, 2021, 296: 113078.

[334] ZHOU X, ZHAO X. Does diversified environmental regulation make FDI cleaner and more beneficial to China's green growth? [J]. Environmental Science and Pollution Research, 2021.

后　记

本书是在笔者的博士论文基础上整理而成。首先要感谢我的博士生导师刘瑞教授。在我看来，他是真正的大家，无论是治学还是为人处世，刘瑞教授都是我一辈子的楷模和榜样，可谓高山仰止，景行行止，虽不能至，然心向往之。他在学术上的造诣自不待言，很多时候我跟他交流之后，总是惭愧于自己的渺小和浅陋，他让我领略到大家风范。他在为人处世上高洁的品格和宽阔的胸襟，也足以为人师表，令我非常敬佩。我在硕士期间并没有什么学术成果的积累，而刘瑞教授却选中了我，让我有幸进入他的门下，这样的知遇之恩实属难得。在我迷茫于论文选题的时候，是刘瑞教授为我指明了前进的方向；当我论文进度停滞不前时，也是他为我提出了有用的建议，从而取得了较快的进展。师恩难忘，一日为师，终身为父，在师门中我们都亲切地称他为师父，这一声师父饱含了多少学生对他的尊敬和爱戴。

还有一位值得一提的老师就是我的硕士生导师杨爱兵副教授。在辽宁大学读硕士期间，杨老师对我关怀备至。上过杨老师课的学生们都亲切地称呼她为杨妈妈，她也确实把我们都当作自己的孩子一样看待。除了学业上的指导，她对学生的生活也非常关心，经常组织学生聚餐以沟通感情，并且在就业上也给予学生热心的帮助和推荐。当我考上博士的时候，是杨老师热心地帮我写专家推荐信，并不辞劳苦找林木西教授进行推荐，可见杨老师对我寄予了殷切期望。如果没有杨老师，我就不会与人大结缘，没有她也不会有我的今天，攻读博士期间她也经常关心我的学业。每每回想起来，仍然感动于杨老师慈母般的关爱，很庆幸在人生路上能够遇到这样一位好老师。

还要感谢在人大读博期间遇到的所有老师，尤其是方竹兰教授、郑超愚教授和方芳教授，他们都是我的授课老师，不仅传道授业解惑，还给予我非常多的关心和指导。方竹兰教授对我总是殷切鼓励，坚定了我做学术的信心，她对于学术的热情和坚持也始终感染着我，并且她还带着我去上海以及中关村进行实地调研，让我能够走出课堂，做到理论联系实际。郑超愚教授和方芳教授也是非常热心的好老师，对于学生的请求总是有求必应，学生碰到了问题，也是语重心长地谆谆教诲，真正把学生的前途和发展放在心上。同时也感谢在我开题答辩、预答辩以及最终答辩环节遇到的所有指导老师，他们都对于论文的完善提出了非常中肯的建议。尤其是袁富华老师和赵新刚老师，他们经历了我的预答辩和最终答辩环节，见证了本书丰富和完善的过程。

　　然后要感谢在读博期间遇到的同学、师兄师姐以及师弟师妹们。不得不承认的是，在人大你会发现周围的同学都很优秀，每个人都有自己的想法和见识。你能够有机会结识到一些志同道合的好朋友，大家保持着亦师亦友的关系，跟他们交流总是会有所受益。很多给予过我帮助的同学无法一一提及，比如我的师妹柴斯捷同学，作为我的答辩秘书，她尽心尽责、有条不紊，让我的博士论文答辩能够顺利完成。

　　还要特别鸣谢华中科技大学的杨秋月博士。我们相识于一场会议，此后一直保持交流，她为本书提供了关键数据的支撑，让研究得以顺利推进。感谢她的无私分享和帮助，她为本书做出了重要的贡献。萍水相逢却仗义相助，雪中送炭，每每想起总是令我感动。

　　学无止境，学术的交流也没有止境。回首来时，可谓昨夜西风凋碧树，独上高楼，望尽天涯路；展望未来，可谓路漫漫其修远兮，吾将上下而求索。学术的道路注定是充满坎坷的，博士毕业也许只是一个开始，今后的路还很漫长，我还要不断求索，保持精进，才能不负韶华。

　　最后，由于研究数据以及个人能力和精力所限，本书研究还不尽完善，不可避免地存在一些疏漏。环境规制的产业结构效应仍是一个值得研究的重要课题，本书研究也只是为其添砖加瓦而已，期待后来者为该研究课题做出进一步的贡献。同时也要感谢经济科学出版社的编辑老师，为本书提出了很多宝贵且中肯的修改意见，这些意见对于完善本书具有极大的帮助。